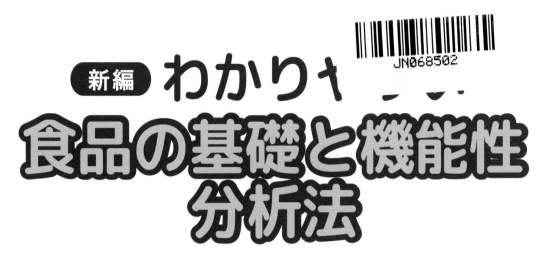

新編 わかりやすい
食品の基礎と機能性 分析法

編著者
宇田 靖／大石 祐一／松岡 寛樹
著 者
佐藤 眞治／高橋 朝歌／只石 幹／谷口 裕信／鳥居 恭好／服部 一夫

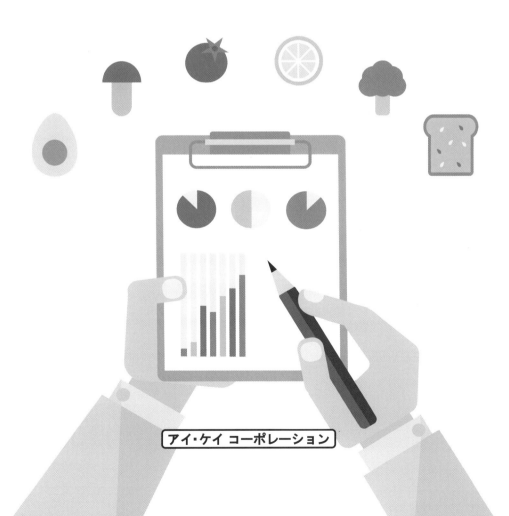

アイ・ケイ コーポレーション

新編に寄せて

　この30数年の間に，フードサイエンスは食品の栄養，嗜好面はもとより，とりわけ健康保持と長寿に関わる食品機能性の分野で大きな進歩を続けており，安全性と高品質を備えた食品摂取による健康保持への人々の関心も一段と高まっている。そうした社会的ニーズの増大に応えるために，農学系，あるいは栄養学・家政学系の大学等においては，食品産業や介護福祉業などの事業所や社会生活の現場で食品分析と関連する技術などを通じて適切な食品の品質管理を担える人材の育成が重要になっている。

　このような背景の下，本書の初版は食品分析の基礎的知識と技法とともに，食品の基本成分，食品の成分間反応，食品機能性に関する実験教材の必要性から2015年3月に発刊され，その後2023年2月までに6版が刊行された。この間，本書を採用された皆さまからの内容面へのご意見やご指摘と共に一定のご支持もいただきながら版を重ねることができたことは喜ばしい限りである。

　今般の新編として刊行するにあたっては，基礎編で食品成分分析の基本知識の解説，実験編では，各実験の概要から実験操作の流れ（実験フローチャート），そして実験例および実験結果に基づく定量値の算出に至るまで，わかりやすい記述を心がけるという初版以来のスタイルを踏襲しつつ，新たな実験手法や抗酸化性評価法を取り入れた。具体的には，食品分析の基礎的定番である滴定法に新たにキレート滴定によるカルシウムの定量を加えたこと，またB群ビタミンであるナイアシンのバイオアッセイによる定量を組み入れて食品分析における微生物の取り扱いを取り入れたこと，そして脂質酸化に伴うβ-カロテンの褪色度合いによる抗酸化性評価法を追加したことである。これらにより，食品の基礎と機能性分析の内容の拡張・充実を図った。また，新たな編著者として高崎健康福祉大学の松岡寛樹教授が加わった。

　本書が全国の大学，短大，専門学校の関係分野の関係者の皆様にとって，新たなあるいは引き続き有用な教材になれば真に幸いである。本新編の発刊にご尽力くださった(株)アイ・ケイコーポレーションの皆様に深く感謝申し上げる。

2024年1月

宇田　靖／大石祐一／松岡寛樹

目　次

基礎編

実験編

〈著者紹介〉

編著者

宇田　靖 （うだ　やすし）

　　　　宇都宮大学名誉教授（農学博士）
　　　　1972年宇都宮大学大学院農芸化学専攻（修士課程）修了後，同大学農学部農芸化
　　　　学科食品化学講座の助手，講師，助教授，同学科改組後の生物生産科学科応用
　　　　生物化学講座食品化学研究室の教授を経て，名誉教授
　　　　＜主要著書＞
　　　　「Studies in Natural Products Chemistry, vol.26. Bioactive Natural Products, Part G」，
　　　　Elsevier（2002）
　　　　「わかりやすい基礎食品分析法」，アイ・ケイコーポレーション（2004）
　　　　「食品機能性の科学」，産業技術サービスセンター（2008）

大石　祐一 （おおいし　ゆういち）

　　　　東京農業大学応用生物科学部教授　博士（農学）
　　　　東京大学大学院農学系研究科修了後，鐘紡株式会社（現花王株式会社）研究員，
　　　　東京大学大学院応用生命科学研究科助手，中部大学応用生物学部助教授を経て
　　　　現職
　　　　＜主要著書＞
　　　　「健康栄養学〜健康科学としての栄養生理化学〜」，共立出版（2014）
　　　　「栄養科学イラストレイテッド　分子栄養学」，羊土社（2014）
　　　　「新基礎食品学実験書」，三共出版（2007）

松岡　寛樹 （まつおか　ひろき）

　　　　高崎健康福祉大学農学部教授　博士（農学）
　　　　宇都宮大学大学院農学研究科修了後，東京農工大学連合農学研究科修了（博士
　　　　課程），群馬女子短期大学食物栄養専攻専任講師，高崎健康福祉大学健康福祉
　　　　学部健康栄養学科教授を経て，現職
　　　　〈主要著書〉
　　　　「分かりやすい基礎食品分析法」アイ・ケイコーポレーション（2004）
　　　　「日本食およびその素材の健康機能性開発」シーエムシー出版（2016）
　　　　「食品学第二版」東京化学同人（2021）

執筆者

宇田　靖（うだ　やすし）　　宇都宮大学名誉教授　　（農学博士）

大石　祐一（おおいし　ゆういち）　東京農業大学応用生物科学部教授　博士（農学）

佐藤　眞治（さとう　しんじ）　新潟薬科大学応用生命科学部教授　（薬学博士）

高橋　朝歌（たかはし　あさか）　東都大学管理栄養学部准教授　博士（農学）

只石　幹（ただいし　みき）　東京農業大学応用生物科学部助教　博士（食品栄養学）

谷口　裕信（たにぐち　ひろのぶ）　戸板女子短期大学食物栄養科教授　博士（食品栄養学）

鳥居　恭好（とりい　やすよし）　日本大学生物資源科学部准教授　博士（農学）

服部　一夫（はっとり　かずお）　東京農業大学応用生物科学部教授　博士（農学）

松岡　寛樹（まつおか　ひろき）　高崎健康福祉大学農学部教授　博士（農学）

（五十音順）

1 はじめに

（1） 食品分析について

　動物性食品，植物性食品あるいは動植物性素材を利用した加工食品はいずれにせよ，それぞれ特徴的な成分を含有する。それらはある食品では優れた栄養成分であったり，特有のおいしさをひき出す嗜好性成分であったり，また別の食品では健康保持に積極的に寄与すると期待される機能性成分であったりする。こうした成分的特徴を有効活用する調理・加工が求められ，これらに加えて安全性が保証されることで，消費者にとって好ましい食品の品質が決まる。食品を製造し，提供する側にとって，その品質を保証するうえで，さまざまな成分分析を通じて特徴を把握し，数値に表して評価することが求められる。

　今日では食品分析の多くが自動化され，特定の分析機器にサンプルを注入すれば短時間内に分析値がコンピュータを通じて打ち出される時代になっている。しかし，実は分析機器にセットする食品の適正なサンプリング方法や試験液の正確な調製，あるいはクリーンアップなどの原理と方法などをしっかり理解することなしに，自動分析に頼るだけでは，得られる結果さえも十分に説明できない。すなわち，単に自動分析機器に頼るのではなく，個々の分析の手法，原理，サンプリングの適否の判断など，食品分析の基礎をきちんと身につけることがきわめて大事なのである。

　その意味で，学生時代にこそ，先人たちが確立してきた分析技法の基礎知識をしっかりと学習し，基本を心得て世の中に巣立っていくことの重要性は，いささかも失われてはいないことを肝に銘じたい。

（2） 本書に記載した分析項目と本書の特徴

　本書で取り扱う分析項目には，平成22年11月に文部科学省科学技術・学術審議会資源調査分科会が取りまとめた「日本食品標準成分表2010」に記載されている食品成分のうち，基本項目である水分，灰分，たんぱく質，脂質，糖質及び無機成分を食品分析の基礎を学ぶものとして記載し，重量分析，容量分析，吸光光度分析，原子吸光分析，クロマトグラフィーの各手法を説明した。また近年，食品機能性が期待される成分として国民的関心が高まっている食物繊維，ポリフェノール，抗酸化性などの分析も取り上げた。

　基本項目の分析は，重量分析(水分，灰分，粗脂肪，食物繊維)，容量分析(たんぱく質，食塩，有機酸，油脂の化学的試験のうち酸価，ケン化価，ヨウ素価，過酸化物価)，吸光光度分析(還元糖，全糖，無機成分のうちリン，油脂の化学的試験のうちTBA値，カルボニル価，褐変反応，ポリフェノール分析など)を取り上げた。また，近年の食品分析で広く利用されているクロマトグラフィーとして，脂質組成の薄層クロマトグラフィー(TLC; Thin-Layer Chromatography)，脂肪酸組成のガスクロマトグラフィー(GC; Gas Chromatography)およびカテキン類，イソフラボン，アントシアニ

ン，核酸関連物質，アミノ酸の高速液体クロマトグラフィー（HPLC; High-Performance Liquid Chromatography）を重要な分析手法として加えた。さらに，アミノカルボニル反応，ポリフェノール類の酵素的褐変，各種抗酸化性試験についてもその重要性から分析項目として取り入れ，基礎から応用にわたる食品分析を習得できるよう配慮した。

なお，本書は見やすい2色刷と余白が利用できる体裁とし，分析操作のフローチャートとともに実験例を載せて「わかりやすい」実験書となるように心がけた。

（3） 本書の使い方

本書は，まず実験を安全に行ううえでの心得，ついで食品分析の基礎知識として，有効数字，試薬の濃度調製法，試薬の使い分け，秤量と測容の留意点，試料採取の方法などを解説してあるので，最初にこれらの記載事項に十分に目を通してほしい。

各実験においては，実験目的や分析の意義，手法などに続いて，使用する試薬，器具類，試料の調製，そして具体的な実験操作を示してある。実験の流れ（フローチャート）とともに実験例も示してあるので，参考にしながら分析データをとりまとめる手順を理解してほしい。それぞれの実験を上手に行うには，実施する前に十分にその実験全体を理解するよう読みこなすことが大切である。

（4） 実験を正確に，かつ安全に行うための心得

実験は正確に行わなければならないのは当然であるが，化学実験では，自分のけが，実験器具や実験装置の破損をひき起こすだけでなく，周囲の人たちに思わぬ危害をおよぼすことが起こり得る。このことを十分に念頭におきながら実験に向かう必要がある。特に以下の点に十分な留意が必要である。

① 実験着を必ず着用し，身体の安全防護，薬物などによる汚染防止に用心し，気を引き締めて実験にとりかかること。

② 実験中は，他の人に話しかけたり，触れたりせず，実験に集中すること。

③ 試薬類，特に強酸と強アルカリの使用時には取扱いに十分な注意をすること。
　　もし，口に入ったときや皮膚に付着したときは，直ちに大量の水道水で口をすすぎ，付着部分を洗い流すこと。

④ ガラス器具などを破損したとき，けがをしたときはすぐに助けを呼ぶこと。

⑤ 実験項目，実験材料，実験方法，実験結果は必ずきちんと記録しておくことが大切である。レポートは毎回の実験終了後，作成する習慣をつけること。

⑥ 使用したガラス器具はよく洗浄する。洗浄された器具を使うことが実験を正確に行ううえでの基本であることを心得ること。

2 食品分析の基礎知識

（1） 食品分析に用いられる単位と有効数字

① 単　位

　容量の単位は L，mL と μL が一般に使われる。質量の単位は g と mg さらには μg を使用する。また，論文などでは mol が使用されている。これは，物質量とよばれるもので，物質の構成単位粒子（原子や分子など）の個数の 6.02×10^{23} 個に対する割合を示すものである。1 mol の質量は物質の分子量，原子量，式量に g をつけた値である。グラム当量という単位も使用する。中和反応においては，水素イオン $[H^+]$ あるいは水酸化物イオン $[OH^-]$ の mol 数を表す。酸化還元反応においては，反応で授受される電子の mol 数を表す。

　濃度で使用される単位は，g/L（1L 当たりの g），g/mL（1 mL 当たりの g），%（w/v）（1 mL 当たりの g を%で示した値），%（v/v）（溶液 1 mL 当たりの溶質の体積（mL）を%で示した値）が使われる。また，ppm も使われる。これは，$1/10^6$ を示す値である。例えば，1 ppm とは，1 mg/kg や 1μL/L を表す。しかし 1 mg/L など，分子と分母を示す単位が異なる場合には使用できない。

　単位に表 I-1 のような接頭語をつけて表すことがある。これらの使い方にも慣れていたほうがよい。

表 I-1　単位の接頭語

因子	接頭語	記号	因子	接頭語	記号
10^{15}	ペタ（peta）	P	10^{-1}	デシ（deci）	d
10^{12}	テラ（tera）	T	10^{-2}	センチ（centi）	c
10^9	ギガ（giga）	G	10^{-3}	ミリ（milli）	m
10^6	メガ（mega）	M	10^{-6}	マイクロ（micro）	μ
10^3	キロ（kilo）	k	10^{-9}	ナノ（nano）	n
10^2	ヘクト（hector）	h	10^{-12}	ピコ（pico）	p
10^1	デカ（deca）	da	10^{-15}	フェムト（femto）	f

② 有効数字

〈有効数字とは〉

　ものの長さを測る際，物差しの目盛りが 1 cm 単位の場合は，0.1 cm まで目分量で読みとる。目盛りが 1 mm 単位の場合には，0.1 mm まで読みとる必要がある。よって，一番右側の数字は人によって異なった数字となることがある。すなわち，最後の数字は，不確かな数字となる。このような測定の結果として得られた数字を有効数字という。読みとった数字が 0 の場合にも，0 を書かなくてはならない。例えば，2.40 cm と読みとったとき，2.39 cm より長く，2.41 cm よりも短いことを表す。もし，0 を書かずに 2.4 cm とした場合には，4 は不確かな数字となり，2.3 cm より長く，2.5 cm より短いことを表すことになり，示したい数字の正確性が異なってしまう。

　有効数字 2.39 は，数字が 3 つあるので，3 桁という。2.40 も 0 にも意味があるので，有効数字 3 桁である。しかし 100 の場合は，どのように考えたらよいだろうか。

この表し方では，どの数字が不確かな数字なのか不明である。

1.00×10^2 なのか，1.0×10^2 なのか，1×10^2 なのかわからない。

よって，測定値は，なるべく $\bigcirc . \bigcirc \times 10^{\bigcirc}$ と書くほうがよい。

〈有効数字の計算〉

　有効数字の計算で問題になるのは，計算結果の有効数字の桁数である。

　例えば，$5.32\,\mathrm{m}$ と $3.867\,\mathrm{m}$ の和は

```
        5.32
    +)  3.867
        9.187
```

となる。

　測定値の不確かな数字は一番右側の1桁のみである。よって5.32の2，3.867の7が不確かな数字となる。この2つの測定値の和9.187において，7は3.867の7由来であるので，不確かである。8も5.32の2が不確かなので，不確かである。1と9は，2つの数字の確かな数字の和なので確かである。よって，9.187の8と7は不確かであるが，一つの数値には，1つの不確かな数字しか存在してはいけない。よって，この場合は，7を四捨五入して9.19とし，小数第2位の9のみを不確かにする。

　掛け算の場合も例を挙げて説明しよう。

　縦 $6.2\,\mathrm{m}$，横 $7.00\,\mathrm{m}$ の面積を算出したい。

```
         6.2
    ×)   7.00
           0
           0
        434
       43.400
```

　小数第3位の0は，7.00の小数第2位の0と6.2との掛け算なので，不確かな0となる。小数第2位の0は，6.2の2が関わっているので，不確かな0。小数第1位の4は，6.2の2が関わっているので，不確かな4となる。一の位の3は6.2の2と7.00の7の掛け算により生じた14の1が加わっているので，不確かである。十の位の4は確かな値である。よって，小数第1位の4を四捨五入して $43\,\mathrm{m}^2$ が結果となる。単純に考えるならば，乗除の場合，答えの有効数字の桁数は，元の数字の桁数の少ないほうに合わせればよい。

（2）　溶液の濃度と調製の仕方

①　パーセント濃度

〈質量パーセント濃度〉

　溶液の質量に対する溶質の質量の割合を％で表した濃度である。すなわち，溶液 $100\,\mathrm{g}$ 中の溶質の質量(g)を表す。

〈重量対容積パーセント濃度(％(w／v)〉

　溶液 $100\,\mathrm{mL}$ 中に含まれる溶質の質量(g)を％で表す。

〈容量対容積パーセント濃度（%（v／v））〉

溶液100 mL 中に含まれる溶質の体積（mL）を%で表す。

② モル濃度

溶液1 L 中に含まれる溶質のモル数をその溶液のモル濃度（M, mol/L）という。

例題　生理食塩水（0.90%（w/v））の質量パーセント濃度，およびモル濃度を求めよ。なお，生理食塩水の密度は1 g/cm³ とする。

解答　生理食塩水100 mL 中に塩化ナトリウムは $100 \times 0.90/100 = 0.90$ g 含まれている。すなわち，生理食塩水1 L 中には，9.0 g の塩化ナトリウムが含まれる。

塩化ナトリウム1 mol = 58.5 g なので

モル濃度は　$9.0\,\text{g} = \dfrac{9.0}{58.5} = 0.15\,\text{mol/L}\,(0.15\,\text{M})$

生理食塩水100 mL は100 g なので

質量パーセント濃度は**0.90%**となる。

---

③ 規定度

〈中和反応におけるグラム当量，規定度〉

酸とは，水素イオン H^+ を他に与える分子・原子・イオンのことをいう。酸の場合，放出する H^+ のモル数を酸のグラム当量という。塩基とは，水溶液中で水酸化物イオン OH^- を生じる，あるいは水素イオン H^+ を他から受けとる分子・原子・イオンのことをいう。塩基の場合，生じる OH^- のモル数あるいは受けとる H^+ のモル数を塩基のグラム当量という。中和とは，酸と塩基の反応であるが，放出する H^+ のモル数と OH^- のモル数（あるいは受けとる H^+ のモル数）が等しくなることと同意である。

すわなち，**中和とは酸のグラム当量と塩基のグラム当量が等しくなることである。**

規定度とは，1 L 当たりのグラム当量のことをいう。単位は N である。

よって，グラム当量＝規定度（N）×体積（L）となる。

このことから中和とは

酸の規定度（N）×体積（L）＝塩基の規定度（N）×体積（L）

例題　1．次の水溶液の規定度を求めよ。

硫酸 0.05 mol/L，塩酸 0.1 mol/L，水酸化ナトリウム 0.05 mol/L

解答　硫酸 $H_2SO_4 \longrightarrow 2H^+ + SO_4^{2-}$ なので，0.05 mol/L = 0.1 N

塩酸 $HCl \longrightarrow H^+ + Cl^-$ なので，0.1 mol/L = 0.1 N

水酸化ナトリウム $NaOH \longrightarrow Na^+ + OH^-$ なので，0.05 mol/L = 0.05 N

例題　2．濃度がわからない水酸化ナトリウム水溶液10.0 mL を 0.100 N の硫酸で滴定したところ7.50 mL で中和した。この水酸化ナトリウム水溶液の規定度およびモル濃度を求めよ。

解答　中和において，塩基の規定度×体積＝酸の規定度×体積が成り立つ。

よって，$x\text{N} \times \dfrac{10.0}{1000}\,\text{L} = 0.100\,\text{N} \times \dfrac{7.50}{1000}\,\text{L}$

$x = 0.0750\,\text{N} = 0.0750/2\,\text{mol/L} = 0.0375\,\text{mol/L}$

〈酸化還元反応におけるグラム当量，規定度〉

イオン，または中性原子が電子を失う反応を酸化といい，電子を得る反応を還元という。1 mol の電子の授受を1グラム当量という。酸化される物質は**還元剤**，還元される物質は**酸化剤**である。酸化還元反応では，電子の授受のモル数が一致する。

このことから，酸化還元反応とは

酸化剤の規定度(N)×体積(L) = 還元剤の規定度(N)× 体積(L)

例えば，$2KMnO_4 + 3H_2SO_4 + 5H_2O_2 \longrightarrow K_2SO_4 + 2MnSO_4 + 8H_2O + 5O_2$
の反応において，Mn の酸化数は +7 から +2 となるので，1 mol の Mn は電子を5 mol 得ている。よって，1 mol の $KMnO_4$ は5グラム当量である。2 mol の $KMnO_4$ は10グラム当量の酸化剤となる。一方，H_2O_2 の O の酸化数は −1 から 0 となるので，1 mol の O は電子を1 mol 失う。

よって，1 mol の H_2O_2 は2 mol の電子を失う(1 mol の H_2O_2 に2 mol の O 原子があることに注意せよ)。5 mol の H_2O_2 は10グラム当量の還元剤となり，酸化と還元のグラム当量が等しい。

中和反応と同様に酸化還元反応でも1 L 当たりのグラム当量を規定度という。

---

 1. シュウ酸を還元剤として 0.500 グラム当量とるには，何 g 必要か。

(解答) シュウ酸$(COOH)_2 \longrightarrow 2CO_2 + 2H^+ + 2e^-$ であり，1 mol のシュウ酸は2 mol の電子を供与するので，2グラム当量の還元剤である。シュウ酸 1 mol = 2グラム当量 = 90 g なので，0.500 グラム当量は 22.5 g となる。

(例題) 2. 0.10 N のシュウ酸 10.0 mL に対して濃度不明の過マンガン酸カリウム水溶液 15.20 mL を要したとすると，この過マンガン酸カリウム水溶液の規定度はいくらか。また，モル濃度はいくらか。

(解答) 還元剤の規定度×体積=酸化剤の規定度×体積なので
$0.10 N \times \dfrac{10.0}{1000} L = xN \times \dfrac{15.2}{1000} L$ となる。
$x = 0.066$ N 過マンガン酸カリウム 1 mol = 5グラム当量なので
0.066 N = 0.013 mol/L となる。

Column　なぜグラム当量，規定度の概念が必要なのか

例えば，0.1 mol/L のある酸 10 mL を中和するのに必要な 0.1 mol/L 水酸化ナトリウム水溶液は何 mL か，という問題は解けるだろうか。

0.1 mol/L × 0.01 L = 0.1 mol/L × xL という式は成り立たない。
なぜなら，中和とは H^+ のモル数，すなわち酸のグラム当量と OH^- のモル数，すなわち塩基のグラム当量が等しいことである。mol/L ではなく，規定度(N)でなくてはならない。　この式で x を求めてはならない。mol/L が N だったら，この式で x を求めてよいことになる。
理由は，規定度×体積はグラム当量だからである。

④　水溶液の調製法

　水溶液の調製において，必要な容量の水に試薬を溶解するやり方はいけない。試薬の溶解によって，体積が変化する可能性があるからである。よって，必要量の8〜9割程度の水に試薬を溶解させたのち，メスフラスコ等で体積を合わせる方法が正しい。pHの調整が必要な場合には，体積を合わせる前に調整する。

〈フローチャート〉

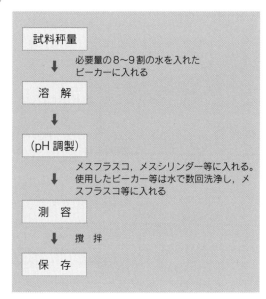

（3）　試薬の純度と使い分け

　市販の化学薬品は，JIS規格（日本工業規格）で定められている。純度規格は，JIS規格，ACS規格，Rosin規格，Merck規格などがある。

①　JIS標準試薬

　濃度の基準とすることのできる試薬である。99.95％以上の純度を有するものをいう。

②　JIS特級，一級

　特級は一般分析，特殊実験研究に高純度試薬として使用しうるもの。一級は特級以下の純度であるが，一般分析実験用として使用し得るものである。

③　危険物試薬

　引火性のある試薬など取扱いに注意が必要な試薬は多くある。例えば，ジエチルエーテルは，引火点が−46℃であるので，ジエチルエーテルが付着しているビーカーなどを乾熱器などに入れると爆発する可能性があり，決して入れてはいけない。同様の試薬には，アセトン，アセトアルデヒト，ベンゼン，トルエン，酢酸エチルなどがある。また，メチルアルコール，エチルアルコールなども引火性が強いので注意する。さらに，これらの試薬の蒸気は，空気より重いので，部屋内に充満したときは，換気扇に頼らずドアなどを開けて換気する。

（4）秤量と測容

① 天秤による秤量

0.1 mg まで測定できる電子分析天秤と 0.01 g 程度まで測定できる電子上皿天秤などがある。

どちらも，壊れやすいこともなく，風袋（薬包紙などの質量）の除去がボタン一つで簡単にできる。測定する際には，天秤が水平であることを確認する必要がある。また，ときどき付属の分銅を用いるなどして校正する必要がある。今では，基準分銅が内臓されている天秤もある。

〈フローチャート〉

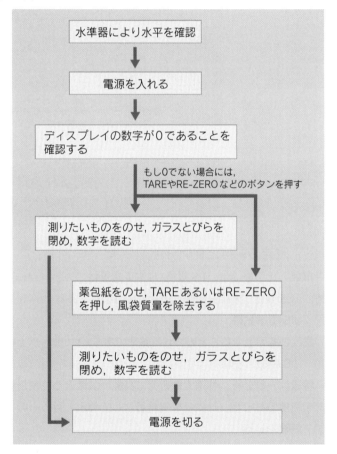

② 測 容

食品分析では，一定量の溶液を調製したり溶液を採取したりする。また，滴定を行い，滴定量を正確に読みとる必要がある。この目的のために使用する器具を測容器という。これらには，メスフラスコ，ピペット，ビュレット，メスシリンダーなどがある。

〈測容器の公差〉

測容器の多くはガラス器具である。ガラスは温度によって膨張するし，また測定す

る水溶液も温度や気圧によって体積が異なる。一般に測容器は20℃ 1気圧の状態で，純水を測った場合を基準として，その容量が定められている。この条件下で認められる誤差を公差という(表I-2)。

表I-2　測容器の公差

メスフラスコ		ホールピペット		ビュレット			メスシリンダー
容　量	公　差(mL)	容　量	公　差(mL)	容　量	公差(mL) 全量の1/2以上	公差(mL) 全量の1/2以内	
1,000	0.6	50	0.05	100	0.1	0.05	容量100mLにつき公差1mL
500	0.3	25	0.03	50	0.05	0.025	
250	0.15	20	0.03	25	0.04	0.02	
100	0.12	10	0.02	10	0.02	0.01	
50	0.10	5	0.01	5	0.01	0.005	
25	0.06	2	0.01				
10	0.04	1	0.01				

（5）　測容器具

①　測　容

● メスフラスコ(図I-1)

水溶液を一定量調製する場合に用いられる。

試料，試薬等は，必ずビーカー内で溶解した後，メスフラスコに入れる。直接メスフラスコ内で溶解することをしてはいけない。また溶解した際に発熱した場合には，室温に戻ってからメニスカスを標線に合わせる。

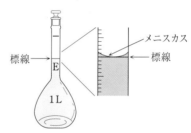

図I-1　メスフラスコと標線，メニスカス

注〕　メニスカス：容器に水溶液を入れたとき，表面張力で凹凸した三日月形になる。これをメニスカスとよぶ(図I-1参照)。

● ピペット(図I-2)

一定容積の溶液を採取するときに用いる測容器である。ホールピペットとメスピペットがある。

ホールピペットは，1, 2, 4, 5, 10, 20, 25 mLなどの器具に示された容積しか採取できない。しかし厳密な採取が可能である。

メスピペットは，容積内で任意の採取が可能である。メスピペットには，さらに2種類ある。

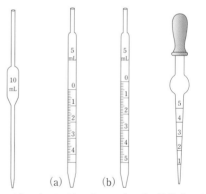

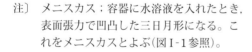
ホールピペット　メスピペット　メスピペット　駒込ピペット

図I-2　ホールピペット，メスピペット(2種類)と駒込ピペット

すべての溶液を出しきることで最大の容積を放出できるタイプ(a)と目盛りに従って放出することで目的量を放出できるタイプ(b)である。メスピペットを用

いる際には，どちらのタイプかをまず確かめてから使用する。

　これらのピペットは，口で吸い人差し指で容積を調整するのが基本であるが，人体に危険な溶液を測容する場合には，安全ピペッターを用いるとよい。一般的なものを図I-3に示す。

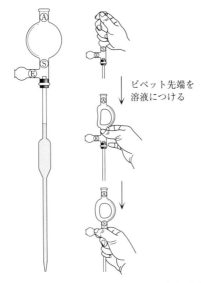

左手でピペット本体をしっかりもち，安全ピペッターは右手で操作する。Ⓐを押さえながら球をつぶして減圧にする

ピペット先端を溶液につける

Ⓢを押して溶液を吸い上げる

Ⓔを軽く押して溶液のメニスカスを標線に合わせる。別の容器に移動し，Ⓔを押して溶液を排出する。ピペット先端の溶液を排出するときにも使用する

図I-3　安全ピペッターの装着と使用法

飯田隆ら編：「イラストで見る化学実験の基礎知識（第2版）」，丸善（2004）

　ホールピペットやメスピペットを使用する際には，測容する溶液を少量用いて数回測容器内を洗浄する必要がある。これを共洗いという。

　なお，駒込ピペットは，測容器と考えないほうがよい。目盛りはきわめてあらく，精度がないからである。駒込ピペットは，指示薬の投与やメスフラスコなどの測容器の標線にメニスカスを合わせる際に使用する。

● ビュレット（図I-4）

　滴定操作に使用する器具である。無色ガラスと褐色ガラス製があり，過マンガン酸カリウム水溶液など光により分解する溶液を用いる場合には，褐色ガラスのものを用いる。ビュレットの目盛りは0.1mL刻みのものが通常である。目盛りを読む際には，目の位置をメニスカスに水平にして読むことに注意する。通常の水溶液では，メニスカスの下端を読みとるが，過マンガン酸カリウム水溶液などでは，メニスカスの下端は読みとりにくいので，上端を読みとる。

　ビュレットを使用する際には，ピペットの際と同様に共洗いする。共洗い後，水溶液を満たす。満たす際，ろうとを使用することがあるが，滴定中は，必ずろうとをはずすことに注意する。

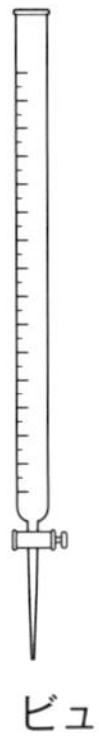

　次に活栓を回して，活栓下部の溶液が入っていない部分に溶液を満たす。ビュレットを斜めにして勢いよく活栓を回すと簡単に

図I-4　ビュレット

満たされる。

　滴定する前にメニスカスを0.01 mL刻みで読みとる。測定
値の右端の数字は，おおよその数値であることに注意する
（有効数字の項参照）。滴定を開始する。滴定が終わったらメ
モリを0.01 mLまで読み，滴定値を決める。

図I-5　メスシリンダー

● メスシリンダー（図I-5）

　メスシリンダーは，図I-5のような器具である。

　10 mL〜10 L程度のものが市販されている。メスフラスコ
ほどの精度はないが，容積内の任意の測定が可能である。

● ガラス器具の洗浄と乾燥

　ガラス器具はスポンジ，ブラシを用いて，エキストランなどの洗剤を用いて洗浄す
ればよい。洗剤で洗浄しにくいものは，ベンジン，ベンゼンなどの有機溶媒を用いて
洗浄後，洗剤を用いて洗浄する。

　測容器の洗浄は，ビーカーや三角フラスコの洗浄と異なり，容積が変化しないよう
に適切に行うことが必要である。すなわち，容器内をブラッシングするなどしてはい
けない。

　ビュレット，ピペット類は，まず柔らかいスポンジで外側を洗浄する。内面はアス
ピレータを用いて洗浄する。ピペット類等の水溶液の出口をアスピレータの吸引口に
差し込み，水で薄めた洗剤液を吸い込ませる。ときどき，洗浄液面からピペット類の
吸い込み口を出し，泡立ちやすくする。次に洗剤液から水道水に代え，内面を水洗す
る。最後に純水で外側と内側をすすぐ。

（6）　ろ過法の種類とフィルターの選択

　ろ過にはろ紙によるろ過，ガラスろ過器によるろ過などがある。食品分析でろ過は
頻用されるが目的に応じどのようなろ過法を行うか，決め方を知らなければならない。

表I-3　ろ紙の性能

種　類	用　途	直径9 cmの灰分/枚	特　性
No.1	定性ろ紙		ろ過速度が速い。粗大沈殿物に適する
No.2	定性ろ紙		厚く，ろ過速度が速い
No.101	定性ろ紙		表面に凹凸があり，ろ過速度が速い
No.131	定性ろ紙		No.2より細かい沈殿物のろ過に適する
No.3	定量ろ紙	0.00040 g	比較的ろ過速度速い
No.5A	定量ろ紙	0.00009 g	粗大沈殿物に適する。ろ過速度速い
No.5B	定量ろ紙	0.00009 g	広範なろ過に適する。ろ過速度は中程度
No.5C	定量ろ紙	0.00009 g	微細な沈殿物のろ過に適する
No.6	定量ろ紙	0.00006 g	沈殿物保持性に優れている
No.7	定量ろ紙	0.00002 g	緻密さを要するろ過に適する
No.50	クロマトグラフ用ろ紙		一般ペーパークロマトグラフィー用ろ紙
No.51A			灰分をほとんど含まない，生化学精密実験に適する
No.84	円筒ろ紙		ソックスレー脂質抽出器用

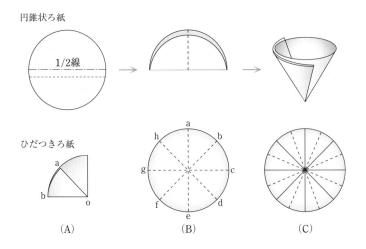

円錐状ろ紙

1/2線

ひだつきろ紙

(A)　　　　　　　(B)　　　　　　　(C)

円錐状ろ紙のように四つ折りしたのち，さらに折り，その後は谷と山折りを
交互に折ることで(C)のようにひだ状にする。

図I-6　ろ紙の折り方

　ろ紙によるろ過で重要なことは，ろ紙の
種類（表I-3），ろうとの大きさ，ろ紙の折
り方，ろ紙の乾湿などの選別である。ろ紙
には表I-3に示すように定性用と定量用に
分けられる。直径7cmのろうとを用いる
場合には，直径11cmのろ紙，直径9cm
のろうとを用いる場合には，直径15cmの
ろ紙を用いる。ろ紙は，四つ折りとひだ折
りにして用いる（図I-6）。ひだ折りのほう
が表面積が大きくなるため，ろ過速度が
より速くなる。

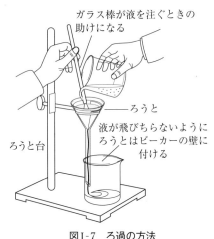

ガラス棒が液を注ぐときの
助けになる

ろうと

液が飛びちらないように
ろうとはビーカーの壁に
付ける

ろうと台

図I-7　ろ過の方法

　ろ過方法は，図I-7のようにガラス棒でろ紙へ懸濁液を流下してやる。この際，な
るべく上澄み液を流下させてやるとろ過が速くなる。液が受器に落ちれば，追加する。
ろうとの脚部と受器を接着させておくと，ろ液がはねることが少ない。沈殿物は水で
懸濁させ，ろ紙に注ぎ込む。

　また，高速液体クロマトグラフィーのサンプルの前処理用マイクロフィルターがあ
る。このフィルターは，サンプル中に含まれる不溶物の除去に用いる。

　これには表I-4に示すように親水性のものや有機溶媒用のものがある。サンプルが
溶解している溶媒によって使い分ける。

　マイクロフィルター以外に分子量によってろ過されるものとされないものを分ける
限外ろ過膜がある。このろ過膜による操作を限外ろ過という。分画分子量は10,000,

表I-4　市販のマイクロフィルター

種　類 (マイクロフィルター)	用途および特徴	特　性
セルロースアセテートタイプ	水系液体の清澄ろ過用。EOG 殺菌済みのものは除菌ろ過に使用可。含水メタノールの清澄ろ過も可	フィルター[注]2 孔径 0.20μm; 0.45μm
セルロース混合エステルタイプ	同上。ただしアルコール含有液は使用不可	フィルター孔径 0.20μm; 0.45μm
親水性 PTFE[注]1 タイプ	水-メタノール，水-アセトにトリルなど水系，有機溶媒系の両方に使用可。HPLC 前処理用によく利用される	フィルター孔径 0.20μm; 0.45μm
PTFE タイプ	ジメチルスルフォキシド(DMSO)，アセトニトリル，メタノールなど広範囲な有機溶媒用フィルターで，強酸，強アルカリにも使用可	フィルター孔径 0.20μm; 0.45μm

注〕1　PTFE：ポリテトラフルオロエチレン
注〕2　フィルターの直径は 3 mm, 13 mm, 25 mm など各種あり。

50,000，200,000 などがある。これ以上の分子量のたんぱく質等を濃縮する際に利用する。

　動物細胞培養では，菌の混入はあってはならない。よって培地などは，滅菌しなくてはならないが，培地中には熱に弱い因子も存在しているので，オートクレーブは使用できない。このような場合，滅菌済みのマイクロフィルターを用いるろ過にて，滅菌する。この操作をろ過滅菌という。

（7）　分析試料の採取と調製・保存

①　試料の調製

　試料を均一にしなければ，試料の分析に用いることはできない。食品試料には形状，大きさ，比重などが不均一なものが多い。そこで粉砕，あるいは摩砕が必要となる。野菜，果物，いも，パンなど比較的水分の多いものは，粉砕・摩砕する前に，予備乾燥する必要がある。普通 200〜500 g の試料を秤量後，数日室内乾燥し，再び秤量後粉砕する。

　粉砕には乳鉢を用いる。細かく粉砕後，ふるいにかけ，残ったものは再び粉砕する。

　すりつぶして均一にすることを摩砕という。果物・肉・魚介類では，粉砕よりも摩砕が使われる。摩砕には，乳鉢，ホモジナイザー，ミキサーが使われる。

②　円錐四分法

　食品の分析には脂質，灰分，水分，たんぱく質量などがある。これらは食品のある部分だけを測定するのではなく，均一にし，食品全体を分析しなくてはならない。食品を均一にする方法として，円錐四分法がある(図I-8)。これは，図のように試料を円錐形に積み，次に上を平らにして，a, b, c, d の四等分に分ける。

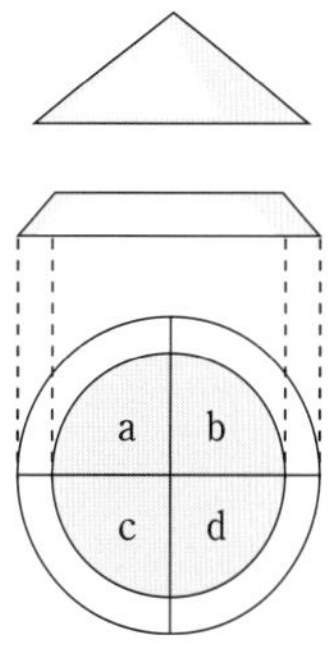

図I-8　円錐四分法

このうち，aとdの2区分を取り出し，また円錐形に積む。これを繰り返すことで，試料の均一な1/4，1/8量を採取することができる。

③　調製試料の保存

調製した試料は酸化されやすい場合には，窒素充填をする。たんぱく質などを含む水溶液は，変性しないように凍結保存する。なるべく－1～－5℃の温度帯，最大氷結晶生成帯を速やかに通過させることが凍結による変性を防ぐことになる。

(8)　フローチャート

(9)　食品成分表における成分値の概要

現在使用されている「八訂　日本食品標準成分表2020版」には，2478食品のそれぞれに関して，廃棄率，水分，たんぱく質，脂質，炭水化物，灰分，無機質，ビタミン，エネルギーなどの項目がある。これらの成分値は廃棄部(通常の食習慣において廃棄される部位)を除いた可食部100gあたりの数値である。これらの成分値について簡単に記す。

〈水　分〉　常圧加熱乾燥法，減圧加熱乾燥法，カールフィッシャー法または蒸留法で測定する。ただし，アルコールまたは酢酸を含む食品は，乾燥減量からアルコール分または酢酸の質量をそれぞれ差し引いて算出する。

〈たんぱく質〉　成分表では，「アミノ酸組成によるたんぱく質」と「たんぱく質」の2つの表示がある。前者は各食品のアミノ酸成分表2020年版の各アミノ酸量に基づき，アミノ酸の脱水縮合物の量(アミノ酸残基の総量)として算出する。後者は，基準窒素に窒素-たんぱく質換算係数を乗じて計算する。基準窒素は，改良ケルダール法などで求めるが，食品によっては硝酸態窒素，カフェインおよびテオブロミンの窒素量を減じる必要がある。

〈脂　質〉　成分表では，「脂肪酸のトリアシルグリセロール当量」，「コレステロール」および「脂質」の表示がある。「脂肪酸のトリアシルグリセロール当量」は，脂肪酸成分表2020年版の各脂肪酸量をトリアシルグリセロールに換算した量の総和として算出する。「コレステロール」はケン化後，不ケン化物を抽出分離し，水素炎イオン化検出-ガスクロマトグラフ法を用いて算出する。「脂質」は，溶媒抽出-重量法(ジエチルエーテルによるソックスレー抽出法など)を用いて測定する。

〈炭水化物〉　2020年の成分表では，「利用可能炭水化物(単糖当量)」，「利用可能炭水化物(質量計)」，「差し引き法による利用可能炭水化物」，「食物繊維総量」，「糖アルコール」，および「炭水化物」がある。「利用可能炭水化物(単糖当量)」は炭水化物成分表2020年版の各利用可能炭水化物量(でん粉，単糖類，二糖類，80%エタノールに可溶性のマルトデキストリンおよびマルトトリオース等のオリゴ糖)を単糖に換算した量の総和として算出する。「利用可能炭水化物(質量計)」は，(でん粉，単糖

表I-5　食品成分表の項目

食品番号	索引番号	食品名 成分識別子	廃棄率 REFUSE %	エネルギー ENERC kJ	ENERC_KCAL kcal	水分 WATER g	たんぱく質 アミノ酸組成によるたんぱく質 PROTCAA	たんぱく質 PROT-	脂質 脂肪酸のトリアシルグリセロール当量 FATNLEA	コレステロール CHOLE mg	脂質 FAT-	利用可能炭水化物(単糖当量) CHOAVLM	利用可能炭水化物(質量計) CHOAVL	差引き法による利用可能炭水化物 CHOAVLDF-	食物繊維総量 FIB-	糖アルコール POLYL	炭水化物 CHOCDF-	有機酸 OA	灰分 ASH
04001	306	あずき 全粒 乾	0	1279	304	14.2	17.8	20.8	0.8	0	2.0	46.5*	42.3	37.7	24.8	–	59.6	1.2	3.4

可食部 100 g 当たり

無機質（mg）

ナトリウム NA	カリウム K	カルシウム CA	マグネシウム MG	リン P	鉄 FE	亜鉛 ZN	銅 CU	マンガン MN
1	1300	70	130	350	5.5	2.4	0.68	1.09

可食部 100 g 当たり

無機質（µg）

ヨウ素 ID	セレン SE	クロム CR	モリブデン MO
0	1	2	210

ビタミンA（µg）

レチノール RETOL	α-カロテン CARTA	β-カロテン CARTB	β-クリプトキサンチン CRYPXB	β-カロテン当量 CARTBEQ	レチノール活性当量 VITA_RAE	ビタミンD VITD
(0)	2	8	1	9	1	(0)

ビタミンE（mg）

α-トコフェロール TOCPHA	β-トコフェロール TOCPHB	γ-トコフェロール TOCPHG	δ-トコフェロール TOCPHD	ビタミンK VITK（µg）
0.1	0.2	3.0	11.0	8

ビタミン（mg）

ビタミンB₁ THIA	ビタミンB₂ RIBF	ナイアシン NIA	ナイアシン当量 NE	ビタミンB₆ VITB6A	ビタミンB₁₂ VITB12（µg）	葉酸 FOL（µg）	パントテン酸 PANTAC	ビオチン BIOT（µg）	ビタミンC VITC
0.46	0.16	2.2	6.2	0.40	(0)	130	1.02	9.6	2

アルコール ALC	食塩相当量 NACL_EQ（g）
–	0

備考：食物繊維：AOAC2011.25法
（100g：122mL, 100mL：82g）

類，二糖類，80％エタノールに可溶性のマルトデキストリンおよびマルトトリオース等のオリゴ糖）の総和として算出する。「差し引き法による利用可能炭水化物」は，100ｇから，水分，アミノ酸組成によるたんぱく質（この収載値がない場合には，たんぱく質），脂肪酸のトリアシルグリセロール当量としてあらわした脂質（この収載値がない場合には脂質），食物繊維総量，有機酸，灰分，アルコール，硝酸イオン，ポリフェノール，カフェイン，テオブロミン，加熱により発生する二酸化炭素等の合計を差し引いて算出する。「食物繊維総量」は，酵素-重量法（プロスキー変法またはプロスキー法），または酵素-重量法-液体クロマトグラフ法を用いて測定する。「糖アルコール」は高速液体クロマトグラフ法を用いる。「炭水化物」は100ｇから水分，たんぱく質，脂質および灰分を合計し，差し引くものである。

〈灰　分〉　直接灰化法（550℃）を用いる。

〈エネルギー〉　成分表では食品のエネルギー値は，FAO/INFOODS の推奨する方法に準じて，可食部100ｇ当りのアミノ酸組成によるたんぱく質，脂肪酸のトリアシルグリセロール当量，利用可能炭水化物（単糖当量），糖アルコール，食物繊維総量，有機酸およびアルコールの量（g)に各成分のエネルギー換算係数を乗じて，100ｇあたりのkJ（キロジュール）および kcal（キロカロリー）を算出し，収載値としている。

3　主な食品分析の種類

（1）　定性分析と定量分析

　食品の分析法には以下に述べるようにさまざまな種類があるが，大きくは定性分析と定量分析に分けられる。定性分析とは，分析対象となる食品に，特定の官能基や化学構造をもつ有機成分，あるいは特定の金属や元素といった無機成分が含まれるかどうかを調べることをいう。定性分析のよい例としては特定成分が示す特有の呈色反応や沈殿反応を利用してその有無を判定することである。これに対して，定量分析とは，分析対象物のなかに目的成分がどれだけ含まれているか，その含有量を調べることをいう。食品分析では多くの場合，各種成分の含有量を分析する定量分析が重要になる。そのため食品中の有機成分や無機成分などの含有量を調べるため，いろいろな分析手段が開発され，利用されている。

（2）　主な定量分析法

　食品成分の定量分析に当たっては，まず分析試料の適正な調製（2-(7)参照）が重要である。対象食品を何の前処理もせずに直接分析することは，近赤外線による非破壊検査による糖度などの分析の他には通常は行われない。すなわち，食品成分の定量分析にあたっては，抽出処理，抽出液からの沈殿・析出処理，揮発成分を取り出す蒸留あるいは抽出物から夾雑物の除去，薄層クロマトグラフィーやオープンカラムクロマトグラフィーによる目的物の分別・分画処理など，分析目的に応じた適切な処理が行われる。その後，以下のような手法によって目的成分の定量が行われる。

① 重量分析と恒量測定

　本書で取り上げる重量分析としては，①加熱による水分の蒸発前後の固形分重量の差から求める水分分析，②燃焼後に残留する容器ごとの固形重量と容器重量との差から求める灰分分析，③ジエチルエーテル抽出物から溶媒を蒸発させて得られる重量から求める粗脂肪分析，④酸およびアルカリによる繰り返し洗浄と，たんぱく質やでんぷんなどの酵素分解による除去後の残留物の重量から求める食物繊維の4項目である。

② 恒量について

　重量分析では試料が入った容器または空の容器ごとの重量がほぼ一定になるまで加熱を繰り返して恒量を求めることがポイントとなる。恒量の求め方は，所定の温度で30分間～2時間加熱し，乾燥剤入りデシケーター内で30分間放冷後，容器ごとの重量を秤量する操作を2～3回繰り返す。恒量と判断する基準については，化学物質の日本工業規格（JIS）では，減量分析の場合，前後の秤量値の差が0.1％以内，残分分析の場合，同差が0.3mg以下とされ，栄養表示基準では同差を0.1％以内，または0.5mg以下としている。本書では1回目と2回目，あるいは2回目と3回目の秤量値の差が0.3mg以下に達したときの値を恒量とみなす。恒量の測定では，温度と時間の厳守が重要であり，これらを守らないと恒量に達しにくい。

　恒量の求め方は，それぞれの分析項目の記述のなかで示されるので，各分析項目の記載に留意してほしい。特に粗脂肪の場合は，加熱を繰り返すことにより，脂質の酸化が進行して秤量値がかえって増大するなど，恒量が得られにくいことがあるので，注意が必要である。このような場合には加熱，放冷，秤量を繰り返すなかで得られる極小値を恒量とみなしてよい。

　恒量が得られない理由として考えられることは，一般的には　①容器に汚れが残留している　②デシケーター内乾燥剤の吸湿による性能劣化　③デシケーター内に放置する時間が一定でないことなどであるので，これらに注意する。

③ 容量分析と濃度補正係数（ファクター：f）

　本書では容量分析として3種類の滴定法を取り上げた。すなわち，(1)たんぱく質の定量，有機酸の定量，油脂の化学試験における酸価およびケン化価の測定に利用する酸・塩基滴定法（中和滴定法）　(2)油脂の化学試験におけるヨウ素価，過酸化物価，およびビタミンCの定量に用いる酸化還元滴定法　(3)食塩の定量で使用する沈殿滴定法である。滴定では化学量論的に決まる反応の完結点は当量点，実験によって得られる反応の完結点は終点とよばれる。当量点と終点の差は滴定誤差となる。いずれの滴定も反応の完結点を決定することで終了する。反応の完結点を知る手段として滴定操作により生じる反応液の変色あるいは色の消失がある。また容量分析では，試料溶液とともに必ず濃度既知の標準溶液を用意し，その濃度をあらかじめ，または試料分析時に正確に確定しなければならない。このための操作を標定という。標定では標準溶液の濃度を正確に補正するため，濃度補正係数（ファクター）が求められる。ファク

ターは力価ともいい，fで表される。f値は四捨五入により小数点以下3桁または同4桁の数値として表示される。これには通常の容量分析ではピペットやビュレットの精度から有効数字は4桁までしか得られないことが関係している。すなわち算出されたf値が1.0以上の場合の表示は小数点以下3桁まで(有効数字4桁)となるのに対し，算出f値が1.0未満の場合は小数点以下4桁までの表示となる。したがって，ある標準液のめざす濃度が0.1000 Mで，標定により算出されたf値が1.039であった場合，この標準液の実際の濃度は，$0.1000 \times 1.039 = 0.1039$ Mとなり，算出f値が0.9968の場合は

$$0.1000 \times 0.9968 = 0.09968 \,\text{M} \quad \text{となる。}$$

以下に，これらの容量分析の重要点を解説する。

④ 標定：ファクターの求め方

各種の容量分析で必要となる標準物質による試薬調製液の標定では，表I-6に示す市販の標準物質(日本工業規格＜JIS＞により純度が99.95％以上あるいは99.98％以上であることが規定された試薬)が利用される。アルカリ試薬の標定には純度99.5％以上の特級コハク酸も用いられる。これらの一定量を用いて，調製した試薬の濃度を正確に標定し，ファクターを求める。具体的な測定法は各実験項目の説明の箇所に詳細に記載してあるので参照してほしい。

表I-6　標定に使用する主な標準物質

試薬名	分子量	純度	対象となる標定	乾燥条件	備考
炭酸ナトリウム Na_2CO_3	105.99	99.97％以上	塩酸または硫酸溶液の標定	600℃，60分間加熱後，デシケーター内に保持	JIS規格
フタル酸水素カリウム $C_6H_4(COOK)(COOH)$	204.22	99.95～100.05％	水酸化ナトリウム溶液の標定	めのう製乳鉢で軽く粉砕し，120℃，60分間加熱後，デシケーター内に保持	JIS規格
コハク酸 $HOOC\text{-}CH_2CH_2\text{-}COOH$	118.09	99.95％以上	同上	120℃，60分間加熱後，デシケーター内に保持	特級試薬
塩化ナトリウム $NaCl$	58.44	99.98％以上	硝酸銀溶液の標定	600℃，60分間加熱後，デシケーター内に保持	JIS規格
シュウ酸ナトリウム $NaOOC\text{-}COONa$	134.00	99.95％以上	過マンガン酸カリウム溶液の標定	200℃，60分間加熱後，デシケーター内に保持	JIS規格
二クロム酸カリウム $K_2Cr_2O_7$	294.18	99.98％以上	チオ硫酸ナトリウム溶液の標定	めのう製乳鉢で軽く粉砕し，150℃，60分間加熱後，デシケーター内に保持	JIS規格

(3) 各種容量分析

① 酸・塩基滴定(中和滴定)

酸と塩基の正確な濃度を決定(定量)する時に酸と塩基の中和反応が用いられる。中和反応とは，酸(AH)と塩基(BOH)が，次式のように塩(BA)と水を生じる反応である。

$$AH + BOH \longrightarrow BA + H_2O$$

この反応では酸と塩基は同グラム当量ずつで完結する。したがって，濃度が正確にわかっている酸または塩基の一定量を濃度不詳の塩基または酸で滴定し，中和反応が

完結するまでに要した容量(滴定値)がわかれば,濃度不詳の一方の塩基または酸の濃度を正確に求めることができる。これが中和滴定である。

例えば,いま濃度不明の塩酸溶液 20.00 mL を 0.2400 mol/L の水酸化ナトリウム溶液($f = 1.032$)で滴定したとき,終点まで 14.62 mL を要したとすれば,この塩酸溶液の正確なモル濃度は次式で求めることができる。

塩酸溶液のモル濃度(mol/L)
$$= (0.2400 \times 1.032 \times 14.62)/20.00 = 0.1811 \, mol/L$$

表 I-7 に主な酸と塩基を示す。これらの酸と塩基は強弱の区別がある。

表 I-7 主な酸と塩基

強 酸	塩酸(HCl),硫酸(H_2SO_4),硝酸(HNO_3),過塩素酸($HClO_4$)
弱 酸	リン酸(H_3PO_4),酢酸(CH_3COOH),炭酸(H_2CO_3),ホウ酸(H_3BO_3),シュウ酸($HOOC \cdot COOH$),ギ酸($HCOOH$),石炭酸(C_6H_5OH),硫化水素(H_2S)
強塩基	水酸化カリウム(KOH),水酸化ナトリウム($NaOH$),水酸化バリウム($Ba(OH)_2$),水酸化カルシウム($Ca(OH)_2$)
弱塩基	アンモニア(NH_3),水酸化マグネシウム($Mg(OH)_2$),水酸化鉄III($Fe(OH)_3$),水酸化アルミニウム($Al(OH)_3$),水酸化銅($Cu(OH)_2$)

上記の例のように,中和滴定では反応の終点を判定し,そこまで要した滴定値を記録することと,反応する一方の溶液の正確な濃度の標定,すなわち,ファクターを知ることが肝要となる。ファクター(f)の求め方(標定)については,上述したので以下では中和滴定の終点の判定について解説する。

② 中和滴定における終点の判定:指示薬の利用

反応する酸と塩基の組合せによって,中和反応で生成する塩は中性,アルカリ性または酸性を呈するものに分かれる。そのため,どんな塩が生じるかによって反応の終点における反応液の pH は異なる。

〈強酸と強塩基により生じる塩〉

$$HCl + NaOH \longrightarrow NaCl + H_2O$$

この場合に生じる塩化ナトリウムは強電解質であり,水中で Na^+ と Cl^- に完全に電離してどちらも水との H^+ の授受を起こさないので,滴定終点時の溶液は中性を呈する。

〈弱酸と強塩基により生じる塩〉

$$CH_3COOH + NaOH \longrightarrow CH_3COONa + H_2O$$

この場合に生じる酢酸ナトリウムは電離して CH_3COO^- と Na^+ を生じるが,ここに生じた CH_3COO^- は水と H^+ の授受を起こす($CH_3COO^- + H_2O \longrightarrow CH_3COOH + OH^-$)。その結果,$OH^-$ を生じる。このため滴定終点時の溶液はアルカリ性を呈する。

〈強酸と弱塩基により生じる塩〉

$$HCl + NH_4OH \longrightarrow NH_4Cl + H_2O$$

この場合に生じる塩化アンモニウムは電離して NH_4^+ と Cl^- を生じる。ここに生じる NH_4^+ は水と H^+ の授受を起こす（$NH_4^+ + H_2O \longrightarrow NH_3 + H_3O^+$）。その結果，$NH_3$ と H_3O^+ を生じる。H_3O^+ はヒドロニウムイオンとよばれ，水溶液中では酸として働くので，滴定終点時の溶液は酸性を呈する。

　以上のように，中和滴定の場合，酸と塩基の組み合わせによって終点における pH は中性，アルカリ性，酸性の3つの場合があるので，pH によって特異的な変色反応を示す指示薬を利用して滴定の終点を判定する。表 I-8 に主な指示薬の pH と変色の関係を示す。これらの指示薬の変色特性を理解して適切に使用することが大切である。

　強酸と強塩基の中和滴定では，フェノールレッドやフェノールフタレインが利用できる。弱酸と強塩基の場合は，フェノールフタレインやチモールフタレインが，また強酸と弱塩基の中和滴定では，メチルレッドが適している。

表 I-8　主な指示薬と変色域

指示薬	変色域(pH)	変　色	0.1%溶液の調製に用いる溶媒
ブロムフェノールブルー	3.0〜4.6	黄色−青紫色	20%エタノール
メチルオレンジ(Na塩)	3.1〜4.4	赤色−黄色	蒸留水
ブロムクレゾールグリーン	3.8〜5.4	黄色−青色	20%エタノール
メチルレッド	4.2〜6.2	赤色−黄色	60%エタノール
ブロムチモールブルー	6.0〜7.6	黄色−青色	20%エタノール
フェノールレッド	6.8〜8.4	黄色−赤色	20%エタノール
フェノールフタレイン	8.0〜10.0	無色−赤紅色	60%エタノール
チモールフタレイン	9.3〜10.5	無色−青色	80%エタノール

③　酸化還元滴定法

　この滴定法は酸化還元反応を利用しており，食品分析で使われるのは酸化滴定である。例えば，食品中の還元糖や油脂の過酸化物のソモギー変法による定量では酸化剤である二クロム酸イオン（$Cr_2O_7^{2-}$）による酸化反応を利用している。すなわち，二クロム酸によるヨウ化カリウムの酸化でヨウ素を産生させ，生じたヨウ素の量を還元剤である標定済みのチオ硫酸ナトリウム溶液で滴定して得られるヨウ素量から反応に加わった二クロム酸の量を知り，この量から二クロム酸と反応した還元糖などを定量できる。この反応ではヨウ素の量を知るのにヨウ素-でんぷん反応も組み込まれている。詳細については関係箇所（糖質，ヨウ素価，過酸化物価，ビタミン C）の説明を参照してほしい。

④　沈殿滴定法

　化学反応のうち，特有の沈殿物を生成することと，反応の終点として沈殿物の色の変化を利用する方法が沈殿滴定法である。本書の食塩の定量では食塩が等モルの硝酸銀と反応して白色の塩化銀という不溶性沈殿物を与える反応を利用している。この反応では，クロム酸カリウム（黄色）を共存させておくことで，食塩と硝酸銀との反応の

完結以後は硝酸銀が塩素イオンの代わりにクロム酸イオンと反応し始めて赤褐色の不溶性沈殿物を生じるので，この時点を反応の終点とするというものである。

（4）　吸光分析

　吸光分析は広く自然科学分野で使われる分析手段であり，食品分析では主に，有機成分の定性，定量に紫外部（200〜380 nm）および可視部（400〜800 nm）の特定波長の光の吸光度を測定する吸光光度分析と無機金属成分の定量に原子吸光分析が利用される。近年では近赤外線照射を利用した非破壊分析による糖度や塾度あるいはたんぱく質などの成分量を分析することも行われている。本書では，吸光光度分析法として還元糖，全糖，ビタミンC，リン，TBA値，アミノ・カルボニル反応，抗酸化試験，ポリフェノールの定量などを，また，原子吸光分析としてリンを除く無機成分の定量を取り上げた。これらの詳細はそれぞれの分析項目の説明を参照してほしい。ここでは，吸光光度分析の重要点を解説する。

① 光の透過度と吸光度

　図I-9に示すように一定の厚さの光透過性容器に入れた化学物質の溶液の一方から特定波長の光（入射光）を当てたとき，入射光の強度（I_0）と反対側に透過した光（透過光）の強度（I）の比率（I/I_0）を透過度といい，透過度の百分率（$[I/I_0] \times 100$）は透過率とよばれる。透過率100とは，入射光強度と透過光強度が等しいこと，つまり，その溶液による当該波長の光の吸収はゼロであることを意味する。ある溶液において特定波長の光の透過度が減少していれば，その溶液は光の通過時に当該波長の光を吸収したことになる。吸収された光の強度は，透過度の逆数の常用対数，すなわち，$\log[I_0/I]$で表され，これを吸光度（Absorbance）という。吸光度は光学密度（OD; Optical density）ともよばれ，透過度が減少すれば吸光度が上昇するという関係にある。

② ランベルト・ベール（Lambert - Beer）の法則

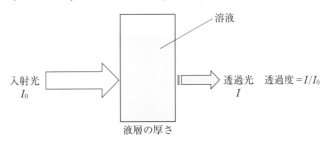

図I-9　光の透過度の模式図

〈ランベルトの法則〉

　光を吸収する物質の溶液に一定強度の光を当てるとき，溶液の液層の厚さが2倍になれば，透過光強度（I）は入射光の1/2になり，液層の厚さがさらにその2倍になれば1/4に，3倍になれば1/8に，4倍になれば1/16へと減少していく。すなわち，ある物質に対する透過光強度Iは液層の厚さの増大とともに指数関数的に減少する。このことをランベルトの法則とよぶ。図I-10(A)と(B)にこの関係を示す。図I-10(A)

の縦軸を透過度の常用対数値($\mathrm{Log}_{10}[I/I_0]$)で示すと，図I-10(B)のように液層の厚さと負の直線的比例関係になることがわかる。つまり，光が透過する液層の厚さが2倍，3倍，4倍に増大すると縦軸の数値が直線的に減少するのである。この縦軸の値を透過度の逆数の常用対数（$\mathrm{Log}[I_0/I]$），すなわち吸光度に置き換えると，今度は図I-10(C)のように正の直線的比例関係となり，吸光度は液層の厚さの増大とともに直線的に増大することが理解できる。

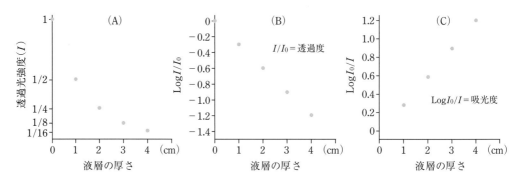

図I-10　ランベルト・ベールの法則(A)，(B)，(C)

〈ベールの法則〉

　ランベルトの法則は，液層の厚さと光の透過度の関係を示すが，この場合，液層の厚さを一定にしておき，今度は溶液の濃度を2倍，3倍，4倍と増大させても，横軸を溶液の濃度に置き換わるだけでランベルトの法則と同様に濃度の上昇とともに透過光強度は指数関数的に減少し，透過度の対数値（$\mathrm{Log}[I/I_0]$）は，直線的に減少する関係になる。これをベールの法則という。

〈ランベルト・ベールの法則〉

　これら2つの法則は，光の透過度に対する液層の厚さと物質濃度の関係を全く同じ直線関係で示すもので，光の物質透過度の対数値は液層の厚さ L(cm) と溶液の濃度 c(mol/L) の両者に依存して直線的に変化することを示している。いい換えれば，ある溶液の吸光度は溶質の濃度 c と液層の厚さ l の積に比例する。これは上記2つの法則を合わせたものとしてランベルト・ベールの法則とよばれる。

　式で表せば A(吸光度) $= klc$（k：物質固有の吸光係数，l：液層の厚さ，c：溶液の濃度）となる。液層の厚さを1cmに固定すれば，吸光度は溶質の濃度だけに比例することを示す。

③　モル吸光係数(ε)

　ある化合物の濃度を1mol/L，液層の厚さ1cmとしたときのある波長における吸光度はモル吸光係数(ε)とよばれ，この数値は特定の波長とその化合物を溶解している溶媒の種類が同じなら変わることがない。そこである化合物の未知の濃度を算出するのにその化合物の既知のモル吸光係数がしばしば利用される。例えば，メタノール中で波長320nmにおけるモル吸光係数が7680という化合物の濃度未知のメタノール溶液があり，この溶液の320nmにおける吸光度を測定したら1.640であったとすると，この化合物のモル濃度は，1.640/7680 = 0.0002135M，すなわち0.2135mMと算出さ

れる。同じような数値に比吸光度（$E_{1cm}^{1\%}$）とよばれるものがある。これは液層1 cm の吸光度測定容器にある物質が1%の濃度で入っている場合の特定波長での吸光度を意味する。例えば，卵白リゾチームというたんぱく質の280 nm における比吸光度が26.6であることが知られている。これはこのたんぱく質の1%溶液（10 mg / mL）の280 nm での吸光度は26.6となることを意味する。したがって，実際に濃度未知のたんぱく質溶液の吸光度を測定して1.255という結果が得られた場合，この溶液中には1.255 / 26.6 ＝ 0.0472%（＝ 0.472 mg / mL）のリゾチームが含まれると算出される。

④　光源と試料容器（セル）

　吸光光度分析では分光光度計が使用され，測定波長は自由に設定できるが，光源は，紫外部（210 ～ 390 nm）測定用と可視部（400 ～ 800 nm）測定用が使い分けられる。紫外部の波長域での測定では重水素放電管（D_2ランプ）が，可視部の波長域での測定ではタングステン － ヨウ素ランプ（$W-I_2$ランプ）が用いられ，両ランプの切り替えは350 nm を境にして測定波長によって光源を使い分ける必要がある。

　また試料溶液は，紫外部波長での測定では石英セルに，可視部波長の測定ではガラスセル，またはポリスチレンなどのプラスチックセルに入れて測定される。いずれのセルも光路長は通常1cm に統一されている。

（5）　クロマトグラフィー：分離と検出手段の組み合わせ

　クロマトグラフィーとは，ロシアの植物学者ミハイル・ツヴェットがクロロフィルの分離にはじめて使用した方法である。今日では広範囲の自然科学の分野で使われる化合物の分離，検出（定性），定量の手段となっている。複数の化合物の混合物がシリカゲルやろ紙，その粉末であるセルロースパウダーなど固定相の表面，あるいはその内部を移動相と称する溶媒と一緒に動きながら，固定相，および移動相との相互作用を通じて互いに分離されることを原理としている。固定相と移動相を適切に選択すれば，混合された化合物が非常に精度よく相互に分離されるので，化合物の単離・同定はもとより，目的成分の検出と定量を精度よく行える手法である。

　本書では脂質の薄層クロマトグラフィー，および脂肪酸のガスクロマトグラフィーとともに，カテキン類，イソフラボン，アントシアニン，イノシン酸などの核酸関連物質，各種アミノ酸の高速液体クロマトグラフィーを取り上げた。詳細はそれらの項を参照してほしい。ここでは，いくつか基礎的な重要点に触れておく。

① クロマトグラフィーの種類

　化学分析で有用なクロマトグラフィーの種類としては，①分配クロマトグラフィー（Partition chromatography），②吸着クロマトグラフィー（Adsorption chromatography），③イオン交換クロマトグラフィー（Ion-exchange chromatography），そして④ゲル浸透クロマトグラフィー（Gel permeation chromatography）の4つが知られている。これらは互いに分離の原理が大きく異なる。

　分配クロマトグラフィーとは，目的化合物が移動相とともに固定相表面，あるいは

固定相内に浸透して移動するとき，固定相と移動相のどちらにより高い親和性を示すかによって移動速度に差異が生まれ，分離が行われるというものである。特に分配クロマトグラフィーの場合は固定相(担体)が強弱の極性をもつか，非極性なのかによって，順相(Normal phase)と逆相(Reverse phase)の区別がある。今日では特に高速液体クロマトグラフィーにおいては，逆相の固定相を用いる逆相クロマトグラフィーが主流となっている。

②　固定相と移動相の組み合わせの基本

順相シリカゲルの表面はOH基で覆われていて，水や有機酸，アルコールなどの極性化合物は親和性が高過ぎるため，それらの分離には不向きであるが，親油性化合物はシリカゲルとの親和性は低く，移動相に用いる溶媒の極性を適切に切り換えることにより精密な分離が可能となる。

一方，シリカゲル表面のOH基に炭素数18個(Octadecyl基)などの疎水性炭化水素基を化学結合させた逆相シリカゲルは，移動相との組み合わせ次第でほとんどの化合物の分離，分析が可能となる。表I-9に，固定相として順相シリカゲルとC18-シリカゲル(ODS)などの逆相シリカゲルを例として，これらと移動相との効果的な組み合わせを示す。

表に示すように，固定相が順相と逆相とでは，効果的な分離を達成するための移動相の選択は概ね逆の関係にある。順相シリカゲルでは，移動相に利用できる溶媒は無極性～弱極性までの比較的狭い範囲になるのに対して，逆相シリカゲルでは，水，トリフルオロ酢酸，リン酸など強極性溶媒とメタノール，あるいはアセトニトリルとの組み合わせ次第でさまざまな物質の分離に利用できるので，高速液体クロマトグラフィーなどでは逆相シリカゲルがよく利用される。

表I-9　固定相と移動層の組み合わせ例

移動相の極性 (溶媒例)	物質の移動特性(分離性能)	
	順相シリカゲル(親水性)の場合	逆相シリカゲル(疎水性)の場合
極性：大 (ギ酸，リン酸，トリフルオロ酢酸，水など)	使用不可	通常単独では使用されず，メタノール，アセトニトリルとの混合に使用される
極性：中～大 (メタノール，アセトニトリルなど)	強く吸着した極性物質の溶出に利用可	水，ギ酸，トリフルオロ酢酸，リン酸など極性溶媒との適切な混合比率で精密な分離が可能
極性：中 (酢酸エチル，ジエチルエーテル，クロロフォルムなど)	親油性物質全般に利用可 (分離良好)	強く吸着した疎水性物質の溶出などに利用可
極性：小 (無極性溶媒と極性溶媒の混合溶媒)	適切な混合比率次第で精密な分離が可能	通常使用されない
極性：無 (ヘキサンなど炭化水素)	炭化水素など無極性物質の溶出のみ利用可	使用不可

③ 主な検出法

　ペーパークロマトグラフィーや薄層クロマトグラフィーでは，一般に目的化合物を検出するには特有の呈色試薬の噴霧あるいは紫外線ランプの照射による蛍光検出が行われるが，一般的なオープンカラムクロマトグラフィー，高速液体クロマトグラフィーでは，溶出液の紫外光あるいは可視光の特定波長における吸光度や屈折率等を連続的にモニタリングしながらクロマトグラムとして記録する方法が用いられている。また，分離されてくる化合物を連続的に燃焼させてイオン化する方法，質量スペクトルを測定する方法などさまざまな方法で検出し，定量する装置が開発され利用されている。これらの具体例はガスクロマトグラフィー，高速液体クロマトグラフィーの項で詳細に解説する。

（6）　その他の分析手法

　以上の他にも，特定波長の光の励起によって発生する蛍光強度を測定する蛍光光度分析，化学発光現象を利用して特定化学物質の存在や濃度を知る発光分光分析，酸化還元電位の変化などを利用する電気化学分析，微生物や培養動物細胞の増殖や数の変動などを利用するバイオアッセイなど数多くの分析法があるので，必要に応じ，関連図書などを参考にして理解を進めてほしい。

実験1　水分の定量

　　食品中の水分は，鮮度や物性など，食品の性状を示すだけでなく，製造後の保管や流通・販売中における乾燥，吸湿，あるいはカビなど微生物の生育にも関わる点で重要な成分であり，食品の性状と品質を把握するための指標の一つとして重視される。したがって水分の定量は食品分析における基本分析となっている。

　　一定重量の食品を水の沸点よりやや高い105℃で加熱したときの重量の減少分を水分とみなす方法は，1%程度の誤差を許容する場合は広い範囲の食品に適用できる。この場合は，①加熱で失われるのは水分だけであり，かつ水分は加熱により完全に除去できる，②加熱による化学変化が重量に及ぼす影響は，ほとんど無視できるという条件を満たすという前提がある。とくに，炭水化物の量が他の成分量の差し引きによって求められる場合は，水分量の精度が重要になることから，食品によって水分定量方法はかなり細かく条件づけられており，実は簡単な測定ではない。表Ⅱ-1-1およびⅡ-1-2は五訂増補・日本標準食品成分表分析マニュアル（文部科学省・科学技術学術審議会資源調査分科会食品成分委員会編，2005）で示されている各種食品の水分測定条件を抜粋してまとめたものである。

　　これらの表からわかるように，ほとんどの食品の水分定量法は，常圧直接加熱乾燥法か乾燥助剤添加常圧加熱乾燥法，または乾燥助剤添加減圧加熱乾燥法のいずれかによるものとなっていて，ごく一部の食品では，カールフィッシャー法や蒸留法も使われることとされている。

　　以下では比較的簡便な操作で測定可能な常圧直接加熱乾燥法について取り上げるとともに，減圧加熱法，カールフィッシャー法，蒸留法についても測定原理と関連する重要事項を説明する。

　　なお乾燥助剤としては，ろ過助剤として使用される60～80メッシュのケイソウ土（市販品：Celite Hyflo supercel, Celite 545など）または精製ケイ砂がよく使われる。これらはいずれも主成分は，二酸化ケイ素（SiO_2）である。分析対象の食品が粘性を帯びていたり，液体であったり，ペースト状であったりすると，乾燥被膜の形成など乾燥に長時間を要する結果，成分変化が起きることがある。これを防ぎ，乾燥を速める手段が乾燥助剤の添加であり，対象食品に一定量の乾燥助剤を混和して水分測定を行うことが行われる。

1-1　常圧加熱乾燥法（直接法または乾燥助剤添加法）

　　表Ⅱ-1-1に示す適用食品と測定条件に基づき，食品試料の一定量を所定の温度，および時間で加熱したときに減少する重量を水分とみなす方法である。実際には水分以外にも揮発する成分が含まれていたり，油脂を含む食品では逆に，酸化による重量増も生じることも考えられるので，本法で得られる水分は絶対的な水分ではなく，一定条件下で加熱したときの値であることに留意する必要がある。

表II-1-1 常圧加熱法（直接法，乾燥助剤添加法）の適用食品例

食品名	採取量(g)	測定方法	測定条件
1. 穀 類			
粒 状	3〜5	直接法	135℃，3時間
粉 類	3	直接法	135℃，1時間
パン類，菓子パン類	2〜3	直接法	135℃，1時間
乾めん，マカロニ，スパゲッティ	3〜5	直接法	135℃，3時間
生めん，ゆでめん	3	アルミ箔法	135℃，2時間
めし，もち(包装もち)	5	乾燥助剤法	135℃，2時間
2. いも及びでんぷん類			
いも類	3〜5	乾燥助剤法	100℃，5時間
蒸し切り干し	5〜10	乾燥助剤法	105℃，3時間
でんぷん類	3	直接法	135℃，1時間
3. 砂糖及び甘味類			
砂糖類	5	直接法またはカールフィッシャー法	105℃，3時間
4. 菓子類			
生・半生菓子類	3〜5	乾燥助剤法	105℃，恒量
あられ，せんべい類	5	直接法	135℃，3時間
干菓子・砂糖菓子類	3〜5	直接法	105℃，3時間
5. 油脂類	下記法またはカールフィシャー法		
液体油脂	3〜5	乾燥助剤法	105℃，3時間
固体脂(*)マーガリンなど規格があるものでは定められた測定法に従う	3〜5	乾燥助剤法	105℃，3時間
脂 身	3〜5	乾燥助剤法	105℃，3時間
6. 種実類			
脂質少(栗，銀杏など)	5	乾燥助剤法	130℃，2時間
脂質多，大粒	5	直接法	130℃，2時間
らっかせい	5	直接法	130℃，2時間
炒りなどの加工品	5	直接法	130℃，2時間
7. 豆 類			
小豆，いんげん豆類	5	直接法	135℃，3時間
さらしあん	3	直接法	135℃，1時間
大 豆	5	直接法	130℃，2時間
きな粉，脱脂大豆	3	直接法	130℃，1時間
豆腐類	5	乾燥助剤法	105℃，2時間
油揚げ	3	乾燥助剤法	100℃，恒量
納豆類	5	乾燥助剤法	105℃，2時間

食品名	採取量(g)	測定方法	測定条件
8．魚介類			
魚類，貝類，甲殻類	5～7	乾燥助剤法	105℃，5時間
その他(いか，たこなど)	5～7	乾燥助剤法	105℃，5時間
缶詰類(水煮，味付け)	5～7	乾燥助剤法	105℃，5時間
9．獣鳥鯨肉類			
食肉及び肉製品	3～5	乾燥助剤法	135℃，2時間
10.乳　類			
液状乳及びクリーム	3	乾燥助剤法	100℃，3時間
アイスクリーム	3	乾燥助剤法	100℃，3時間
粉乳類	2～3	直接法	100℃，4時間
練乳類(20 g を水で100 mL にする)	5mL	乾燥助剤法	100℃，4時間
チーズ類	3～4	乾燥助剤法	105℃，4時間
11．きのこ類			
生きのこ類	5	乾燥助剤法	105℃，5時間
乾燥きのこ類	5	直接法	105℃，5時間
12.藻　類			
生，塩蔵品	5	乾燥助剤法	105℃，5時間
乾　燥	5	直接法	105℃，5時間
13.し好飲料類			
茶　類	3	直接法	100℃，恒量
コーヒー豆	3～5	直接法	105℃，恒量
コーヒー粉末	5	直接法	105℃，恒量
ココア	5	直接法	110℃，恒量
14.調味料及び香辛料			
食　塩	2～3	直接法	140℃，1.5時間
食酢[注]	3～5	乾燥助剤法	105℃，恒量
マヨネーズ，ドレッシング	3～5	乾燥助剤法	105℃，3時間
マスタード類	2～3	乾燥助剤法	105℃，3時間
ラー油	2～3	乾燥助剤法または カールフィッシャー法	105℃，1時間

注〕 水分量＝乾燥減量(g) −酢酸量(g)

五訂増補日本食品標準成分表分析マニュアルから抜粋により作成

主な器具，装置

① 恒温乾燥機

　　自動温度調節器付きの自然対流式装置で，室温 ±5〜150℃の間で ±1℃の設定が可能であればよい。

② デシケーター

　　乾燥させた試料などを吸湿させることなく保存できる肉厚のガラス製容器(図Ⅱ-1-1)のことで，中蓋の下に塩化カルシウムあるいは水分状態の指示薬として塩化コバルト(Ⅱ)を含浸させた深青色のシリカゲルを適量入れて密封することにより，内部の乾燥状態を維持できる。乾燥剤は適宜，加熱脱水するなどの管理を要する。深青色シリカゲルの場合は，吸湿により指示薬の深青色が淡いピンクに変色したら脱水乾燥処理が必要である。塩化コ

図Ⅱ-1-1　ガラス製デシケーター

バルト(Ⅱ)は，人への発がん性が危惧される ICRA-2B に分類されたことから，有機系青色指示薬を使ったコバルトフリーシリカゲルも市販されている。デシケーターの蓋と容器の接触部分にはゴミが付着しないように注意を払うことやグリースを適切に塗って密閉度を確保することが重要である。蓋はスライドさせながら開閉する。なお，デシケーターには，ポリカーボネートなどのプラスチック製のものもあるが，加熱後の放冷用には不向きである。

③ 秤量容器(アルミニウム製またはガラス製秤量容器，
　　アルミ箔容器)とルツボばさみ

(1)　乾燥助剤を使用しない場合

　　秤量容器としては，図Ⅱ-1-2に例示するように試料量に応じて直径3〜5cm，高さ2.5〜5cm程度のアルミニウム製のもの，あるいはガラス製秤量管を使用する。

　　生めん，ゆでめんなど一部の試料では，厚手の家庭用アルミ箔(幅7.5〜8cm，長さ12〜14cm程度で周囲に2cmぐらいの折り込み用の余分をもつ形)の中央部に採取し，これを封筒状にして密封する。次に丸いガラス棒をローラーにして試料を伸ばし，その後に，袋の上部の密封を解除してから所定条件で乾燥処理が行われる。

高さ
2.5〜5cm

直径3〜5cm

アルミニウム製秤量皿　　　　　　　　　るつぼばさみ

図Ⅱ-1-2　アルミニウム製秤量皿とルツボばさみ

(2) 乾燥助剤を使用する場合

　この場合は，あらかじめ20〜30gの乾燥助剤，および試料との混合用の適当な大きさのガラス棒入れた大型秤量用容器(この状態で恒量を求めてあること)を必要とする。一般には上部口径7.5cm，底の内径7cm，深さ3.5cmのアルミニウム製容器が用いられる。

　上記(1)，(2)いずれの場合も，分析試料を採取したり，加熱後にデシケーターに保持するときや放冷後に取り出して秤量するときなどは，るつぼばさみ(図Ⅱ-1-2)を用いる。

◎ 実験操作

A　秤量容器の恒量測定

①　適当な大きさの秤量皿，または秤量管を用意し，105℃にて2時間乾燥し，30分間デシケーター内で放冷後，0.1mgの単位まで秤量する。

②　再び105℃にて1時間乾燥後，同様に30分放冷，秤量を行って恒量を確定して記録しておく。

　アルミはくで作った手製容器を利用する場合には，恒量を得るための予備加熱は不要である。破れやすいので注意深く扱う必要がある。

B　試料の前処理と採取

①　試料は粉砕，細切り(注)などによって適宜，均質化のための前処理を行う。

②　この一定量(3〜7g)を恒量測定済の秤量容器に採取する。重量は0.1mgの単位まで精秤する。液状，ペースト状，粘性の強い試料の場合には，乾燥助剤として20〜30gのケイ砂，または10gのケイソウ土，および混和用ガラス棒を入れて恒量をあらかじめ測定済みの容器に3〜5gの試料を0.1mgの単位まで精秤する。

（注）　生鮮試料はできるだけ細かく刻む。

C　乾燥，秤量

①　試料が入った秤量用容器を，所定の温度(100〜140℃)で所定の時間乾燥する。

②　デシケーター内で30分放冷し，重量を測定する。

③　①と②の操作を繰り返して恒量を求める(恒量については，p.17を参照)。

実験フローチャート

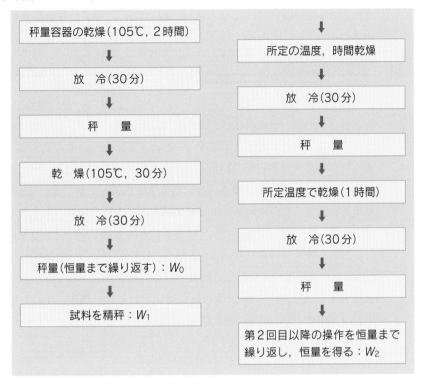

実験結果の計算

試料中の水分含有率(%)は，次式によって算出される。

$$水分(\%) = \frac{W_1 - W_2}{W_1 - W_0} \times 100$$

W_0：秤量管の恒量(g)
W_1：試料を秤量管に精秤後の秤量管ごとの重量(g)
　　　＊$W_1 - W_0$＝試料採取量(g)
W_2：乾燥後，恒量に達したときの秤量管ごとの重量(g)
　　　＊精秤はすべて0.1mgまで測定する。

実験例

試　料：強力小麦粉
秤量管の恒量(W_0)：105℃，2時間乾燥，30分放冷後の重量＝22.4586g
　　　　　　　　　　同温度1時間乾燥，30分放冷後の重量＝22.4584g(恒量とする)
　　　　　　　　　　試料採取後の秤量管の精秤値(W_1)＝25.5226g
　　　　　　　　　　よって，試料採取量($W_1 - W_0$)＝3.0642g
試料乾燥後の恒量(W_2)：135℃，1時間乾燥，30分放冷後の重量＝25.0845g
　　　　　　　　　　　同温度1時間乾燥，30分放冷後の重量＝25.0843(恒量とする)

$$水分(\%) = \frac{25.5226 - 25.0843}{3.0642} \times 100 = 14.303(14.30\%)$$

試料採取量の3.0642（3g付近を精秤）の有効数字は5桁であるが，乾燥前後の重量変化量は0.4383g（有効数字は4桁）となるので，水分量は有効数字4桁の14.30%と算出される。

1-2　減圧加熱乾燥法（直接法または乾燥助剤添加法）

　本法を適用する食品例と測定条件を表Ⅱ-1-2に示す。減圧乾燥法を用いる食品のうち，粉末スープ，粉末調味料，クッキーなどの焼き菓子については直接法が用いられるが，それら以外の野菜・果実をはじめとするほとんどの対象食品では，乾燥助剤と組み合わせた水分測定が行われる。乾燥は真空ポンプと連結された特別の装置（図Ⅱ-1-3）が使用される。乾燥機本体は，真空度と温度が表示でき，温度は室温～120℃程度まで精度よく制御できるものであればよい。また乾燥装置内を大気圧に戻すために空気を導入する際の吸湿トラップに必要なら濃硫酸トラップを追加してもよい。

　一般に，使用する減圧度は5～100mmHgの範囲とし，加熱温度が70～100℃にて5時間または恒量に達するまで乾燥する。例えば，水あめの場合は，減圧度25mmHg，加熱温度100℃で5時間の乾燥条件が用いられるが，熱変化が起こりやすい野菜や果実では減圧度100mmHg，加熱温度70℃にて5時間の乾燥が行われる。放冷時間は30分を厳守し，0.1mgまで精秤する。

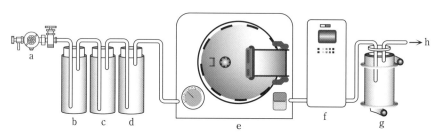

図Ⅱ-1-3　減圧乾燥装置

a：空気導入・遮断用三方コック　b：シリカゲル　c：シリカゲル
d：五酸化りん，およびグラスウール　e：真空乾燥機　f：マノメーター
g：冷凍トラップ装置　h：真空ポンプ

表Ⅱ-1-2　減圧加熱（直接法，乾燥助剤添加法）法の適用食品例

食品名	採取量(g)	測定方法	測定条件
1. 砂糖及び甘味類			
水あめ・液状糖類	2～3	乾燥助剤法	100℃，3時間
はちみつ類	2～3	乾燥助剤法	90℃，3時間
2. 豆　類			
ゆで小豆，煮豆類	3	乾燥助剤法	100℃，恒量
みそ類，こしみそ，粒みそ	5	乾燥助剤法	70℃，5時間
＊みそ類，こしみそ，粒みそ	1	カールフィッシャー法	

3. 野菜類			
だいこんなどすりおろし可能なもの	5〜7	乾燥助剤法	70℃，5時間
葉菜，果菜，さや豆類，未熟豆類	5〜7	乾燥助剤法	70℃，5時間
缶詰，びん詰類	5	乾燥助剤法	70℃，5時間
4. 果実類			
生　果	5	乾燥助剤法	70℃，5時間
缶詰，びん詰（除液汁）	3〜5	乾燥助剤法	70℃，5時間
缶詰，びん詰（含液汁）	3〜5	乾燥助剤法	70℃，5時間
果実飲料	3〜5	乾燥助剤法	70℃，5時間
ジャム類	3〜5	乾燥助剤法	70℃，5時間
5. 卵　類			
生鮮卵，卵黄，卵白	3〜5	乾燥助剤法	100℃，恒量
ゆで卵	3〜5	乾燥助剤法	100℃，恒量
6. 菓子類			
洋菓子	3〜5	乾燥助剤法	70℃，恒量
クッキーなど焼き菓子類	3〜5	直接法	100℃，恒量
あめ玉，キャンデー類	4〜5	乾燥助剤法	100℃，2時間
チョコレート類	4〜5	乾燥助剤法	70℃，恒量
7. し好飲料類			
アルコール飲料[注]1	5	乾燥助剤法	70℃，恒量
8. 調味料及び香辛料類			
しょうゆ，ソース類	5	乾燥助剤法	70℃，恒量
トマト加工品	5	乾燥助剤法	70℃，恒量
粉末調味料，乾燥スープ	3	直接法	70℃，5時間
香辛料（練り，すりおろし）	2〜3	乾燥助剤法	70℃，恒量
香辛料[注]2（粉体）	5〜10	蒸留法またはカールフィッシャー法	

注]1　水分量＝乾燥減量(g)−アルコール分(g)
注]2　減圧乾燥法以外の方法の適用例（みそ類と粉体香辛料）

五訂増補日本食品標準成分表分析マニュアルから抜粋により作成

⑤ 減圧乾燥法に使用される容器

A　直接法

　粉末スープ，粉末調味料，クッキーなどの焼き菓子に適用される。これらの食品では，常圧乾燥法において示したアルミニウム製秤量容器が用いられる。表Ⅱ-1-2に示す乾燥処理後，恒量を求めて水分量を算出する。

B　乾燥助剤添加法

(1)　アルミニウム製容器を使用する場合

　①　表Ⅱ-1-2に示す減圧乾燥が適用される多くの食品では，10gのケイソウ土と適当な大きさの混和用ガラス棒を入れて，あらかじめ恒量を求めてある大きめのア

ルミニウム製容器に適量の試料を採取し，よく混和する。

② ①を減圧乾燥地にセットして所定の真空度，温度，時間に基づき，乾燥，放冷，秤量して恒量を求めて水分量を算出する。

(2) プラスチックフィルム袋を使用する場合

① はちみつ，糖液，煮豆，みそ，洋菓子など粘質状，ペースト状，あるいは加熱変化を受けやすい食品では，3gのケイソウ土を加えてある硬質ポリエチレンフィルム袋(低圧法ないし中圧法で製造された厚さ0.04〜0.06mm，幅5〜7cm，長さ12〜14cmのもの)に試料を採取し，秤量する。

② 乾燥助剤と試料を袋内でよく混和し，必要ならローラーなどで伸ばしてから開封状態で乾燥装置にセットする。

③ 所定の真空度，温度，時間で乾燥後，密封状態にして放冷と重量測定を行う。必要なら乾燥，放冷，秤量を繰り返す。通常，ポリエチレンフィルム袋の事前乾燥は不要である。

なお，これらの減圧乾燥法においても，乾燥前後の重量減少量から水分量を算出する。

1-3 蒸留法

水は混和しない有機溶媒(表Ⅱ-1-3)と一緒に蒸留すると有機溶媒との共沸蒸気となって100℃以下で蒸留される。この留出液を捕集し，有機溶媒との比重差から水の容量(0.05mLまで)を測定する方法である。ただし，この方法はガラス蒸留装置の内側に水分が付着するなど，誤差も生じやすい。

本蒸留法は，野菜など水分量の多い食品や調理食品あるいは油分の多い食品にも適用可能であるが，日本食品標準成分表において本法が適用される食品は粉体の香辛料である。

使用する有機溶媒は，あらかじめ150mLに対し，純水2〜3mLを加えて蒸留し，水を除いた残りの溶媒を水分測定に用いる。トルエンやベンゼンの場合は無水硫酸ナトリ

表Ⅱ-1-3 水と有機溶媒の共沸混合物

有機溶媒	溶媒の沸点(℃)	水の混入率(%)	共沸点(℃)
四塩化炭素	77	4.1	66
クロロホルム	61	2.8	56.1
トリクロロエチレン	88〜90	5.4	73.6
イソアミルアルコール	132	49.6	95.2
シクロヘキサン	81	9	68.95
ベンゼン	80	8.8	69.3
トルエン	111	19.6	84.1
m-キシレン	139	35.8	92

日本食品科学工学会 新・食品分析法編集委員会編：「新・食品分析法」，光琳(1996)

ウム粉末を加えて脱水したものも使用できる。
1回の測定では 75 mL を用いる。

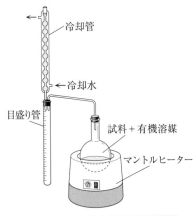
図Ⅱ-1-4　水分測定用蒸留装置
（水より比重が小さい溶媒用）

　試料と溶媒の混合物を加熱するときはマントルヒーターを使用するなど，溶媒への引火が起こらないように十分留意する。蒸留装置の水捕集用目盛り管の形状は使用する有機溶媒の比重が水より重い（四塩化炭素やクロロホルム）か，軽い（ベンゼン，トルエンなど）かによって異なるので，目盛管の容量も含めて適宜選択する。蒸留装置の一例を図Ⅱ-1-4に示す。

1-4　カールフィッシャー(KF)法

　本法は水の化学反応を利用した定量法である。水はメタノール存在下で，ヨウ素，二酸化硫黄，およびピリジンの混合物である KF 試薬と次式のように選択的かつ定量的に反応する。

$$H_2O + I_2 + SO_2 + 3C_5H_5N \longrightarrow 2C_5H_5NHI + C_5H_5NSO_3$$

$$C_5H_5NSO_3 + CH_3OH \longrightarrow C_5H_5NHSO_4CH_3$$

　そこで，あらかじめ水当量（ファクター）を測定しておいた KF 試薬を用いて水分と反応する KF 試薬の容量(mL)を測定すれば，水分量を知ることができる。

　別法として，ヨウ素の代わりにヨウ化物イオンを添加した KF 試薬を共存させた反応液を電気分解し，これにより生じるヨウ素が連続的・定量的に水分と反応するときに要した電気量から水分量に換算する（水 1 mg = 10.71 クーロン）こともできる。

　本法は，乾燥卵，砂糖類，油脂類，みそ類，香辛料の一部に適用されるが，これらのうち，粉体香辛料以外は常圧加熱法（直接法または乾燥助剤添加法）あるいは，減圧加熱法（乾燥助剤添加法）によっても測定される。

　KF 法の詳細については，関係図書などを参照してほしい。

実験2　灰分の定量

　　灰分は，食品をある温度で燃焼したときに残る灰の量として水と有機物を除いた残物と定義され食品中の無機質の総量と考えられている。しかし灰分と無機質の総量は，必ずしも一致しないことが多い。例えばリン酸が過剰である灰分は，酸性を示し食品に本来存在する塩素の一部が失われる。また陽イオン元素が過剰な灰分は，アルカリ性を示し二酸化炭素を吸収して炭酸塩を形成し無機質成分が過大となる。

　　現在の栄養成分分析では，米国および日本をはじめとした多くの国では「差引による炭水化物」を算出するので灰分の値は重要な意味をもっている。つまり灰分値が過少または過大である場合は，炭水化物値の誤差が大きくなる。灰分の測定は，可能な限り精度のよい方法で行うことが重要である。

2-1　直接灰化法

　　この方法は，550〜600℃で灰化したときに恒量の得られる食品全般に適用できる。試料中の有機物を550〜600℃の高温で燃焼して除去し残った全無機質重量を灰分とする。

▽ 試　料

　　水分や砂糖，油脂の多い試料は灰化容器を精秤してから以下の前処理を行う。

① 予備乾燥の必要な試料

　　水分の多い食品。あらかじめ水分を除去する操作を行う。野菜，果物，動物性食品などは乾燥器で乾燥する。牛乳，果汁など液状試料はホットプレート等で蒸発乾固させる。

② 燃焼の必要な試料

　　バターやマーガーリンのように油脂の多い食品。これらの試料は，水分を除去してから点火し，油脂を燃やしてから灰化する。

▽ 主な器具，装置

① 電気マッフル炉

　　熱電対温度計付きで500〜600℃±10℃に設定可能なもの。

② 灰化容器

　　直径60 mmの磁製蒸発皿

　　白金，石英，ホウケイ酸ガラス製容器でもよい。

③ デシケーター

　　乾燥剤にはシリカゲルを用いる。

④ ホットプレート

　　家庭用のものでもよい。

◎ 実験操作

① 灰分容器を550℃のマッフル炉で恒量に達するまで加熱する。恒量値を W_0 とする。

② 料2〜5gを①の容器に精秤し, 容器ごとの値を W_1 とする。

③ マッフル炉に入れ, 1時間に約100℃の速度で昇温させて500℃にし, 5〜6時間保持する。

④ マッフル炉の電源を切り, 扉を少し開けて温度を下げる。炉内温度が約200℃に下がったら灰化容器を取り出し, デシケーターに移して30分間放冷してから精秤する。恒量が得られるまで, ③と④の操作を繰り返す。恒量値を W_2 とする。灰化が不十分な場合は再灰化する(恒量については, p.17を参照)。

◎ 実験フローチャート

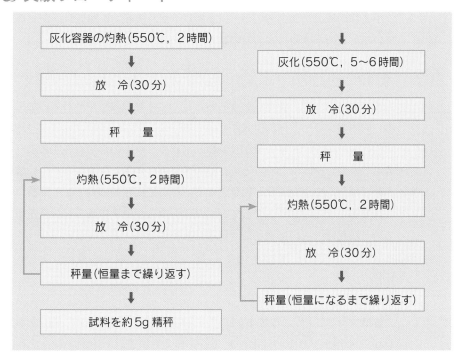

◎ 実験結果の計算

$$灰分(\%) = \frac{W_2 - W_0}{W_1 - W_0} \times 100$$

W_0:灰化容器の恒量(g)
W_1:試料ごとの灰化容器の重量(g)
W_2:灰化後の恒量(g)

⑤ 実験例

試料：小麦粉（強力特等粉）

灰化温度：550℃

灰化容器の恒量（W_0）：2時間灰化，30分放冷後の重量 = 22.1852 g，2時間灰化，30分放冷後の重量22.1850 g（恒量とする）

試料採取後の灰化容器の重量（W_1）= 26.2055 g

よって，試料採取量（$W_1 - W_0$）= 4.0205 g

試料灰化後の恒量（W_2）：4時間灰化，30分放冷後の重量 = 22.2019 g

2時間灰化，30分放冷後の重量 = 22.1991 g

2時間灰化，30分放冷後の重量 = 22.1989 g（恒量とする）

$$\text{灰分}(\%) = \frac{22.1989 - 22.1850}{26.2055 - 22.1850} \times 100 = 0.35$$

小麦粉の灰分は強力粉では，0.35%以下が特等粉，0.38%以下が一等粉と定められている。この小麦粉は強力粉の特等粉であることが推定される。

2-2　穀類の迅速灰分定量法（酢酸マグネシウム添加灰化法）

この方法は，米，麦類，とうもろこし，そば等の穀類やそれらの加工食品に適応する。穀類および，その加工食品は，一般にリン酸が陽イオン元素より過剰であるため灰化の進行に伴い，リン酸がリン酸二水素カリウムの形で存在するようになり比較的低温で溶融しやすくなる。そのために未灰化の炭素が包まれてしまい酸素の供給が不十分となり，完全な灰化が困難となる。そこで灰化補助剤として酢酸マグネシウムを添加することで陽イオンとしてのマグネシウムを過剰に加えリン酸を中和することができ，灰化時の灰の溶融を防ぎ迅速に灰化することができる。

⑤ 試　薬

酢酸マグネシウム溶液

酢酸マグネシウム（特級）6 g にイオン交換水50 mL と氷酢酸1 mL を添加し，撹拌しながら湯浴上，あるいはホットプレート上で加温して溶解する。これにメタノール450 mL を混合する。

⑤ 主な器具，装置

① 電気マッフル炉

熱電対温度計付きで500 ～ 600℃ ± 10℃に設定可能なもの。

② 灰化容器

直径60 mm の磁製蒸発皿

白金，石英，ホウケイ酸ガラス製容器でもよい。

③　デシケーター

　乾燥剤にはシリカゲルを用いる。

④　ホットプレート

　家庭用のものでもよい。

⑤　赤外線ランプ

　500〜1250 W のフラット型のランプ

⑥　電気定温乾燥器

　80〜150℃の温度範囲において対応できるもの。

Ⓢ 実験操作

A　試験区

①　恒量を求めた灰化容器(W_0)に適量の試料を採取し，容器ごとの重量を W_1 とする。

②　酢酸マグネシウム溶液5 mL を試料の表面に均等に注ぎ，試料全体に染みわたらせる。

③　5〜10分間放置した後，ホットプレートと赤外線ランプで加熱して炭化する。

④　700℃のマッフル炉に3〜4時間保持し灰化させ，放冷後秤量する(W_2)。

〈試験区〉

灰化容器の灼熱(550℃，2時間)	放　置(5〜10分)
↓	↓
放　冷(30分)	炭化(ホットプレートと赤外線ランプで加熱する)
↓	↓
秤　量	灰　化(700℃，3〜4時間)
↓	↓
灼熱(550℃，2時間)	放　冷(30分)
↓	↓
放　冷(30分)	秤量(恒量になるまで繰り返す)
↓	
秤量(恒量まで繰り返す)	
↓	
試料適量精秤(酢酸マグネシウム溶液5 mL を試料表面に均等に注ぐ)	

B　空試験区

① 灰化容器の恒量を求める(W_{B0})。

② 酢酸マグネシウム溶液5 mL を加える。

③ 湯浴またはホットプレート上でアルコールを蒸発させてから100～105℃の乾燥器で20～30分間乾燥する。

④ 700℃のマッフル炉で試験区と同様に処理し，放冷後秤量する(W_{B1})。

▧ 実験フローチャート

〈空試験区〉

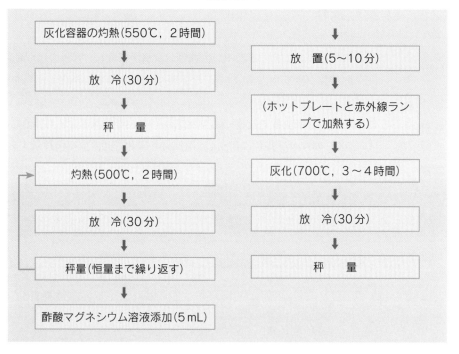

▧ 実験結果の計算

$$灰分(\%) = \frac{W_2 - W_0 - (W_{B1} - W_{B0})}{W_1 - W_0} \times 100$$

W_0：試験区の灰化容器の恒量(g)

W_1：試験区の試料ごとの灰化容器の重量(g)

W_2：試験区の酢酸マグネシウム添加容器の灰化後の重量(g)

W_{B0}：空試験区の灰化容器の恒量(g)

W_{B1}：空試験区の酢酸マグネシウム添加容器の加熱処理後の重量(g)

⑤ 実験例

試料：コーンフラワー

灰化温度：700℃

〈試験区〉

灰化容器の恒量(W_0)：2時間灰化，30分放冷後の重量21.2852 g

2時間灰化，30分放冷後の重量21.2850 g（恒量とする）

試料採取後の灰化容器の重量(W_1) = 24.5156 g

よって，試料採取量($W_1 - W_0$) = 3.2306 g

酢酸マグネシウム添加容器の灰化後の重量(W_2)：3〜4時間灰化，30分放冷後の重量21.8773 g（恒量とする）

〈空試験区〉

灰化容器の恒量(W_{B0})：2時間灰化，30分放冷後の重量21.2637 g

2時間灰化，30分放冷後の重量21.2630 g（恒量とする）

酢酸マグネシウム添加容器の加熱処理後の重量(W_{B1})：3〜4時間灰化，30分放冷後の重量21.8395 g（恒量とする）

$$灰分(\%) = \frac{21.8773 - 21.2850 - (21.8395 - 21.2630)}{24.5156 - 21.2850} \times 100 = 0.49$$

実験3　たんぱく質の定量法

　　溶液中のたんぱく質濃度を測定する方法としては，ローリー法など多々存在するが，水に難溶のたんぱく質定量法としてはケルダール法が有名である。食品中に含まれるたんぱく質は水に難溶のものもあるので，このケルダール法を用いるのが一般的である。ケルダール法は，たんぱく質に含まれる窒素元素量をもとにたんぱく質量に換算して求める方法である。よって，ビタミン B_{12} や N-アセチルグルコサミンなどのたんぱく質以外に含まれている窒素もたんぱく質として換算してしまう欠点がある。

　　このため，ケルダール法で求めるたんぱく質量を粗たんぱく質量ともいう。

3-1　ケルダール法

　　試料が食品である場合，試料中の主な元素は，C, H, O, N である。糖質，脂質は主に，C, H, O から構成されており，たんぱく質は C, H, O, N から構成されている。よって，窒素量を測定すれば，試料中のたんぱく質量が算出できる。窒素量からたんぱく質量を換算する際には，窒素-たんぱく質換算係数（表 II-3-1）を用いる。これは，窒素1g当たりがたんぱく質何 g に相当するかを表す数値である。例えば，大豆の窒素-たんぱく質換算係数は5.71である。試料を大豆とし，このケルダール法で窒素量が0.35gだった場合，0.35 g × 5.71 = 1.9985　四捨五入して，2.0g がたんぱく質量となる。

表 II-3-1　窒素たんぱく質係数

食 品 名	換算係数
小麦（中間質，硬質，軟質）全粒粉（歩どまり100〜94％）	5.83
小麦（中間質，硬質，軟質）中間歩どまりおよび低歩どまりの粉（歩どまり93〜80％あるいは80％以下）	5.70
米	5.95
大麦，らいむぎ，えんばく	5.83
そば	6.31
うどん，マカロニ，スパゲッティ	5.70
らっかせい	5.46
大豆，大豆製品	5.71
くり，くるみ，ごまも，その他の堅果	5.30
アーモンド	5.18
ブラジルナッツ	5.46
かぼちゃ種，すいか種，ひまわり種	5.30
乳，乳製品，マーガリン	6.38
その他	6.25

粗たんぱく質（％）＝全窒素（％）×換算係数

①　試料の分解

　　一定量の試料に濃硫酸と分解促進剤を加えて加熱分解する。この反応は，熱濃硫酸による酸化還元反応である。C と O は CO, CO_2, H と O は H_2O となり，反応液中から蒸散する。一方，硫酸からは SO_2 が生成され，蒸散する。N は硫酸アンモニウムとなり，溶液中に残る（式1）。この操作は，有毒な CO, SO_2 が生成されることからドラフト中で行うことが望ましい。

$$試料 + 濃 H_2SO_4 \xrightarrow{加熱} (NH_4)_2SO_4 + CO\uparrow + CO_2\uparrow + H_2O\uparrow + SO_2\uparrow$$

（式1）

②　NH_3 の単離

　　試料から生成された $(NH_4)_2SO_4$ に過剰の濃水酸化ナトリウム水溶液を加え，NH_3 を

遊離する(式2)。

$$(NH_4)_2SO_4 + 2NaOH \longrightarrow 2NH_3 + Na_2SO_4 + 2H_2O \qquad (式2)$$

③ NH₃の捕集

アンモニアをホウ酸と反応させ，ホウ酸二水素アンモニウム塩として溶液中にトラップさせる(式3)。

$$NH_3 + H_3BO_3 \longrightarrow NH_4H_2BO_3 \qquad (式3)$$

④ アンモニア量の中和滴定による測定

既知濃度の硫酸を用いて，ホウ酸でトラップしたアンモニア量を中和滴定で測定する。

$$2NH_4H_2BO_3 + H_2SO_4 \longrightarrow (NH_4)_2SO_4 + 2H_3BO_3 \qquad (式4)$$

アンモニアの物質量(mol 数)から窒素(N)のモル数，さらに原子量14を乗じてグラム数を換算する。この後，窒素-たんぱく質換算係数を用いて，窒素量からたんぱく質量を算定する。

⑨ 試　薬

① 濃硫酸(H_2SO_4)

1級でよい。

② 分解促進剤

たんぱく質を NH_3 まで分解するために用いる。4量の硫酸カリウム(K_2SO_4)を乳鉢で摩砕したものに1量の同じく摩砕した硫酸銅($CuSO_4 \cdot 5H_2O$)を加えて混合したものを用いる。

③ 0.01000M トリス(ヒドロキシメチル)アミノメタン($NH_2C(CH_2OH)_3$)水溶液

$NH_2C(CH_2OH)_3$ 0.1211 g を純水に溶解し，メスフラスコを用いて 100.0 mL とする。

④ 0.01 N 硫酸(H_2SO_4)標準溶液

あらかじめ濃硫酸を1N 程度の硫酸溶液に希釈する(96%の硫酸の場合，比重は1.84なので，1 L は1840 g となる。1840 g 中の硫酸は1840 g × 0.96 = 1766 g である。硫酸1 mol = 98.08 g なので，1766 g/98.08 = 18.0 mol となる。1 mol = 2 グラム当量なので，市販硫酸1 L は18.0 mol/L × 2 = 36.0 グラム当量/L = 36.0 N となる。よって，市販硫酸を36倍希釈すれば1N となる)。さらに100倍希釈し，0.01 N 硫酸を作製する。

⑤ 0.01 N 硫酸のファクターの計算

0.01000 M (0.01000 N)トリス(ヒドロキシメチル)アミノメタン水溶液をホールピペットで10.00 mL 採取し，混合指示薬(⑧参照)を数滴加え，④で作成した0.01 N 硫酸溶液を滴下し，指示薬の色が，緑色から灰色となる点を終点とする。この滴定を数回繰り返し，平均滴定量から下記の式でファクターを求める。

$$ファクター(f) = 10/x \qquad x；平均滴定量(mL) \qquad (式5)$$

これは中和滴定であるので

$$0.01000 N \times \frac{10.00}{1000} L = 0.01 N \times f \times \frac{x}{1000} L$$

という式が成り立つ。この式から上記式5が成り立つ。

⑥ 2%（w／v）ホウ酸水溶液

⑦ 30%（w／v）水酸化ナトリウム水溶液

⑧ 混合指示薬

メチルレッド0.2 g，メチレンブルー0.1 gをエチルアルコール300 mLに溶解し，ろ過する。本指示薬はpH＜5.2で赤紫色，pH ≒ 5.4で無色，pH＞5.6で緑色となる。

⑨ 沸騰石

⑤ 主な実験器具，装置

① ケルダール分解びん

100 〜 300 mLのものを用意する。

② 分解装置

式1の反応を行うので，ドラフト内に設置する。図Ⅱ-3-1のa点を水流ポンプに接続し，吸引したガスは水に通す。吸引することで，CO_2およびSO_2を水に溶解できる。

③ 蒸留装置

図Ⅱ-3-2のようにセッティングする。器具と器具の間はゴム管でつなぐが，ゴム管の長さはなるべく短くする。

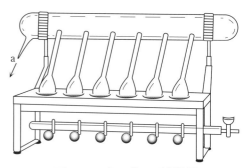

図Ⅱ-3-1　ケルダール分解装置

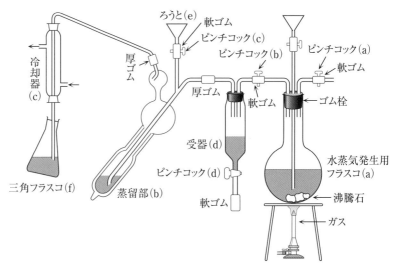

図Ⅱ-3-2　ケルダール蒸留装置

⑤ 実験操作

A 試料の分解（式1の反応）

① 個体試料のときは，薬包紙を用いて試料を精秤後，薬包紙ごと包んでケルダール分解びんに入れる。液体試料のときは，ピペットで採取し，ケルダール分解びんに入れる。試料中のタンパク質量を0.2〜0.25gにする（食品成分表などを参考にするとよい）。

② 分解促進剤5gを薬包紙に包んで①の分解びんに加える。

③ 濃硫酸20mLを分解びんに加え内容物を撹拌する。硫酸量は，糖質，たんぱく質1g当たり約5.4mL，脂質1g当たり10.4mLである。なお①と②は逆にしてもよいが，③は最後でなければならない。

④ 分解びんをケルダール分解装置にのせて加熱する。最初は弱火で行う。

⑤ 分解の進行に伴い，分解びん内の色は，黒色→黒褐色→緑褐色→青緑色→青色透明になる。青色になった後，さらに1時間程度加熱する。加熱中に分解びんに付着している未分解物は，注意深く分解びんを振り，硫酸の中に落とすようにする。

⑥ 室温近くまで放冷後，純水を分解びんに少しずつ加える。純水を加えることで発熱するので，分解びんの底に触れないようにする。透明な液体の色が水色に変化する。沈殿物がある場合には，よく振りながら溶解する。

⑦ 分解びん溶液を250mLメスフラスコに移す。さらに分解びんに純水を30mL程度入れ，分解びん内を洗い，メスフラスコに移す。この操作を数回繰り返す。メスフラスコで250mLに定容し，よく振り動かす。振り動かした後，250mL以下になっていることがある。この場合には，再び純水を加えて250mLに定容する。

B 空試験溶液の調製

Aで行った試料の分解では，試料以外に薬包紙，分解促進剤などが含まれる。これらは窒素を含んでいる可能性がある。そのため試料分解とは別に，試料以外の分解を行い，空試験溶液を調製することが必要である。

分解びんに試料を加えず，薬包紙，分解促進剤を入れたのち，硫酸20mLを加え，Aと同様に行う。

C 蒸 留（式2および3）

(1) 準 備（図Ⅱ-3-2参照）

① 水蒸気発生用フラスコ(a)に水を充分に入れ，沸騰石も数片入れる。

② ピンチコック(a)を開き，(b)，(c)，(d)を閉じる。

③ バーナーに点火し，フラスコ(a)より水蒸気を発生させる。

④ 冷却器(c)に冷却水を通す。冷却水の方向に注意すること。

⑤ 100〜200mL三角フラスコ(f)に2%ホウ酸水溶液約30mLを入れ，混合指示薬を2，3滴加える。

(2) 蒸 留

① ピンチコック(c)を開く。

② 冷却器(c)の下端に上記⑤の三角フラスコ(f)を取り付ける(冷却器の下端にゴム管あるいはシリコン管を取り付け，ホウ酸水溶液に必ず浸かっているようにする)。

③ ろうと(e)から試料用液10.00 mLをホールピペットで入れる。

④ ろうと(e)を少量の水で洗浄する。

⑤ ろうと(e)から30％(w/v)水酸化ナトリウム水溶液10 mLをメートルグラス(あるいはメスシリンダー)で入れる。

⑥ ろうと(e)を少量の水で洗浄する。

③〜⑥は速やかに行うほうがよい。またピンチコック(b)などを閉め忘れていると，ろうとから湯気が出る。このような状態で③以降をやってはならない。

⑦ ピンチコック(c)を閉じる。

⑧ ピンチコック(b)を開き，ピンチコック(a)を閉じ蒸留を開始する。

蒸留部(b)で発生したアンモニアが湯気で冷却部まで運ばれ，冷却されアンモニア水となってホウ酸水溶液の入っている三角フラスコに滴下される。

⑨ 三角フラスコ(f)の留出液が20〜30 mLになるまで蒸留を行う。

⑩ 三角フラスコ(f)の液面から冷却器の下端をはなす。

⑪ 2〜3分間蒸留を続ける。

ホウ酸水溶液に浸かっていた冷却器内部を蒸留された水で洗浄するためにこの操作を行う。

⑫ 冷却器(c)の下端を水で洗浄する。

ホウ酸水溶液に浸かっていた冷却器外部を水で洗浄するためにこの操作を行う。

⑬ 三角フラスコ(f)を冷却器から外す。

(3) 逆流洗浄，および次の蒸留用意

① 冷却器(c)の下端に100 mL程度の水を入れた三角フラスコを取り付け，充分浸るようにする。

② ピンチコック(a)を開き，(b)を閉じる。決して逆をやってはならない。水蒸気で蒸留装置が爆発することがある。

③ 三角フラスコ中の水が蒸留部(b)を通り，蒸留部にあった反応液を受器(d)まで移動させる。

④ 廃液の受器(d)中の廃液はピンチコック(c)，(d)を開いて取り去る。除去後，ピンチコック(a)以外のコックがしっかり閉じていることを確認し，次の蒸留を行う。

D 滴　定

　蒸留の終わった空試験，本試験を0.01N硫酸標準溶液で滴定する。混合指示薬の緑色が灰色になった点を終点とする。空試験の場合，色はすぐ変化するので，最初から丁寧に滴下する必要がある。本試験のほうは，あらかじめ計算し（後述参照），予定滴定量を算出しておくと滴定が楽に行える。

⑤ 実験フローチャート

〈本試験〉　　　　　　　　　　　　　　〈空試験〉

〈本試験〉	〈空試験〉
試料を精秤(薬包紙を用いる)，添加	薬包紙を添加
↓	↓
分解促進剤添加 (5g，薬包紙に包んで)	分解促進剤添加(5g，薬包紙に包んで)
↓	↓
濃硫酸添加(20mL)	濃硫酸添加(20mL)
↓	↓
撹　拌	撹　拌
↓	↓
加熱(最初は弱火，黒→青色， さらに1時間)	加熱(最初は弱火，黒→青色， さらに1時間)
↓	↓
添　加(純水を少しずつ加える)	添　加(純水を少しずつ加える)
↓	↓
移　動 (250mL，メスフラスコに移す)	移　動(250mL，メスフラスコに移す)
↓	↓
蒸　留(10mL)	蒸　留(10mL)
↓	↓
滴　定	滴　定

実験結果

　中和滴定に用いる硫酸の濃度は $0.01\,N \times f$(ファクター)である。よって，中和滴定で用いた硫酸のグラム当量は，$0.01\,N \times f$(ファクター)× 滴定量(試料の滴定量 − 空試験の滴定量)/1000L となる。ここで，滴定量の単位は L であることに注意する。硫酸のグラム当量は，塩基のグラム当量と等しい。ここでの塩基は NH_3 である。NH_3 のモル数はグラム当量と等しい。1グラム当量の NH_3，すなわち1モルの NH_3(17g)のうち N(窒素)は 14g をしめる。ここでは，試料の分解物 250mL 中の 10mL を用いて中和滴定をしているので，試料全体中の N 量(g)は，$0.01\,N \times f$(ファクター)× 滴定量/1000L × 14g × 250/10 となる。小麦の窒素たんぱく質換算係数は，5.70なので，試料中のたんぱく質量(g)は，$0.01\,N \times f$(ファクター)× 滴定量/1000L × 14g × 250/10 × 5.70 g となる。よって，試料 100g 中のたんぱく質量は

$$\text{粗たんぱく質量}(\%) = 0.01 \times f \times \frac{(T - T_0)}{1000} \times 14 \times \frac{250}{10} \times C \times \frac{100}{S}$$

　　　f：$0.01\,N$ 硫酸標準溶液のファクター
　　　T：本試験に対する $0.01\,N$ 硫酸標準溶液の滴定値(mL)
　　　T_0：空試験に対する $0.01\,N$ 硫酸標準溶液の滴定値(mL)
　　　14：窒素原子 1mol の質量(g)
　　　C：窒素-たんぱく質換算係数
　　　S：試料採取量(g)

となる。

実験例

● 薄力粉と強力粉のたんぱく質量

①　$0.01\,N$ 硫酸をビュレットに入れ，$0.01000\,M$($0.01000\,N$)のトリス(ヒドロキシメチル)アミノメタン水溶液 10.00mL を滴定した(実験結果1)。

②　試料，薄力粉 2.5632g，強力粉 2.4652g を電子分析天秤で精秤した。

③　3本の分解びんを用意し，それぞれに薬包紙で包んだ薄力粉，強力粉，および薬包紙のみを入れる。次に分解促進剤約 5g を薬包紙で包み，それぞれの分解びんに入れる。

④　濃硫酸 20mL を分解びんに入れ，ケルダール分解装置にかけ，最初は弱火で1時間処理し，徐々に強火にし，5時間程度処理する。分解液の色が緑色ぽくなってから1時間程度加熱してから止める。

⑤　充分冷めた各分解びんに水を入れ，沈殿物を溶解させる。硫酸銅・五水和物の青色になる。これらの水溶液を3本の 250mL メスフラスコにそれぞれ入れる。分解びんにさらに水を入れ，洗いながらそれぞれのメスフラスコに入れる。これを数回繰り返す。各メスフラスコを水で 250mL までメスアップし，よくかき混ぜる。しばらくしてメニスカスが標線より下がっていたら，水を加え，250mL に合わせる。この操作を何回か繰り返す。

⑥　10 mL ホールピペットで試料を採取し，蒸留装置に供与し，三角フラスコに入ったホウ酸水溶液中にアンモニアをトラップする。

⑦　アンモニアを0.01 N 硫酸で中和滴定した（実験結果2）。

〈実験結果1〉

	滴定量
1回目	10.56 mL
2回目	10.48 mL
平均	10.52 mL

0.01 N 硫酸のf（ファクター）

$$f = \frac{10}{10.52}$$
$$f = 0.9505$$

〈実験結果2〉　窒素-たんぱく質換算係数は5.70

		薄力粉	強力粉	空試験
試料質量		2.5632 g	2.4652 g	
滴定量	1回目	10.35 mL	14.78 mL	0.02 mL
	2回目	10.39 mL	14.64 mL	0.03 mL
	平　均	10.37 mL	14.71 mL	0.03 mL

● 薄力粉のたんぱく質量

$$0.01\,\mathrm{N} \times 0.9505 \times \frac{10.37 - 0.03\,\mathrm{mL}}{1000} \times 14 \times \frac{250}{10} \times 5.70 \times \frac{100}{2.5632} = 7.649\%$$

● 強力粉のたんぱく質量

$$0.01\,\mathrm{N} \times 0.9505 \times \frac{14.71 - 0.03\,\mathrm{mL}}{1000} \times 14 \times \frac{250}{10} \times 5.70 \times \frac{100}{2.4652} = 11.29\%$$

実験4　粗脂肪の定量と脂質組成の薄層クロマトグラフィー

　　脂質は表Ⅱ-4-1のように，単純脂質，複合脂質，および誘導脂質（脂質の加水分解産物で水に不溶のもの）に分類される。また，脂質が生体内でたんぱく質や多糖など脂質以外のものと結合しているものを結合脂質とよぶ。また脂溶性ビタミンや脂溶性色素などを誘導脂質に含む場合がある。

　　食品分析分野で行われる脂質定量は，脂質が有機溶剤に可溶であることを応用して，脂質をジエチルエーテルで抽出するソックスレー抽出法（ジエチルエーテル抽出法）により行われることが多い。その他の方法として酸分解法，クロロホルム・メタノール混液抽出法，レーゼ・ゴットリーブ法，ゲルベル法がある。レーゼ・ゴットリーブ法は複合脂質を多く含む液状試料，特に乳製品に多用される。乳に含まれる脂肪球がアンモニアによって壊されるため，脂質が効率よく抽出される。ただしチーズは，たんぱく量が多いため，塩酸酸性化でたんぱく質を分解してから抽出を行う「酸-アンモニア抽出」を用いる。

　　脂質の一般的定義は，以下のようになされる。
・水に不溶で，エーテル，ベンゼン，クロロホルムなどの溶剤に溶ける。
・加水分解により脂肪酸を遊離する。
・鉱物油（mineral oil）と異なり，生体に利用される。

表Ⅱ-4-1　脂質の分類

単純脂質 Simple Lipid：アルコールと脂肪酸がエステル結合したもの。アルコール部分には直鎖アルコールの他グリセリン，ステロールなどが，脂肪酸には多様な脂肪酸が使われる。

　　● アシルグリセロール（acylglycerol）
　　　（別称：グリセリド glyceride，中性脂質 neutral lipid）
　　● ロウ（wax，蝋）：
　　　高級脂肪酸と一価または二価の高級アルコールとのエステル

複合脂質 Complex lipid/Compound lipid：分子中にリン酸や糖を含む脂質で，一般にスフィンゴシンまたはグリセリンが骨格となる。

　　● リン脂質 phospholipid; phosphatide
　　　スフィンゴリン脂質 sphingophospholipid
　　　グリセロリン脂質 glycerophospholipid
　　● セラミド ceramide
　　　（スフィンゴリン脂質と脂肪酸がアミド結合したもの）
　　● 糖脂質 glycolipid
　　　スフィンゴ糖脂質 sphingoglycolipid
　　　グリセロ糖脂質 glyceroglycolipid
　　● リポタンパク質 Lipoprotein

誘導脂質 Derived lipid：単純脂質や複合脂質から，加水分解によって誘導される化合物。生体中で遊離して存在するイソプレノイドもここに含める。

　　● 脂肪酸 fatty acid，テルペノイド terpenoid，
　　　ステロイド steroid，カロテノイド carotenoid など

ソックスレー(Soxhlet)抽出法による粗脂肪の定量

　ソックスレー抽出法は水分含量が少なく，脂質が比較的多い試料に適している。試料中に水分が多いと脂質が抽出されにくいので，風乾または乾燥処理した試料に適用する。また，湿潤状態の食品に無水硫酸ナトリウムを混和して脱水してから，測定試料とすることもある。水分含量の特に多い食品は，凍結乾燥後，粉砕処理して用いる。

　十分に乾燥した後に粉砕した試料，または無水硫酸ナトリウムを添加して脱水した試料を円筒ろ紙に入れてソックスレー抽出管に連結し，ジエチルエーテルをサイフォンの応用によって循環させながら可溶物を抽出して下部の脂肪びん(受器)中に集め，ジエチルエーテルを留去後に乾燥して脂質を得る。

　ジエチルエーテルには，脂肪の他にコレステロール，脂肪酸，脂溶性色素，脂溶性ビタミン，ロウなども溶解する。したがって，ソックスレー抽出法で定量されるものを食品分析では粗脂肪とよぶが，食品成分表ではこれらを含めて脂質と称している。なお，一般的な食品は，脂肪以外のジエチルエーテル可溶性成分は脂肪にくらべて非常に少ない。

　パンやクッキーのような焙焼(ばいしょう)食品，たんぱく質と脂質がいっしょに乾燥されたような食品，例えば湯葉(ゆば)などの試料は抽出が困難である。したがって，すべての食品の脂質をソックスレー抽出法で正確に定量するのはかなりの無理があり，酸分解法などの他の方法を適用して正確に定量できる場合も少なくない。

Ⓢ 試　料

　比較的脂質含量が多く，組織成分と結合している脂質が少なく，容易に粉砕でき水分の少ない食品試料を風乾，加熱乾燥後，粉砕，または無水硫酸ナトリウム処理などにより水分を除去し，脂質を抽出しやすい状態にする。

Ⓢ 試　薬

ジエチルエーテル(特級試薬)

Ⓢ 主な器具，装置

① ソックスレー脂肪抽出器

　抽出器は，①冷却器，②抽出管，③受器(脂質びん)の3部分からなり，すり合わせで連結できるようになっている。②に試料を詰めて，上部に軽く脱脂綿をつめた円筒ろ紙を入れる。③にジエチルエーテルを入れる。③を電気湯せん器中で加温するとジエチルエーテルが蒸発し，②の外管(a部)より①に達する。ジエチルエーテルはここで冷却されて液化され，②に納められた試料に滴下される。ジエチルエーテルがサイ

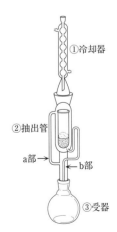

図Ⅱ-4-1　ソックスレー抽出器

フォンの上端に達すると，再びサイフォン（b部）により③に戻る。これを繰り返すことによって，試料中の脂質が高効率で抽出される。

ソックスレー抽出器を選択する際の目安として，小型抽出管（内径23〜25mm）の場合は脂肪びんの容量を60〜80mLとし，円筒ろ紙は直径20mm，高さ90mmのものを用いる。中型抽出管の場合は脂肪びんの容量を160mLとし，円筒ろ紙は直径35mm，高さ120mmのものを用いる。

② 電気湯せん器または電気恒温水槽

受器の加温に用いる。ジエチルエーテルは引火性が非常に高いので，熱源は電気湯せん器など，必ず燃焼を伴わない電気式のものを使用する。

また，複数の試料を同時に抽出するための連結型装置もある。大型の湯せん器または加熱装置に複数のソックスレー抽出器を並べて設置し，冷却水も連結して一斉に操作を行うことができる。

③ 電気定温乾燥機

受器の秤量と脂質量の測定のために受器を乾燥させるのに用いる。

④ デシケーター

電気定温乾燥機と同様に受器の乾燥に使用する。

⑤ 円筒ろ紙

ADVANTEC No.84シリーズなど。大きさは各種あるが，試料の量と抽出器のサイズを勘案して選択する。細すぎるもの，長すぎるものは抽出が充分に行われない。抽出管の直径より4mmぐらい細めで，抽出管のサイフォンの最上部より2〜3mm短いものを使用する。

⑥ ドラフトチャンバー

ジエチルエーテル蒸気の吸引を避けるため使用する。

◎ 実験操作

A 受器（脂肪びん）の恒量測定

洗浄した受器を，乾燥−放冷−秤量を繰り返して恒量 W_0(g) を求める。

これが脂質量測定の基礎となるので慎重に行う。

B 試料の秤取と乾燥

① 試料重量(S)を秤量し，円筒ろ紙に入れる。試料は，脂質の重量が0.05〜1g程度になる量が適当である。ただし，試料が円筒ろ紙の容積の2/3以上を占めないようにする。試料の量が多すぎると抽出が不完全になる。

② ジエチルエーテルが全体に浸透するようにするためと，試料が円筒ろ紙からあふれないようにするために試料の上部に脱脂綿を軽く詰める。

③ 100〜105℃の電気定温乾燥器で2〜3時間乾燥する。試料の乾燥が不十分であると，脂質の抽出が不完全になるとともに，糖などの水溶性物質が抽出物中に混入し，誤差の原因となる。ただし，長時間の乾燥や高温での乾燥は，脂肪酸の酸化

を起こし，脂質量算出の誤差のもととなるうえ，その後の分析の支障となるので注意する。

C　抽出器の連結と脂肪の抽出

①　あらかじめ電気湯せん器の温度を60～70℃に調整しておく。

②　試料を納めた円筒ろ紙を抽出管に入れる。なお，円筒ろ紙が長い場合はサイフォン最上部より2～3mm短くなるように切る。

③　恒量を求めてある受器にジエチルエーテルを半分ほど(2/3以下)入れる。抽出中にジエチルエーテルが不足した場合は抽出器上部から追加できる。

④　冷却器，抽出管，受器を連結して湯せん器中に固定し加温を開始し，直ちに冷却水を通す。8～16時間継続加温し，脂肪を抽出する。冷却器の外側につく水滴が抽出管部に入るおそれがあるため，冷却器の下部をガーゼで包み，水滴をガーゼに吸い取らせるとよい。

⑤　抽出の間，冷却器で冷却されたジエチルエーテルが冷却器下端から毎分80滴程度滴下するように湯せん器の温度を調整する。抽出中にジエチルエーテルが揮散して量が減り，サイフォンによって受器に戻らない場合には，冷却器上端の口に脚の長いろうとを付してジエチルエーテルを注加する。この場合，冷却器を抽出管から取り外さないようにする。抽出はドラフトチャンバー中で行う。

注〕　ジエチルエーテルは極めて引火しやすいため，加温には決してガスバーナーを用いてはならない。電気恒温槽の電熱線が露出していたり，周囲で火を使った作業が行われていたりしないよう，充分に注意する。その他全てのジエチルエーテルの取り扱いでは同様の点に注意する。

D　抽出後の受器の恒量測定

①　抽出終了後，抽出管を冷却器から注意深く取り外し(受器はそのまま)，なかの円筒ろ紙をピンセットで抜き取り，ビーカーに入れる。

②　抽出管を直ちに冷却器に連結して加温を続け，ジエチルエーテルが抽出管のサイフォンの上部近くまで溜まったら，抽出管を取り外しジエチルエーテルを回収する(抽出管を少し傾ければ，サイフォンにより抽出管の下部からジエチルエーテルは出てくる)。

③　受器の中のジエチルエーテルが全部抽出管に移ったら，受器を取り外して湯せん器中に置き，ジエチルエーテルを十分揮散させる。この際，細いガラス管で清浄空気を吹きつけるとジエチルエーテルの残りが揮散しやすいが，油を含んだジエチルエーテルが飛び散らないよう充分に注意する。ジエチルエーテルの留去には，ロータリーエバポレーターを用いてもよい。

④　受器の外側をきれいなガーゼやペーパータオルで充分に拭き，乾燥器(95～100℃)に入れ，1時間乾燥する。

⑤　受器をデシケーターに入れ，30分間放冷してから精秤する。

⑥　受器を再び乾燥器に入れ，30分間乾燥してから，再びデシケーターに移し30

分放冷した後に精秤する。

⑦　恒量に達する，つまり数値の変化がなくなるまで⑥の操作を繰り返す。減少してきた重量が再び増加する場合は，その前の最小秤量値を恒量とする。この現象は脂質の酸化によるもので，酸化されると酸素分子が結合するためわずかに重量が増加する。

注〕　受器にジエチルエーテルが残っていると，乾燥器に入れたときに爆発性混合ガスが発生して危険である。実験中は可能な限りドラフトチャンバー内で行い，室内の換気に十分留意する。

⑨ 実験フローチャート

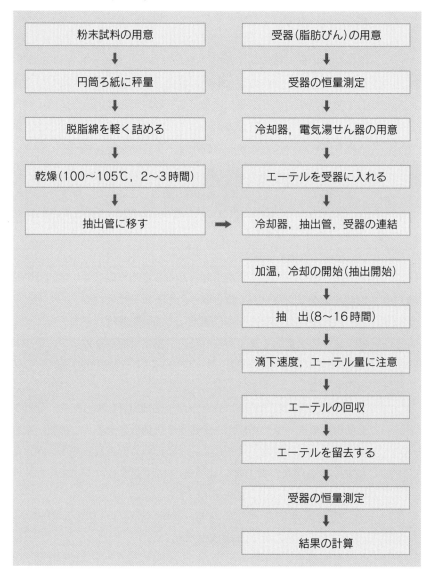

◎ 実験結果の計算

$$脂質(\%) = (W_1 - W_0) \times \frac{100}{S}$$

S：試料重量(g)
W_0：受器(脂肪びん)の恒量(g)
W_1：脂肪抽出後の受器の恒量(g)

4-2　クロロホルム・メタノール混液による抽出法

　　クロロホルム・メタノール混液抽出法は，ジエチルエーテルでは，抽出が難しい組織結合性脂質や極性の高いリン脂質の抽出に適しており，生化学分野などで微量の不安定な脂質成分を抽出するために使用されることが多い。ソックスレー抽出法の試料の乾燥，酸分解法の塩酸による加水分解といった前処理を必要としないため，脂質をほとんど変化させることなく抽出することができる。またクロロホルムは脂質の溶解性が高く，一方，メタノールは組織への浸透性が高いことから，この混合液は複合脂質を含む脂質の定量，特にリン脂質を多く含む食品や水分量が高い食品の定量に効果的である。

◎ 試　料

　　ソックスレー抽出法に比べ，広範な試料に適用可能であり，かつ試料の前処理の必要がない場合が多い。

◎ 試　薬

① 　クロロホルム・メタノール混液

　　クロロホルム：メタノール＝2：1(v/v)

② 　石油エーテル

③ 　無水硫酸ナトリウム

◎ 主な器具，装置

① 　抽出装置(冷却管および共通すり合わせ三角フラスコ)

　　図(Ⅱ-4-2)参照のこと。重心が高いので，スタンドに固定するなどして転倒をさける。

② 　電気定温乾燥器

③ 　電気恒温水槽

④ 　デシケーター

　　(②，③，④は，ソックスレー抽出の項を参照)

⑤ 　ナス型フラスコ

　　ロータリーエバポレーターと口径の合うものを用意する。容量が小さすぎると内容物が溢れることがあるので，大きめのものを

冷却器

三角
フラスコ

図Ⅱ-4-2　クロロホルム・メタノール抽出で使用する抽出器

使うことを心がける。

⑥ ロータリーエバポレーター

最近は稼働条件がプログラムされているものが多いので，使用溶媒に合わせて設定する。

⑦ 遠心分離器

⑧ 共栓付き遠心管（有機溶媒使用可能なもの）

遠心器と遠心管は無水硫酸ナトリウムを除去するために使用する。ヒビの入った遠心管は決して使用しない。また，ローター底にクッション材を置くなどして，破損を避ける。

⑨ 秤量びん

あらかじめ恒量を求めておく，ソックスレー抽出の項を参照

⑩ ガラスろ過器（規格11G-3），および接続する吸引機器一式

抽出液に混じる固形物，不溶物を除去する。

実験操作

① 試料数グラムを抽出装置の三角フラスコに秤量し，クロロホルム・メタノール混液60 mLを加えて，図（Ⅱ-4-2）のようにフラスコと冷却管を連結し，60℃の恒温水槽に入れる。直ちに冷却水を通す。

② 穏やかに沸騰させた状態で約1時間加温し，ときどき静かに振り動かす。

③ 抽出終了後フラスコをはずし，ガラスろ過器を用いて抽出物をろ過し，ろ液をナス型フラスコにとる。

④ 三角フラスコはクロロホルム・メタノール混液約5 mLで3回，ガラスろ過器の試料は同混液約30 mLを用いて洗浄し，洗浄液は同様にろ過してナス型フラスコに集める。

⑤ ロータリーエバポレーターを用いてナス型フラスコの中の抽出液の溶媒を留去する。濃縮は0.5〜1 mL程度の水が残っているくらいとし，乾固させる必要はない。

⑥ 冷却後，石油エーテル25 mLを正確に加える。そこに脱水のため無水硫酸ナトリウムを15 g加え，共栓をして1分間振り混ぜる。無水硫酸ナトリウムは水分を吸収すると固まる性質があるが，溶液中の水分を完全に吸収していれば，容器を傾けると無水硫酸ナトリウムの一部が容器の底でさらさらと動く。脱水が不十分な場合は無水硫酸ナトリウムを追加する。

⑦ 石油エーテル層を遠心管に移し，遠心分離（3,000 rpm，約5分）する。

⑧ あらかじめ恒量（W_0）を求めた秤量びんに，石油エーテル層を10 mL正確に採取し，水浴上で石油エーテルを留去する。

⑨ 秤量びんを100〜105℃の電気定温乾燥器中で30分間乾燥し，デシケーター中で放冷し秤量する（W_1）。

🖎 実験フローチャート

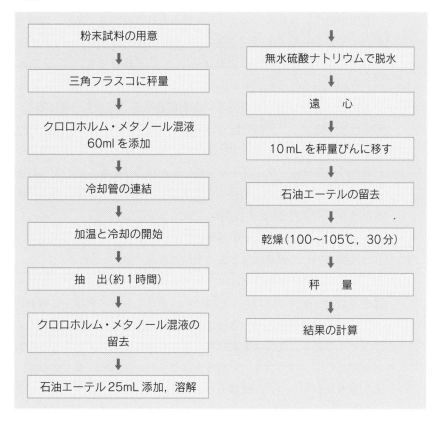

粉末試料の用意	無水硫酸ナトリウムで脱水
↓	↓
三角フラスコに秤量	遠　心
↓	↓
クロロホルム・メタノール混液 60ml を添加	10 mL を秤量びんに移す
↓	↓
冷却管の連結	石油エーテルの留去
↓	↓
加温と冷却の開始	乾燥(100~105℃，30分)
↓	↓
抽　出(約1時間)	秤　量
↓	↓
クロロホルム・メタノール混液の留去	結果の計算
↓	
石油エーテル25mL 添加，溶解	

🖎 実験結果の計算

　　石油エーテル層25 mL のうち10 mL を秤量びんに採取したので，もとの試料中には秤量結果$(W_1 - W_0)$の25/10倍の脂質が含まれていることになる。

$$脂質(\%) = (W_1 - W_0) \times \frac{25}{10} \times \frac{100}{S}$$

　　　　S：試料重量(g)
　　　　W_0：受器(脂肪びん)の恒量(g)
　　　　W_1：脂肪抽出後の受器の恒量(g)

4-3 　薄層クロマトグラフィーによる脂質組成の分析

　　食用油の中に最も多く含まれる中性脂質は単純脂質であり，グリセロールと脂肪酸がエステル結合したものである。アシル基（脂肪酸部分）の数が3，2，1と異なると，それぞれを「トリアシルグリセロール（トリグリセリド）」，「ジアシルグリセロール（ジグリセリド）」，「モノアシルグリセロール（モノグリセリド）」とよぶ。

　　脂肪酸には二重結合を含まない飽和脂肪酸と，二重結合を1個もつモノ（1価）不飽和脂肪酸，複数の二重結合をもつ多価不飽和脂肪酸があり，炭素数，二重結合の数と位置，幾何異性体（*cis, trans*）の違いによって，さまざまな分子種が存在する。それぞれ物性や生理作用，反応性・安定性に大きな差があり，どのような脂肪酸から構成されるかによって中性脂質の性質が大きく異なる。（脂肪酸組成の分析は，ガスクロマトグラフィーで行う（実験12参照）。

　　食用油脂は，ほぼ全量が中性脂質で構成されている。食用油脂中の遊離脂肪酸の存在は油脂の劣化や保存状態不良の指標となる。

　　こうした脂質成分の分析には，さまざまな方法が用いられるが，本実験では簡便な薄層クロマトグラフィ（TLC）を用いる。清浄なガラス板状上に吸着剤を塗り展開層を作り，一端を展開溶媒につけることで溶媒を上部に移動させていく方式のクロマトグラフィーである。溶媒は毛細管現象により移動するのでポンプ等の機械は不要である。吸着剤としてシリカゲル，アルミナ，セルロース粉末，ケイソウ土，酸化マグネシウム，炭酸マグネシウム，硫酸カルシウム，リン酸カルシウムなどがある。

　　薄層クロマトグラフィーの特徴として，以下の長所と短所が挙げられる。

〈長所〉　1．分析が迅速
　　　　　2．同時並列分析が可能
　　　　　3．展開終了後に全成分がプレート上にあるため回収が可能　など。

〈短所〉　1．精度・再現性に問題がある
　　　　　2．定量性に限界がある　など。

　　ここでは，薄層クロマトグラフィー（TLC；Thin-Layer Chromatography）の理論と基礎技術を学ぶため，食用油脂・食品中の脂質をTLCにより分離・同定する方法について述べる。

A　TLC用薄層ガラスプレートの調製

🌀 主な器具

① 　TLC用ガイド板
② 　TLC用アプリケーター
　　①，②は2点セットで水平な実験台に設置して使用する。
③ 　プレコート済TLC用ガラスプレート（20×20 cm）
　　素手で触らないように注意する。

④　シリカゲル(60 G)

TLC 用のものを購入する。

⑤　共栓付き三角フラスコ

硬質プラスチックのものでも可

⑥　ホットプレートまたは乾熱滅菌器

家庭用調理器具でも対応できるが，次項(プレートヒーター)でも使用するため，専用のものを用意したほうがよい。

◎ 実験操作

(通常は市販品のプレートを使用するため，この項目は実施しないことが多い。)

①　ガイド板にガラスプレートをのせ，アプリケーターをセットする。

②　シリカゲル(60 G)65 g を蒸留水約 138 mL(プレート 5 枚分)を三角フラスコに入れて激しく振り混ぜる。

③　アプリケーターに②の混合液を注ぎ入れ，アプリケーターをスライドさせながら，ガラスプレート表面にシリカゲルの層を作る(0.5 mm 厚)。

④　30 分以上風乾した後，120℃で 1 時間加熱，活性化する。

⑤　活性化後，室温まで冷却し，使用する。

余計な脂質等の付着を避けるため，全操作過程において，薄層面を手で触らないよう注意すること。実験用のプラスチック製手袋を着用することが望ましい。

B　TLC 法による試料の展開と検出

◎ 試　料

実験試料となる油脂類は，5 倍量のクロロホルムに完全に溶解する。

◎ 試　薬

①　標準脂質(いずれも 5 倍量のクロロホルムに溶解する)

トリアシルグリセロール(例：トリオレイン)，

ジアシルグリセロール(例：ジオレイン)，

モノアシルグリセロール，

遊離脂肪酸，遊離ステロール，ステロールエステル，リン脂質　他

②　展開溶媒

ヘキサン・ジエチルエーテル・酢酸(80：20：1, v/v)混液

③　発色試薬

ローダミン 6 G 液(0.02 – 0.05%　エタノール溶液)，50%硫酸など。

◎ 主な器具，装置

①　TLC 用シリカゲル薄層ガラスプレート(薄層面を手で触らないよう注意する)

あらかじめ蛍光試薬を含有するものも市販されている。

② 展開槽噴霧器

ガラスプレートと二連球(ゴムふいご)をつないで使用する。

③ プレートヒーター

④ ドラフトチャンバー

染色液(硫酸または色素)から実験者を保護するため。

⑤ 紫外線照射機

ハンディタイプのものを暗室中で使用する。

⑥ 毛細管(キャピラリー)

使用した毛細管は,ヘキサンを吸い上げペーパータオルに吐き出す洗浄操作を数回
行えば再利用できる。

◎ 実験操作

① 展開溶媒約200mL(1cm程度の深さになるように)を展開槽に入れ,蓋をして
おく。(蒸発した気体が展開槽内に充満するように)

② プレート下端より2cm付近の位置に,ある程度間隔をあけて,鉛筆でスポッ
ト位置を薄くマークしておく(次頁の図Ⅱ-4-3を参照)。また,展開目標位置(下記
⑤参照)にも薄く線を引いておくとよい。シリカゲル薄層を削り取らないように注
意する。

③ 試料溶液および標準脂質溶液を毛細管に取り,3～5回スポットする。(図Ⅱ-4
-3参照)

④ 展開槽に薄層プレートをセットし蓋をする(展開開始)。

注〕 展開中は静置し,揺らしたり蓋を開けたりしない。

⑤ 展開溶媒が約16cm程度上昇したら,展開槽から取り出して,直後に溶媒展開
の先端の位置を鉛筆で薄くなぞって記録した後,風乾する。

⑥ ドラフトチャンバー内で,以下のいずれかの方法で発色させる。

⑦ 発色状況を確認し,各々の脂質スポットの展開した距離と展開溶媒が展開した
距離を測定し下の式にもとづいて,Rf値を求める。標準脂質との比較により定性
を行う。スポットの面積を測定し,およその量比を求める。

スポットの色も特徴の一つである(例:ステロイド骨格を含む化合物を硫酸染色
すると紫がかった色を示す)。特に硫酸染色の場合は退色が起きやすいので,染色
直後にカラーコピーなどで記録を残しておくとよい。

A 硫酸による発色

風乾後,50%硫酸をガラスプレートに噴霧し,ドラフトチャンバー中のプレート
ヒーター(120℃)に載せ,加熱・炭化させる。

注〕 硫酸の取り扱いと高温に注意する。

B　ローダミン 6G による発色

　風乾後，ローダミン試薬を噴霧し，観察する。噴霧の際ドラフト内を汚さないために，段ボールなどで簡易の覆いを作成するとよい。必要に応じて，暗所で紫外線を照射して観察する。

◎ 実験フローチャート

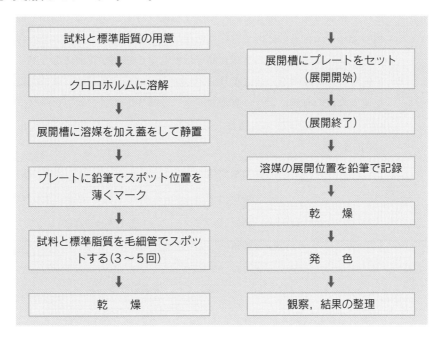

◎ 実験結果の計算

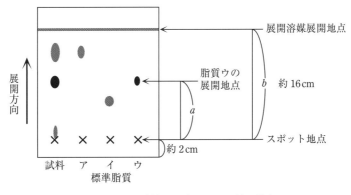

図Ⅱ-4-3　試料のスポットと Rf 値の算出

$$\text{Rf 値} = \frac{a\,(\text{各脂質の展開距離, cm})}{b\,(\text{展開溶媒の展開距離, cm})}$$

実験5　糖質の定量

　食品成分表に示されている炭水化物の含量は，水分，たんぱく質，脂肪および灰分の合計値(%)を100から差し引いて求められている。得られる値には食物繊維の量も含まれているため，それを差し引いたものが糖質として定義される。カロリー計算の目的であれば，この方法で得られる値で十分であるが，加工食品では，品質管理の観点から糖質含量を把握しておくことが重要になる。例えば，酒類では原料のいもや穀類のでんぷん含量の把握や糖化度の確認が，果実製品では糖と酸の含有比率(糖酸比)の把握が，菓子類などの甘味食品では糖含量の確認が重要になってくる。

　糖質は，構成単糖の数により，単糖類，二糖類，少糖類，多糖類に分類される。また還元末端の有無により，グルコース，フルクトース，キシロース，マルトース，ラクトースなどの直接還元糖と，スクロースやでんぷんなどの非還元糖に分けられる(図Ⅱ-5-1)。

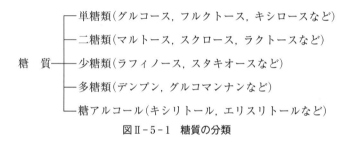

図Ⅱ-5-1　糖質の分類

　多くの食品は種々の糖質を含んでおり，それらを分別定量するには，ガスクロマトグラフィー(GC)や高速液体クロマトグラフィー(HPLC)を用いる。その他，特定の糖質の分析法として，基質特異性を利用した酵素法が簡便である。一方，個別定量よりも還元糖として何%含まれるか，あるいはでんぷんやスクロースが何%含まれているかを把握すれば十分な場合も多い。このような場合，ソモギー法，ソモギー・ネルソン法，レイン・エイノン法などフェーリング液の還元性を利用した方法がよく使用される。これらの方法では，還元糖の定量値をその食品に最も多く含まれる糖を代表的なものとして求める。

　これらの方法を用いれば，還元糖はそのまま定量できるが，スクロースやでんぷんのような非還元糖は酸加水分解によりあらかじめ還元糖に変換しなければならない。そのため，特に分別分析の必要がなければ，硫酸処理と同時に生じる呈色反応を利用した全糖分析を実施する。

　ここでは，ソモギー・ネルソン法を中心とした還元糖の分析に加え，全糖分析として，フェノール-硫酸法について取りあげる。また，基質特異性を利用した酵素法による個別糖の定量についても解説する。

5-1 直接還元糖の定量

⑤ ソモギー・ネルソン法

　還元糖は塩基性条件下で2価の銅(Cu^{2+})を1価(Cu^+)に還元する。実際には2価の銅化合物である硫酸銅($CuSO_4$)を還元糖の作用により，1価の酸化銅(Cu_2O)に還元する反応を行う(反応①)。酸化銅は極めて酸化されやすいため，その生成量をろ別しないで滴定法により測定する。ソモギー法とは，生成した酸化銅を硫酸酸性下で可溶化し，ヨウ素酸カリウムから生成したヨウ素と反応させて，残存ヨウ素量をチオ硫酸ナトリウムと反応させて滴定し，その値から還元糖量を求める方法である。化学反応式をまとめると次のようになる。

● ソモギー法の基本反応

① 還元糖 + $2Cu^{2+}$ ⟶ Cu_2O

② $Cu_2O + H_2SO_4$ ⟶ $2Cu^+ + SO_4^{2-} + H_2O$

③ $KIO_3 + 5KI + 3H_2SO_4$ ⟶ $3I_2 + 3K_2SO_4 + 3H_2O$

④ $2Cu^+ + I_2$ ⟶ $2Cu^{2+} + 2I^-$

⑤ $I_2 + 2Na_2S_2O_3$ ⟶ $2NaI + Na_2S_4O_6$

　試薬のアルカリ度により，2価の銅の還元度が影響を受けやすいため，リン酸三ナトリウムを加えることで最小に抑える。さらに，シュウ酸カリウムの添加により，ヨウ素と反応して生じる2価の銅イオンが再びヨウ素イオンと反応するのを抑えるという改良を加えた方法がソモギー変法である。滴定法の他に，上記化学反応式①で生成する酸化銅(Cu_2O)を硫酸酸性下でヒ素モリブデン酸塩(ネルソン試薬)と反応させて，モリブデンブルーとして比色定量を行う方法はソモギー・ネルソン法といい，呈色も安定で，感度がよいとされる。

● ソモギー・ネルソン法の基本反応

① 還元糖 + $2Cu^{2+}$ ⟶ Cu_2O

② $Cu_2O + H_2SO_4$ ⟶ $2Cu^+ + SO_4^{2-} + H_2O$

③ $2Cu^+ + MoO_4^{2-} + SO_4^{2-}$ ⟶ $2Cu^{2+} +$ モリブデンブルー

⑤ 試　料

　試料が固体の場合は，細切した試料(5〜20 g)を精秤し，試料の水分に応じてエタノールを加え(最終濃度80%)，さらに十分量の80%エタノールを補充してホモジナイズする。三角フラスコに移し，80℃，60分間還流抽出を行う。遠心分離もしくはろ過を行い，残渣に80%エタノールを加えてさらに抽出を行う。上清，またはろ液を集め，減圧濃縮によりエタノールを除去した後，残留物を純水に溶解し分析用試料と

する。牛乳やヨーグルトのような酪農品では，終濃度80％になるようにエタノールを加えることで除たんぱくができるので，都合がよい。

　試料が液体の場合は，たんぱく質の存在や酵素反応が問題にならないときは，そのまま精秤し，純水とともにメスフラスコで定容する。しかし，試料によっては抽出工程中に自己消化による酵素反応が進むこともあるので，試料の加熱処理を行う。

　試料中の多量のたんぱく質が呈色反応等に影響を与える場合は，さらにトリクロロ酢酸による除たんぱくを行う。すなわち，試料液に10〜20％トリクロロ酢酸を等量混合し，遠心分離によって沈殿を除去する。ジエチルエーテルで3回洗浄し，トリクロロ酢酸を除去し，水相を分析用試料とする。

◎ 試　薬

① A液

　ロッシェル塩（酒石酸カリウム・ナトリウム四水和物）15g，無水炭酸ナトリウム15gを約300mLの純水に溶解し，ここに炭酸水素ナトリウム20gを加えて溶解する。別に，無水硫酸ナトリウム180gを沸騰させた純水500mLに溶かしておく。冷却後，これらの溶液を混ぜ，純水で1Lに定容する。

② B液

　硫酸銅(II)五水和物（$CuSO_4 \cdot 5H_2O$）5gと無水硫酸ナトリウム45gを純水で溶解し，250mLに定容する。

③ C液

　使用時にA液：B液＝4：1の割合で混合する。

④ D液（ネルソン試薬）

　七モリブデン酸六アンモニウム四水和物25gを純水450mLに溶解する。これに，濃硫酸25mLを少しずつ加える。さらに，あらかじめ25mLの純水に3gのヒ酸水素二ナトリウム七水和物を溶かした溶液を加え，37℃，24〜48時間放置する。使用時に2倍量の0.75M硫酸で希釈する。

⑤ 検量線用標準糖液

　測定対象の主たる糖類を用いて標準液を調製する。還元糖100mgを秤量し，純水で100mLに定容し，原液を調製する。表Ⅱ-5-1にしたがって，原液を100mLのメスフラスコにとり，1〜10mg/100mLの標準溶液を調製する。

表Ⅱ-5-1　検量線用試料の混合量

	検量線用試料の濃度			
	10 mg/100 mL	5 mg/100 mL	2.5 mg/100 mL	1 mg/100 mL
原液添加量	10 mL	5 mL	2.5mL	1 mL
	100 mLのメスフラスコに定容			

Ⓢ 主な器具，装置

① ねじ栓付き試験管（15 mL 容）

② 100℃加熱可能な湯浴

　汎用のウォーターバスだと沸湯水浴にはならない。

③ 分光光度計

Ⓢ 実験操作

　以下の操作は，試料だけでなく，試料のかわりに純水を用いたブランク試験，および標準糖液についても行う。

① ねじ栓付き試験管に試料糖液および標準糖液1 mL を正確に採取し，C 液1 mL（グルコースとして10 ~ 100 µg）を加えてよく混合する。

② これらの混合液を沸騰水浴中で15分間加熱する。

③ 加熱後，直ちに流水中に静置し，冷却する。

④ 冷却後，D 液を1 mL 加え，混合する。

⑤ 3 mL の純水を加えて混合した後，520 nm における吸光度を測定する（発色は5時間程度安定である）。

⑥ 測定後，試験液はヒ素を含むため，専用の廃液びんに入れる。

Ⓢ 実験フローチャート

<試料調製> 　　　　　　　　<ソモギー・ネルソン法>

＜試料調製＞	＜ソモギー・ネルソン法＞
試料精秤（5 ~ 20 g）	試験管に試料糖液1 mL を採取
↓固体試料は磨砕	↓
80%エタノールで抽出（80℃，60分間）	C 液を1 mL 添加
↓	↓ *ブランク，標準糖液についても実施
遠沈，もしくはろ過	加熱（←沸騰水浴，15分間）
↓遠沈の場合，3000 rpm，20分間	↓
上清を濃縮乾燥	流水冷却
↓	↓
純水で溶解・定容（200 mL）	D 液を1 mL 添加
↓	↓
試料糖液	純水を3 mL 添加
	↓
	分光光度計（520 nm）測定

⑤ 実験結果の計算

濃度の異なる4段階の標準糖液の結果から，その吸光度と濃度の関係を用いて検量線を作成し，調製した測定用試料糖液は検量線の範囲内に収まるよう適宜希釈し，食品中の糖質含量を求める。

$$食品100\,g\,中の糖質含量(\%) = 濃度(\mu g/mL) \times D \times \frac{A}{W} \times 0.1 \times \frac{1}{1000}$$

D：希釈率
A：試料抽出液の最終定容液量(mL)
W：試料量(g)

⑤ 実験例

試　料：自家製いちごジャム

採取量：10.00 g（100 mL に定容）

希釈率：500 倍（上記方法で定容後，1 mL を採取し，500 mL に定容する）

検量線から求められた試料糖液の還元糖濃度　47.0 μg/mL

$$還元糖量(g/100\,g) = 47.0 \times 500 \times \frac{100}{10} \times 0.1 \times \frac{1}{1000}$$
$$= 23.5$$

5-2 スクロース，およびでんぷんの定量

スクロースやでんぷんはともに還元性をもたないため，塩酸加水分解を行ってから，ソモギー・ネルソン法により定量する。構成糖の重合度により加水分解時の塩酸濃度と反応時間が異なる。スクロースはグルコースおよびフルクトースからなる二糖類であるため，加水分解によりグルコースとフルクトースの1：1の混合物，すなわち，転化糖に変換される。スクロースと転化糖の分子量比が(342.3/180.2×2) = 0.95であるため，定量された転化糖量をスクロース量に変換するため0.95を乗じる。でんぷんはグルコースが重合した多糖類であり，スクロースと同様に加水分解を行ってから定量する。でんぷんとグルコースの分子量比は(162.2×n/180.2×n) = 0.9になるため，定量されたグルコース量に0.9を乗じてでんぷん量とする。試料に還元糖が含まれる場合は，前述の方法により求めた直接還元糖を差し引く必要がある。

⑤ 試　料

A　スクロース分析

① 還元糖の試料調製法に準じて試料糖液を得る。

② 試料液50 mLを300 mLの三角フラスコに採取し，0.2 M 塩酸溶液10 mLを加える。

③ フラスコにガラス冷却管を接続し，沸騰水浴中で30分間加熱する。

④ 加熱後は直ちに流水中で冷却する。

⑤　0.2 M 水酸化ナトリウム溶液を適宜加えて中和後，200 mL のメスフラスコで定容する。

B　でんぷん分析

乾燥させた試料を粉砕し，塩酸で分解処理を行う。共存している直接還元糖の影響が大きい場合は，熱80％エタノールにより試料を洗浄し，洗浄残渣を乾燥させ，試料として用いる。その他，抽出法として熱水，水酸化ナトリウム，過塩素酸，ジメチルスルフォキシド(DMSO)を用いた抽出法が考案されている。DMSO 抽出液として得られたでんぷんは室温下で数週間は安定である。

①　適量の試料(1〜2 g)を秤取し，500 mL の三角フラスコに入れる。

②　純水200 mL と25％塩酸溶液20 mL を加える。

③　このフラスコにガラス冷却管を取り付けて，沸騰水浴中で2.5時間加熱する。

④　放冷後，10％水酸化ナトリウム溶液で中和し，500 mL のメスフラスコで定容する。

試　薬

- スクロース定量用

①　0.2 M 塩酸溶液

濃塩酸(12 M) 8.3 mL を純水で500 mL に定容する。

②　0.2 M 水酸化ナトリウム溶液

水酸化ナトリウム4.0 g を純水で500 mL に定容する。

- でんぷん定量用

①　25％塩酸溶液

濃塩酸と純水を2.5：1の割合で混合して調製する。

②　10％水酸化ナトリウム溶液

水酸化ナトリウム10 g を純水90 mL に溶解する。

主な器具

①　ゴム栓を付けたガラス冷却管

内径6〜7 mm，長さ1 m

②　300 mL の三角フラスコ

④　200 mL のメスフラスコ

実験操作

直接還元糖の場合と同様にソモギー・ネルソン法により定量する。スクロースならびにでんぷん分析ではグルコースを標準糖液とし，求められる値に係数(分子量比)を乗じて換算する。

⑤ 実験フローチャート

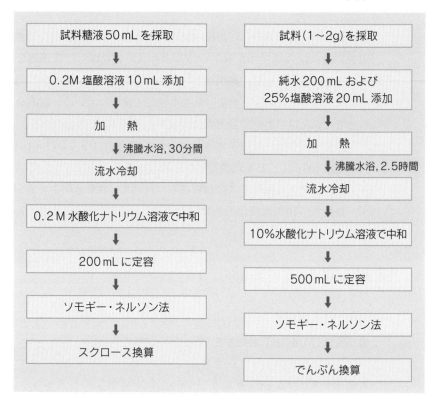

<スクロース分析>

| 試料糖液50mLを採取 |
| ↓ |
| 0.2M 塩酸溶液10mL添加 |
| ↓ |
| 加　熱 |
| ↓ 沸騰水浴, 30分間 |
| 流水冷却 |
| ↓ |
| 0.2M 水酸化ナトリウム溶液で中和 |
| ↓ |
| 200mLに定容 |
| ↓ |
| ソモギー・ネルソン法 |
| ↓ |
| スクロース換算 |

<でんぷん分析>

| 試料(1〜2g)を採取 |
| ↓ |
| 純水200mL および 25%塩酸溶液20mL添加 |
| ↓ |
| 加　熱 |
| ↓ 沸騰水浴, 2.5時間 |
| 流水冷却 |
| ↓ |
| 10%水酸化ナトリウム溶液で中和 |
| ↓ |
| 500mLに定容 |
| ↓ |
| ソモギー・ネルソン法 |
| ↓ |
| でんぷん換算 |

⑤ 実験結果の計算

試料糖液中のグルコース濃度(%)は，還元糖の計算例にしたがって求める。

試料100g中のスクロース量(%)は，換算係数0.95を用いて次式により求める。

試料100g中のスクロース(%) = 0.95× グルコース濃度(%)

試料100g中のでんぷん量(%)は，換算係数0.90を用いて次式により求める。

試料100g中のでんぷん(%) = 0.90× グルコース濃度(%)

⑤ 実験例

● スクロース分析例

試　料：自家製いちごジャム

採取量：10.00g(100mLに定容)

希釈率：500倍(上記方法で定容後，1mLを採取し，500mLに定容する)

検量線から求められた試料糖液のグルコース濃度　36.2 μg/mL

$$グルコース量(g/100g) = 36.2 \times 4 \times 500 \times \frac{100}{10} \times \frac{100}{1000} \times \frac{1}{1000} = 72.4$$

還元糖の実験例で示したように，ジャムの還元糖量（グルコースとして）は$\dfrac{23.5\,\mathrm{g}}{100\,\mathrm{g}}$であり，それを差し引くと，スクロース濃度は次のようになる。

$$試料中のスクロース（\%）= 0.95 \times (72.4 - 23.5) = 46.5$$

● でんぷん分析例

試　　料：小麦粉

試料採取量：1.50 g　（500 mL に定容）

希釈率：50 倍（上記方法で定容後，1 mL を採取し，50 mL に定容する）

検量線から求められた試料糖液のグルコース濃度　46.9 μg/mL

$$グルコース量（\mathrm{g}/100\,\mathrm{g}）= 46.9 \times 50 \times \frac{500}{1.50} \times \frac{100}{1000} \times \frac{1}{1000}$$

$$= 78.2$$

よって，試料中のでんぷんは次式により求められる。

$$小麦粉のでんぷん（\%）= 0.90 \times 78.2$$

$$= 70.3$$

5-3　全糖の定量（フェノール-硫酸法）

　　還元糖は，強酸と処理すると，脱水反応によってフルフラールまたはその誘導体を生成し，各種試薬と反応して呈色する。反応は複雑であり，呈色物質の構造は不明であるが，還元糖の定量に利用できる。また，強酸処理により，オリゴ糖，多糖類そして糖たんぱく質糖鎖は単糖に加水分解されるため，全糖の測定に用いられる。本法はたんぱく質の影響を受けにくく，操作が容易で，比較的安定な結果を得やすい。糖の種類により発色に若干の差異がみられ，ヘキソースでは490 nm，ペントースやウロン酸では480 nm でそれぞれ測定する。

◎ 試　料

　　実験 5-1 還元糖の試料調製法に準じて純水，もしくは80％エタノールで抽出する。本法のみを行う場合は，除たんぱくを必要としない。

◎ 試　薬

①　5％（w/w）フェノール溶液

　　フェノールは常温で凍っている状態である（融点：41℃）。そのため，湯浴中で融解し，温めておいたピペットでビーカーに5 g を直接秤量し，95 g の純水で溶解する。

②　濃硫酸

　　市販の18 M 硫酸をそのまま使う。

③　検量線用標準糖液

　　主たる糖質の濃度が $10 \sim 300\,\mu g/mL$ の検量線用試料を調製する。還元糖標準原液（$100\,mg/100\,mL$）を$30\,mL$ 採取し，純水で$100\,mL$ に定容する（$300\,\mu g/mL$）。他は表Ⅱ-5-1に従う。

Ⓢ 主な器具

①　ねじ栓付き試験管
②　耐酸性ピペット
③　サンプルシッパーユニット付きの分光光度計
濃硫酸を扱うため，こちらを使うほうが安全である。

Ⓢ 実験操作

①　ねじ栓付き試験管（$15\,mL$ 容）に試料$300\,\mu L$ と5%フェノール溶液$300\,\mu L$ を入れ，混合する。
②　$1.5\,mL$ の濃硫酸（特級）を液面に直接滴下するよう，勢いよく素早く加える。
③　常温で10分間放置し，流水冷却後，$490\,nm$ における吸光度を測定する。
④　定量値は標準糖液から作成した検量線から求める。

Ⓢ 実験フローチャート

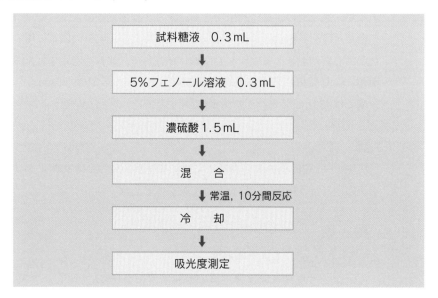

Ⓢ 定量結果の計算

　　試料液は適宜希釈する。濃度の異なる4段階の標準糖液の結果から，その吸光度と濃度の関係を用いて検量線を作成し，調製した測定用試料糖液の濃度から食品中の糖質含量を求める。

$$食品100\,g中の糖質含量(\%) = 濃度(\mu g\,/\,mL) \times 希釈率 \times \frac{A}{W} \times \frac{100}{1000} \times \frac{1}{1000}$$

A：試料抽出液の最終液量(mL)

W：試料量(g)

⑤ 実験例

試　料：自家製いちごジャム

秤取量：10.00 g（100 mL に定容）

希釈率：500倍（上記方法で定容後，1 mL を採取し，500 mL に定容する）

検量線から求められた試料糖液の還元糖濃度　123 μg/mL

$$還元糖量(g/100\,g) = 123 \times 500 \times \frac{100}{10} \times \frac{100}{1000} \times \frac{1}{1000} = 62$$

5-4　酵素法による個別糖の定量

　これまで紹介してきた方法では，糖の種類を特定することは困難である。夾雑物の影響を受けやすいため，HPLC 法も選択肢の一つであるが，目的とする糖質が限られているのであれば，特異的な酵素反応を利用した定量法が簡便である。グルコースの測定法として，グルコースオキシダーゼ系もしくはヘキソキナーゼ系が知られている。両者の方法に優劣はないが，グルコースオキシダーゼ法は溶存酸素濃度や還元性物質の影響を受けやすいこともあり，ここでは，ヘキソキナーゼ・デヒドロゲナーゼを用いた定量法について解説する。

　本法は，次の反応に基づいている。グルコースは，Mg^{2+} および ATP 存在下において，ヘキソキナーゼ(HK)の酵素反応により，D-グルコース-6-リン酸(G-6-P)へと変換される。続いて，$NADP^+$ 存在下で G-6-P デヒドロゲナーゼ(G-6-P-DH)によりグルコノラクトン-6-リン酸へと変換する。このとき $NADP^+$ は NADPH に還元され，その特徴的な吸収波長である340 nm の吸光度の変化を分光光度計により求める。これをヘキソキナーゼ法とよび，酵素法の基本反応となる。

　フルクトースについては，ヘキソキナーゼにより D-フルクトース-6-リン酸(F-6-P)に変換される。そのため，ホスホグルコースイソメラーゼ(PGI)により酵素処理し，G-6-P に変換させた後，G-6-P-DH により生じる NADPH を測定する。スクロースについては，インベルターゼ処理により転化糖に変換後，総グルコースとして分析を行う。どちらも，試料中にもともと存在するグルコース量が上乗せされるので，差し引かなければならない。ここでは，分光光度計を用いた方法を紹介するが，マイクロプレートリーダーを用いる場合，紫外部測定に対応したプレートを使用する必要がある。

● ヘキソキナーゼ法（グルコース分析）の基本反応

① D-グルコース + ATP $\xrightarrow{\text{HK}}$ D-グルコース-6-リン酸(G-6-P) + ADP

② G-6-P + NADP$^+$ $\xrightarrow{\text{G-6-P-DH}}$ D-グルコノラクトン-6-リン酸 + NADPH + H$^+$

● フルクトース分析の基本反応

① D-フルクトース + ATP $\longrightarrow$ D-フルクトース-6-リン酸(F-6-P) + ADP

② F-6-P $\xrightarrow{\text{PGI}}$ G-6-P

③ G-6-P + NADP$^+$ $\xrightarrow{\text{G-6-P-DH}}$ D-グルコノラクトン-6-リン酸 + NADPH + H$^+$

● スクロース分析の基本反応

① スクロース $\xrightarrow{\text{インベルターゼ}}$ D-グルコース + D-フルクトース

② 生成するグルコースを遊離グルコースとともにヘキソキナーゼ法により測定

◎ 試 料

実験5-1に記載した試料調製法に準じる。必要に応じて，除たんぱくを行う。

◎ 試 薬

① 0.1M トリス緩衝液(pH 7.6)

2.42 g のトリス塩基と 244 mg の塩化マグネシウム六水和物(MgCl$_2$・6H$_2$O)を約 160 mL の純水に溶解し，濃塩酸で pH 7.6 に調整し，200 mL に定容する。

② 50 mM クエン酸ナトリウム緩衝液(pH 4.6)

(1) 0.1M クエン酸溶液：1.92 g のクエン酸を 100 mL に定容する。

(2) 0.1M クエン酸ナトリウム溶液：2.94 g のクエン酸ナトリウム二水和物を 100 mL に定容する。

クエン酸溶液 25.5 mL とクエン酸ナトリウム溶液 24.5 mL を混合し，最終容量 を純水で 100 mL にした後，pH を確認する。

③ 反応用緩衝液

ATP(アデノシン 5′-三りん酸二ナトリウム三水和物として)236 mg，NADP$^+$(ニ コチンアミドアデニンジヌクレオチドリン酸として)99 mg をトリス緩衝液 100 mL に溶解する(1.3 mM NADP$^+$，3.9 mM ATP)。

④ 酵素液 A

ヘキソキナーゼ(酵母由来)125 U 相当量，G-6-P-DH(酵母由来)125 U 相当量秤 取し，トリス緩衝液 25 mL に溶解する(5 U/mL ヘキソキナーゼ，5 U/mL G-6-P -DH)。

⑤ 酵素液 B

ホスホグルコースイソメラーゼ(酵母由来)750 U 相当量をトリス緩衝液 25 mL に 溶解する(30 U/mL)。

⑥ 酵素液 C

インベルターゼ 5 kU 相当量を秤取し，クエン酸ナトリウム緩衝液 25 mL に溶解す る(200 U/mL)。

◎ 主な器具，装置

① マイクロピペット

② 分光光度計

測定波長：340 nm

③ 石英セル

◎ 実験操作

下記方法にしたがって，酵素反応を行い，NADPH の特徴的な340 nm の吸光度を測定する。

A　グルコースの測定

試料液0.1 mL および反応用緩衝液2.0 mL を混合，室温15分間静置した後，反応前の吸光度(E_1)を測定する。続いて，酵素液 A 0.5 mL を加え，室温15分間反応後，再度吸光度(E_2)を測定する。

B　フルクトースの測定

グルコースを測定した後の溶液に酵素液 B 0.5 mL を加え，室温15分間反応させ，吸光度(E_3)を測定する。

C　スクロースの測定

試料液0.05 mL および酵素液 C 0.05 mL を混合し，室温15分間反応後，全グルコースの測定を行い，遊離グルコース量を差し引く。

◎ 実験フローチャート

〈グルコース，フルクトース分析〉　　　　　〈スクロース分析〉

〈グルコース，フルクトース分析〉	〈スクロース分析〉
試料糖液 0.1 mL	試料糖液 0.05 mL
↓	↓
反応用緩衝液 2.0 mL	酵素液 C　0.05 mL
↓ 常温，15分間静置	↓ 常温，15分間反応
吸光度測定(E_1)	反応用緩衝液 2.0 mL
↓	↓
酵素液 A　0.5 mL	吸光度測定(E_1)
↓ 常温，15分間反応	↓
吸光度測定(E_2)	酵素液 A　0.5 mL
↓	↓ 常温，15分間反応
酵素液 B　0.5 mL	吸光度測定(E_2)
↓ 常温，15分間反応	
吸光度測定(E_3)	

⑤ 実験結果の計算

得られた吸光度から次式よりグルコースとしての濃度を求める。フルクトースはグルコース測定の際の吸光度を差し引きし，グルコースと同様に濃度を求める。スクロース濃度は，グルコース濃度を差し引いた後，換算係数を乗じる。

換算係数：スクロースの分子量 / グルコースの分子量 = 342.3 / 180.2 = 1.90

$$\text{試料糖液のグルコース濃度}(\text{mg / mL}) = \frac{\Delta A}{\varepsilon} \times MW \times \frac{V}{v}$$

ΔA ：反応前後の吸光度差
ε ：NADPH のモル吸光係数 = 6300
MW：グルコースの分子量 (180.2)
V ：最終反応液量 (mL)
v ：試験溶液量 (mL)

試料溶液の各糖質濃度は次式で求められる。

● グルコース

吸光度差：$\Delta A_1 = E_2 - E_1 \times \dfrac{2.1}{2.6}$

$$\text{グルコース}(\text{mg / mL}) = \frac{\Delta A_1}{6300} \times 180.2 \times \frac{2.6}{0.1}$$

● フルクトース

吸光度差：$\Delta A_2 = E_3 - E_2 \times \dfrac{2.6}{3.1}$

$$\text{フルクトース}(\text{mg / mL}) = \frac{\Delta A_2}{6300} \times 180.2 \times \frac{3.1}{0.1}$$

● スクロース

総グルコースとして，濃度を求めたあと，遊離グルコースを差し引き，換算係数を乗ずる。

$$\text{スクロース}(\text{mg/mL}) = (\text{総グルコース} - \text{遊離グルコース}) \times \frac{342.3}{180.2}$$

$$\text{食品} 100\,\text{g 中の糖質含量}(\%) = \text{濃度}(\text{mg / mL}) \times \text{希釈率} \times \frac{A}{W} \times 0.1$$

A：試料抽出液の最終液量 (mL)
W：試料量 (g)

注〕 マイクロプレートを用いる場合は，グルコース標準液として $10\text{-}1000\,\mu\text{g / mL}$ の検量線を作成し，適宜希釈した試料糖液の濃度を求める。

実験例

● スクロースなどの分析例

試　料：自家製いちごジャム

秤取量：10.00 g（100 mL にメスアップ）

希釈率：50 倍（上記方法で定容後，1 mL を採取し，50 mL に定容する）

グルコースおよびフルクトース分析で得られた吸光度

$$E_1：0.080，\ E_2：0.427，\ E_3：0.654$$

$$\varDelta A_1 = 0.427 - 0.080 \times \frac{2.1}{2.6} = 0.362$$

$$\varDelta A_2 = 0.654 - 0.427 \times \frac{2.6}{3.1} = 0.296$$

試料溶液の遊離グルコース含量（mg/mL）

$$= \frac{0.362}{6300} \times 180.2 \times \frac{2.6}{0.1} = 0.269$$

食品100 g 当たりの遊離グルコース含量（%）

$$= 0.269 \times 50 \times 10 \times 0.1 = 13.5$$

試料溶液のフルクトース（mg/mL）

$$= \frac{0.296}{6300} \times 180.2 \times \frac{3.1}{0.1} = 0.262$$

食品100 g 当たりのフルクトース含量（%）

$$= 0.262 \times 50 \times 10 \times 0.1 = 13.1$$

スクロース分析で得られた吸光度

$$E_1：0.098，\ E_2：0.524$$

$$\varDelta A_1 = 0.524 - 0.098 \times \frac{2.1}{2.6} = 0.460$$

試料溶液の総グルコース含量（mg/mL）

$$= \frac{0.460}{6300} \times 180.2 \times \frac{2.6}{0.05} = 0.684$$

食品100 g 当たりの総グルコース含量（%）

$$= 0.684 \times 50 \times 10 \times 0.1 = 34.2$$

食品100 g 当たりのスクロース含量（%）

$$= (34.2 - 13.5) \times 1.90 = 39.3$$

実験6　無機成分の定量

　無機成分とは無機質，ミネラルともよばれ，食品からたんぱく質や脂質などの有機物や水分を除いたものである。そのほとんどは500〜600℃で燃焼したときに得られる灰分に残る。そのため灰分は，無機成分のおおよその量ととらえることができる。

　無機成分には他の栄養素と同様に適正摂取量があり，不足すれば欠乏症，多過であれば過剰症になる。

　ヒトに必須な主要元素としてカルシウム，リン，カリウム，硫黄，ナトリウム，塩素，マグネシウムがあげられる。その他，微量元素として鉄，フッ素，亜鉛，ケイ素，マンガン，銅，バナジウム，セレン，ヨウ素，モリブデン，ニッケル，クロム，ヒ素およびコバルトがあげられる。日本食品標準成分表，2010ではナトリウム，カリウム，カルシウム，マグネシウム，リン，鉄，亜鉛，銅およびマンガンの9種類，ならびに微量栄養素としてヨウ素，セレン，クロム，およびモリブデンの4種類が収載されている。

　生鮮食品ではカリウムが最も多く，食品100 g当たり100〜1,000 mgである。その他にリン，硫黄，塩素，マグネシウム，ケイ素が10〜100 mg，カルシウム，ナトリウムが1〜100 mg，マンガン，鉄，亜鉛が0.1〜1 mg含まれる。加工食品では全般的に食塩由来のナトリウムが多く，一部，豆腐のように凝固剤由来の無機成分(マグネシウムやカルシウム)が多くなる。

　無機成分の分析法は研究目的に合わせていくつかの方法が選択できる。食品の場合は多種類の元素をさまざまな濃度で含んでいるため，一斉高感度分析が可能な誘導結合プラズマ発光分析法が適している。しかし，高度に熟練した技術が必要となるため公定法化が進んでおらず，食品分析においては，個別に測定を行っていく吸光度法もしくは原子吸光分析法が主流である。

　以下では，原子吸光法によるナトリウム，カリウム，カルシウム，マグネシウム，銅，鉄とバナドモリブデン酸によるリンの比色定量およびキレート滴定によるカルシウムの定量を取り上げる。

6-1　原子吸光法による無機成分の定量

　無機成分の分析として，原子吸光法，誘導結合プラズマ発光分析法，イオンクロマトグラフ法の他にカルシウムの定量に採用されている滴定法などがある。原子吸光法には原子を蒸気化する方法の差異によりフレーム原子吸光法，ファーネスト原子吸光法，水素化物発生−原子吸光法，冷蒸気原子吸光法がある。ここでは一般的な方法として，フレーム原子吸光法について説明する。

◎ 原　理

　フレーム原子吸光法では，試料中の元素をバーナーによる化学炎(フレーム)の中で

蒸気化(個々の原子に解離)させる。基底状態にある原子は特定波長の光を照射すると，光を吸収し励起状態になる。吸収される光の波長は原子の種類で異なる。光の吸収の度合いを測定しているため，紫外可視分光分析と同様にランベルト・ベールの法則に基づいている。

⑤ 装　置

　分析装置は図Ⅱ-6-1および Ⅱ-6-2に示した。光源部，試料原子化部，分光部，検出部，データ処理部からなっている。

① 光源部

　各元素専用の中空陰極ランプが用いられるため，測定したい元素の数だけランプを用意する。

図Ⅱ-6-1　原子吸光分析装置

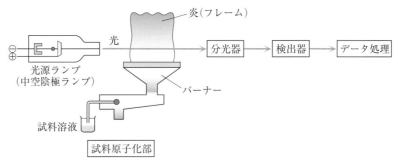

図Ⅱ-6-2　原子吸光分析装置構成図

② 試料の原子蒸気化部

　試料は噴霧器を通して霧化し，チャンバー内に送り込まれる。チャンバー内では，大きい粒子はドレインに排出し，細かい粒子だけがバーナーヘッドに送られる。フレームの中に入った試料は，さらに蒸気化したあと，光を吸収させる(図Ⅱ-6-3)。

③ フレーム

　フレーム燃料にはアセチレンや水素，燃焼させるための助燃ガスとして空気や亜酸化窒素等が使われる。ガスの種類と組み合わせにより燃焼速度が変わるが，一般的にはアセチレン-空気(2,300℃)，一酸化二窒素(亜酸化窒素)-アセチレン(2,900℃)の組み合わせがよく使われる。

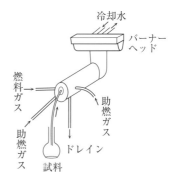

図Ⅱ-6-3　予混合バーナー

「機器分析」，化学実験テキスト研究会編 p.36，産業図書(1993)

◎ 試　料

　無機汚染物質は水道水，土砂，ほこりなどからも混入するので，目的に合わせて注意深く試料を調製する。基本的には試料は粉砕し，水分の多いものはペースト状にして均質化する。試料の切断・粉砕に使用する包丁やミキサーの刃はセラミックもしくはチタン製品を使用する。その他，薬さじやまな板などはすべてプラスチック製を使用する。

　食品は可食部か否かさらには個体差，ならびに部位による違いが見られるため，必ず複数個体を使用し，均質化処理を行う。また，だいこんやはくさいのような大型の野菜では，丸ごとミキサーにかけられないので，縮分法により試料サイズを小さくする。食品試料ごとの詳細な均質化法については，成書を参照するとよい。

　試料溶液の調製方法は，大別して希酸抽出法，乾式灰化法，および湿式分解法に分けられる。試料ならびに測定したい無機成分に合わせて選択する。

A　希酸抽出法

　他の方法が有機物を分解しているのに対し，本方法では，酸により試料中の測定元素をたんぱくや脂質などの主要成分から遊離・抽出する。試料溶液の調製操作が簡便で，外部汚染も少ないのが利点である。K，Na，Mg は室温，1%塩酸で容易に抽出可能である。海藻のようにカルシウムの多い食品は3%塩酸で抽出する。鉄は動物性食品では抽出率が低いが，大豆や豆製品では90〜95%抽出される。

◎ 試　料

①　均質化処理した食品試料を抽出容器に2〜10g を精怦する。
②　希酸溶液100mL をピペットで加え，ときどきふり混ぜながら室温で1時間抽出する。
③　抽出液を遠心管に移し，遠心分離(3,000rpm，20分間)を行う。
④　上清を適宜希釈し，原子吸光光度計にて分析を行う。

◎ 試　薬

　希釈，ならびに測定用希酸溶液として，市販の原子吸光分析用試薬から，1〜3%塩酸溶液もしくは1〜3%の硝酸溶液を希釈調製する。市販専用試薬でも，わずかに不純物が含まれているため，大量調製し，一連の操作を行う。

◎ 主な器具，装置

①　ポリエチレンまたはポリプロピレン製容器
②　遠心分離器
　3000〜4000rpm での運転が可能なもの。

⑤ 実験フローチャート（希酸抽出法）

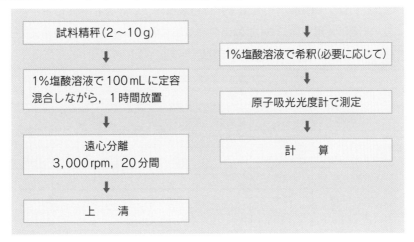

B 乾式灰化法

高温（500～600℃）で灰化し，有機物を分解させ，残った無機成分を分析する方法である。水銀やヒ素のような揮発性の元素の測定には不向きである。

⑤ 試 料

① 均質化処理した食品試料5～20gを灰化容器に精秤する。

注〕 水分の多い試料は，精秤後乾燥させる。

② マッフル炉に入れ，550℃で3～5時間灰化する。

注〕 赤外線ランプやホットプレートを用いて加熱し，ドラフト内で煙が出なくなるまで燃焼させ，予備炭化作業を行うと灰化しやすい。

③ 電源を切り扉を少し開け，400℃以下まで下がったらデシケーターに移し，室温まで放冷後精秤する。

注〕 灰化後，数滴の純水で湿らせて炭素粒の存在を確認する。鉄や銅などの重金属を吸着するのでテフロン製棒などで物理的に破壊し，再度，乾燥・灰化する。カリウムやナトリウム，マグネシウム，カルシウム，亜鉛などは吸着されないので再灰化は行わない。

④ 灰化物に希酸溶液を約10mLを加え溶解する。

⑤ 希酸溶液で100mLに定容し，ろ過してから原子吸光光度計にて分析を行う。

注〕 ろ紙等からもナトリウムなどが溶出するため，はじめの10～20mLは廃棄する。

⑤ 試 薬

希釈，ならびに測定用希酸溶液

希酸抽出法の項を参照

⑤ 主な器具，装置

① ポリエチレン，またはポリプロピレン製容器

② 灰化容器

　口径5〜6cmの白金皿または磁製皿がよい。表Ⅱ-6-1に示したように，すべての元素に使用可能で700℃以上の高温にも耐えられる白金皿が最適である。ただし，高価であるため，用途に応じて使い分けるとよい。

表Ⅱ-6-1　無機成分の調製法と適正容器

| 無機成分 | 希酸抽出法 | 乾式灰化法 | | | | 湿式分解法 |
	ポリびん	磁製皿，ホウケイ酸ガラス容器	石　英	アルミはくカップ	白金皿	ホウケイ酸ガラス容器
Na	○	○	○	○	○	−
K	○	○	○	○	○	○
Mg	○	○	○	○	○	○
Ca	○	○	○	○	○	○
Fe	−	○	○	○	○	○
Cu	○	○	○	○	○	○
Zn	○	○	○	○	○	○
P	−	○	○	○	○	○

③ 電気マッフル炉

　熱電対温度計付きで550〜600℃±10℃に設定可能なもの。

④ 予備炭化装置

　赤外線ランプ，市販の家庭用ホットプレートを用いて，予備炭化作業を行うと灰化しやすい。

⑤ 実験フローチャート（乾式灰化法）

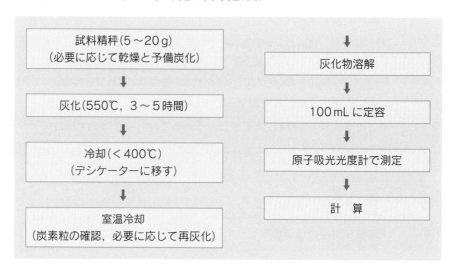

C　湿式分解法

　試料中の有機物を混合酸で分解し，無機成分溶液として分析する方法である。混合酸として硫酸 - 硝酸，硝酸 - 過塩素酸，硫酸 - 硝酸 - 過塩素酸，硝酸 - 過酸化水素水などの組み合わせがあげられる。表 II-6-1 にあげた無機成分の分析では，硝酸 - 過塩素酸の組合せが多用される。

　実験には，市販の高濃度の酸をそのまま使用するため，取り扱いには十分な注意が必要になる。また，分解中に有毒ガスが発生するので，操作はドラフト内で行う。

◎ 試　料

① 　均質化処理した食品試料 2～10 g をコニカルビーカーに精秤する。

② 　コニカルビーカーを約 100℃ に調整したホットプレート上に置き，硝酸約 10 mL を加え，時計皿をのせる。

③ 　加熱が始まると褐色の NO_2 ガスが発生し（激しく泡立つ），ガス発生がおさまったら，ホットプレートからおろして常温に戻す。

④ 　常温まで下がったら，分解液に 60% 過塩素酸溶液を 2 mL を加え，時計皿で蓋をして約 150℃ のホットプレートで再び加熱分解を行う。

⑤ 　途中から時計皿をはずし分解を続ける。分解液の色が褐色になりはじめたら加熱をやめ，常温に戻す。

⑥ 　再度，分解液に硝酸 1 mL を加え，時計皿をして約 150℃ でさらに分解を行う。

⑦ 　分解液が透明もしくは淡黄色になったら，乾固寸前まで加熱する。

注〕　分解液が褐色のままだったら，⑥の工程を繰り返す。有機物が残った状態で乾固をすると爆発する可能性がある。

⑧ 　分解残留物を希酸溶液で洗い込みながら 100 mL に定容し，原子吸光光度計にて分析を行う。

◎ 試　薬

① 　希釈，ならびに測定用希酸溶液：希酸抽出法の項を参照

② 　硝酸，および過塩素酸：原子吸光分析用のものを使う。

◎ 主な器具，装置

① 　ポリエチレン，またはポリプロピレン製容器

② 　分解用容器

　ホウケイ酸ガラス製のコニカルビーカー + 時計皿，もしくは耐熱性 PFA 製コニカルビーカー（中が透けて見えるもの）+ PTFE 製時計皿

③ 加熱装置

　市販の家庭用ホットプレートを用いる。ただし，温度の確認と調整は表面温度計で行う。

⑤ 実験フローチャート（湿式分解法）

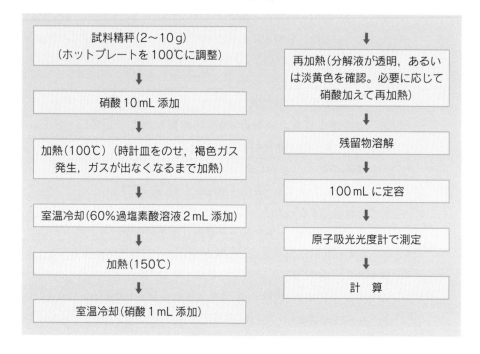

〈ナトリウム，カリウム，カルシウム，マグネシウム，銅，鉄の定量〉

　これらの元素の測定は，希酸抽出法と原子吸光分析法が日本食品標準成分表の分析法として採用されている。この方法は，外部汚染も少なく，簡単な方法であるが，ナトリウムとカリウム以外の元素では抽出効率が落ちる場合があり，乾式灰化法もしくは湿式分解法を用いた試料調製についても検討する。

① ナトリウム

　ナトリウムは1%塩酸（硝酸）溶液で完全に可溶化するので，分析は希酸抽出法に従って行う。抽出液中の糖，たんぱく質などは，測定時の濃度が1%以下であれば吸光度に影響しない。ただし，ガラス器具はナトリウムが溶出するので，プラスチック製の器具を使う。

　検量線の作成には，ナトリウム測定用標準原液（1000 μg Na/mL，塩化ナトリウム水溶液）を用い，0.5～2.5 μg/mLになるよう調製する。
原子吸光光度計の光源ランプは，ナトリウム用の中空陰極ランプ（測定波長589.0 nm）を使う。フレーム燃料にはアセチレン−空気を用いる。詳細については（実験7 食塩の定量）を参照する。

② カリウム

ナトリウムと同様の方法で前処理および測定するが，光源ランプにはカリウム用の中空陰極ランプ（測定波長766.5 nm）を使う。検量線の作成には，1000 μg K/mL の標準原液（塩化カリウム水溶液）を用いる。検量線は0.5〜2.5 μg/mL になるよう調製する。

③ マグネシウム

前述の希酸抽出法，乾式灰化法，もしくは湿式分解法に従って，1%塩酸（硝酸）試料溶液を調製する。光源ランプにはマグネシウム用の中空陰極ランプ（測定波長285.2 nm）を使う。検量線の作成には，1000 μg Mg/mL の標準原液（硝酸マグネシウム-0.1 M 硝酸溶液）を用いる。検量線は0.5〜2.5 μg/mL になるよう調製する。

④ 銅，鉄

前述の乾式灰化法もしくは湿式分解法に従って，1%塩酸（硝酸）試料溶液を調製する。銅用の中空陰極ランプ（測定波長324.7 nm）または鉄用の中空陰極ランプ（測定波長248.3 nm）を使う。検量線の作成には，市販の両標準液（1000 μg/mL）を原液として用いる。検量線は0.5〜2.5 μg/mL になるよう調製する。

⑤ カルシウム

カルシウムは，アセチレン-空気炎中でリン酸と結合し，耐火性の化合物になる。そのため，測定溶液中にリン酸やマグネシウムが共存すると，カルシウム測定は減感干渉を受ける。したがって，干渉抑制剤としてストロンチウムやランタンを加える必要がある。本方法は塩分高めの食品を除く一般的な食品のほとんどに適用できる。塩辛や漬物のようにナトリウムをカルシウムの200倍以上含む食品の測定には，アセチレン-亜酸化窒素を用いる。

（1） 干渉抑制剤の調製

ランタン溶液：市販の原子吸光分析用塩化ランタン溶液を用いる。もしくは，10 ± 0.3%（w/v）ランタンになるように0.1 M 塩酸で調製する。

ストロンチウム溶液：市販の原子吸光分析用塩化ストロンチウム溶液を用いる。もしくは，10 ± 0.1%（w/v）ストロンチウムになるように0.1 M 塩酸で調製する。

（2） 検量線用試料の調製

カルシウム測定用標準原液（1000 μg Ca/mL，炭酸カルシウムの0.1 M 硝酸溶液）を用い，2〜25 μg/mL になるよう調製する。

① 試料に応じた干渉抑制剤（表Ⅱ-6-3）をあらかじめ25 mL のメスフラスコに入れる。

表Ⅱ-6-2　検量線用試料の混合量

	検量線用試料の濃度				
	4 μg/mL	8 μg/mL	12 μg/mL	16 μg/mL	20 μg/mL
標準原液添加量	0.1 mL	0.2 mL	0.3 mL	0.4 mL	0.5 mL
干渉抑制剤添加量	表Ⅱ-6-3を参照				

② 表Ⅱ-6-2に従って標準原液，および干渉抑制剤を加え，1％塩酸（硝酸）溶液で定容する。

（3） 測定用溶液の調製

　カルシウム測定用の試料調製は，前述の乾式灰化法，湿式分解法，あるいは希酸抽出法に従って，1％塩酸（硝酸）溶液で試料抽出液を調製する。抽出法では通常1％塩酸（硝酸）溶液でよいが，海藻類のようなカルシウムの多い食品は3％塩酸（硝酸）溶液を用いる。原子吸光分析用に次の操作を行う。フローチャートは酸抽出法に従って説明する。

① 試料抽出液を2〜25 μg/mLになるように適量取り，25 mLのメスフラスコに採取する。

② 表Ⅱ-6-3を参考に干渉抑制剤を適量混合する。

③ 1％塩酸溶液で25 mLに定容する（B）。

④ 検量線用試料溶液，ならびに未知試料溶液とともに原子吸光光度計にて測定する。フレーム燃料にはアセチレン-空気を用いる。光源ランプにはカルシウム用の中空陰極ランプ（測定波長422.7 nm）を使う。

表Ⅱ-6-3　干渉抑制剤の最適濃度と混合量

P/Ca	食品例	干渉抑制剤	濃度（ppm）	干渉抑制剤の添加量（mL）
0 - 10	大　豆 野菜類 果実類 海藻類	Sr	3,000	0.75
10 - 20	小　麦	Sr	6,000	1.5
20 - 60	とうもろこし こ　め 大　麦	La	10,000	2.5

⑤ 実験フローチャート（各無機成分定量実験）

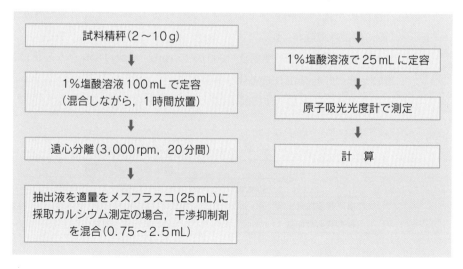

⑤ 実験結果の計算

濃度の異なる3～5段階の検量線試料溶液の結果から，その吸光度と濃度の関係を用いて検量線を作成し，調製した測定用試料溶液の濃度を求める。

$$無機成分含量(mg/100\,g) = 無機成分濃度(\mu g/mL) \times D \times \frac{A}{W} \times \frac{1}{1000} \times 100$$

D：希釈率
A：試料液の定容量(mL)
W：試料量(g)

⑤ 実験例

試　料：ひじき
試料量：1.006 g
前処理法：湿式分解法
分解試料溶液の定容量：100 mL
希釈率：1倍(本実験例では希釈をしていない)
検量線から求められた測定溶液の鉄濃度 2.073 μg/mL

$$鉄(mg/100\,g) = 2.073 \times 1 \times \frac{100}{1.006} \times 0.1$$

$$= 20.6$$

6-2　バナドモリブデン酸による全リンの比色定量

リンは，ほとんどの食品に含まれており，動物性食品では肉類，卵黄，乳製品，魚介類などに多く，植物性食品では穀類，豆類，種実類，藻類などに多い。リンは，食品中において，核酸，ヌクレオチド類などとして存在するだけでなく，牛乳中のカゼインにはリンタンパク質，卵黄にはリン脂質として含まれている。また，穀類や豆類においては，リンの主要な貯蔵形態であるフィチン酸として存在する。さらに，加工食品においても，清涼飲料水の酸味料にリン酸，食肉加工品や水産練り製品の改良に重合リン酸塩(ポリリン酸塩)など，リンを含む物質が食品添加物として利用されている。

食品成分表におけるリンの測定では，バナドモリブデン酸吸光光度法，モリブデンブルー吸光光度法，誘導結合プラズマ発光分析法が用いられている。

以下では，バナドモリブデン酸吸光光度法について述べる。本法は湿式灰化法，あるいは乾式灰化法にて試料を灰化後，試料溶液とし，リンをオルトリン酸に変換する。オルトリン酸がモリブデン酸と反応し，リンモリブデン酸となる。さらにバナジン酸と反応し，モリブドバナドリン酸を形成し，安定な黄色となる。その黄色の吸光度を測定することにより，リンを定量する。

⑤ 試　料

　無機質の定量のためには，あらかじめ試料中の有機物を分解し除去する，あるいは対象となる元素を試料から抽出する必要がある。その方法として，乾式灰化法，湿式分解法，希酸抽出法(ナトリウム，およびカリウム定量のための標準法)などがある。対象となる元素により適用できない方法があるので注意が必要である(表Ⅱ-6-1参照)。リンの場合，乾式灰化法，あるいは湿式分解法が可能である。以下では簡便な乾式灰化法について述べる。乾式灰化法の場合，灰化時に生成したピロリン酸を塩酸で加水分解し，オルトリン酸に変える必要がある。

①　試料に応じて適切な灰化容器に，5〜20gの試料を精秤する。水分の多い試料や液体状の試料の場合，水分を乾燥除去しておく。

②　マッフル炉に入れ，約100℃/時間で温度を上げ，500℃に達したら5, 6時間保持し，灰化する(あらかじめ赤外線ランプなどで穏やかに加熱し，ある程度炭化させておくと灰化しやすい)。

③　マッフル炉の電源を切り，扉を少し開ける。約200℃にまで，下がったら，灰化容器を取り出し，デシケーター内で放冷する。

④　灰を数滴のイオン交換水で湿らせてから，5mLの20% HCl溶液を加え，灰を溶解する。

⑤　水浴上もしくはホットプレート上で加熱し，蒸発乾固する。

⑥　約20mLの1% HCl溶液を加えて，水浴上もしくはホットプレート上で加熱し，残留物を溶解する。

⑦　ろ紙を用いて，溶液をろ過する。

⑧　⑥と⑦の操作をさらに3回繰り返す。

⑨　冷却後，1% HCl溶液で100mLのメスフラスコに定容し，試料溶液とする。

⑤ 試　薬

①　20% HCl溶液および1% HCl溶液

　市販の精密分析用塩酸を純水で希釈し，20% HCl溶液，および1% HCl溶液とする(精密分析用20% HCl溶液も市販されている)。

②　モリブデン酸アンモニウム溶液

　27gの七モリブデン酸六アンモニウム四水和物($(NH_4)_2MoO_4 \cdot 4H_2O$)を熱水200mLに溶解後，冷却する。

③　メタバナジン酸アンモニウム溶液

　1.12gのメタバナジン酸アンモニウム(NH_4VO_3)を熱水125mLに溶解する。溶液を冷却後，250mLの硝酸を少しずつ加えて混合する。

④　バナドモリブデン酸試薬

　③の溶液を撹拌しながら，②の溶液を徐々に加えて混合する。溶液を冷却後，1L容メスフラスコに移し，水で定容する。

⑤　リン標準溶液の原液（リン濃度として 1000 μg / mL）

　105℃ で 2 時間乾燥させたリン酸二水素一カリウム（KH_2PO_4）から 1.0985 g を秤り取る。これを適量の 1% HCl 溶液に溶解した後，250 mL メスフラスコに移し，1% HCl 溶液で定容する。

⑥　検量線作成用リン標準溶液

　⑤の原液から，リン濃度が 20 - 200 μg/mL となるように，別々に適量（例：2, 5, 10, 15, 20 mL（リン濃度 20, 50, 100, 150, 200 μg/mL））を採取し，それぞれを 100 mL のメスフラスコに入れ，1% HCl 溶液で定容する。

⑦　0.5M 水酸化ナトリウム溶液

　2 g の NaOH を 100 mL の水で溶解する。

⑤ 主な器具，装置

①　分光光度計

②　灰化容器

　口径 5～6 cm の白金製蒸発皿がすべての元素の分析に適用可能なので一般的に使用されるが，白金は高価である。リンの場合，磁性皿，ホウケイ酸ガラス容器（コニカルビーカー），石英ガラス容器も使用可能である。ただし，ホウケイ酸ガラス容器あるいは石英ガラス容器を用いる場合は，マッフル炉の温度が 500℃ を超えないようにする。

③　マッフル炉

　通常は 550℃ で使用するが，リンの場合，500℃ 以上の高温で加熱するとリンが揮散する恐れがあるため，マッフル炉の温度が 500℃ を超えないようにする。

⑤ 実験操作

①　上述の各検量線作成用リン標準溶液ならびに 1% HCl 溶液（空試験用）をホールピペットで 5 mL 採取し，50 mL 容のメスフラスコに入れる。また，試料溶液をホールピペットで 2 - 10 mL 採取（検量線のリン濃度の範囲に収まるように，採取量を調整する）し，50 mL 容のメスフラスコに入れる。

②　0.5 M 水酸化ナトリウム溶液で中和する（0.1% フェノールフタレイン/エタノール溶液を指示薬とし，溶液が微紅色になるまで加えるが，水酸化ナトリウム溶液の入れ過ぎに注意）。

③　各検量線作成用リン標準溶液ならびに 1% HCl 溶液の試料には 30 mL の純水を加える。次いで，バナドモリブデン酸試薬 10 mL を加え，純水で 50 mL に定容後，よく撹拌する（各検量線作成用リン標準溶液から調製したものを検量線作成用溶液とする。リン濃度 20, 50, 100, 150, 200 μg/mL の標準溶液から得られた検量線作成用溶液 50 mL 中のリン含量は，それぞれ 100, 250, 500, 750, 1000 μg である）。試料溶液の場合は，水を加えて約 35 mL とする。次いで，バナドモリブデン酸試薬

10 mLを加え，純水で50 mLに定容した後，よく撹拌する。

④　30分間静置後，分光光度計を用いて，410 nmにおける吸光度を測定する。

⑤　1% HCl溶液からの吸光度の値を空試験とし，検量線作成用溶液と試料溶液から得られた吸光度の値から差し引く。

⑥　検量線作成用溶液から得られた吸光度の値を用いて，最小二乗法により検量線を作成し，試料溶液から得られた吸光度の値を代入し，試料溶液中のリン含量を求める。

◎ 実験フローチャート

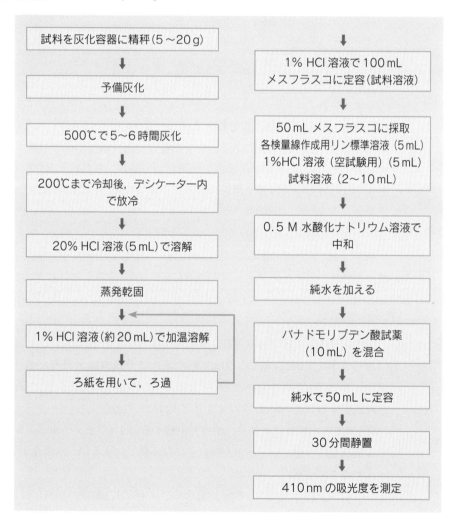

⑤ 実験結果の計算

得られたリン含量の値を次の計算式に当てはめ，試料中のリン含量(mg/100g)を求める。

$$\text{リン含量}(\text{mg}/100\,\text{g}) = A \times \frac{V}{v} \times \frac{(100/\text{w})}{1000}$$

A：検量線から求めた測定用試料溶液50mL中のリン含量(μg)
V：試料溶液の全量(mL)
v：試料溶液の採取量(mL)
W：試料の採取量(g)

⑤ 実験例

検量線(図Ⅱ-6-4)と実験例の結果を以下に示す。

試　料：低リンミルク L. P. K.(100g 当たりリンを80mg 含む)

灰化容器：100mL コニカルビーカー

試料の採取量：5.038g

試料溶液の全量：100mL

試料溶液の採取量：5.0mL

空試験の吸光度を差し引いた後の測定用試料溶液の吸光度：0.189

検量線：Y = 0.000977X + 0.0149

検量線から求めた測定用試料溶液50mL中の

$$\text{リン含量}(\mu\text{g}) = \frac{(0.189 - 0.0149)}{0.000977} = 178.2$$

$$\text{試料中のリン含量}(\text{mg}/100\,\text{g}) = A \times \frac{V}{v} \times \frac{(100/W)}{1000}$$

$$= 178.2 \times \frac{100}{5.0} \times \frac{(100/5.038)}{1000} = 71$$

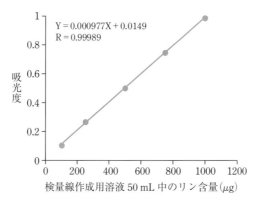

図Ⅱ-6-4　リン標準溶液を用いた検量線

6-3　キレート滴定によるカルシウムの定量

　カルシウムは人体に最も多く含まれており，骨や歯を構成する重要なミネラルである。また血液や筋肉，神経内に存在する微量のカルシウムは，細胞の分裂分化，筋肉収縮，神経興奮の抑制，血液凝固作用の促進などに関与している。カルシウムを多く含む食品には，乳・乳製品，小魚類，海藻類などがあるが，食品からのカルシウム吸収率は約30％とあまり高くはなく，摂取不足になりやすいミネラルとして注意が必要である。

　食品成分表におけるカルシウムの測定には，機器分析法が用いられているが，キレート滴定法も多量のカルシウムを測定するのによい方法として知られている。キレート滴定はキレート試薬が金属イオンと安定な錯体を形成することを利用して金属イオン濃度を求める方法である。

🜂 測定原理

　金属イオンと結合して安定な錯体(キレート)を形成する有機化合物をキレート試薬という。キレートとは「カニのはさみ」を意味するギリシャ語に由来するが，金属イオンが複数の配位座をもつキレート試薬にカニばさみで，はさまれたような錯塩を形成する。キレート試薬であるエチレンジアミン四酢酸(EDTA)とカルシウムイオン(Ca^{2+})のキレートは図Ⅱ-6-5のように形成される。

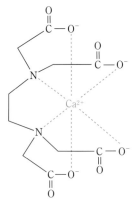

図Ⅱ-6-5　EDTAとカルシウムイオンのキレート形成

　カルシウムのキレート滴定では，EDTAと図Ⅱ-6-6に示す2-ヒドロキシ-1-(2-ヒドロキシ-4-スルホ-1-ナフチルアゾ)-3-ナフトエ酸(NN指示薬)の2つのキレート試薬を使用する。NN指示薬はpH 12～13のときカルシウムイオンのみとキレートを形成する指示薬で，遊離状態では青色，キレート状態では赤色を示す。図Ⅱ-6-7に示すように，カルシウムイオンとNN指示薬がキレート化合物を形成している溶液(赤色)にEDTA溶液(無色)を滴下していくと，EDTAはキレート状態のNN指示薬からカルシウムイオンを奪ってより安定なキレートを形成し，NN指示薬は遊離の青色に戻る。EDTAはカルシウムイオンと1：1のモル比で反応するので，すべてのカルシウムイオンがEDTAと反応すると溶液は青色になる。この赤色から青色への変化を終点として滴定することで，カルシウムの定量ができる。

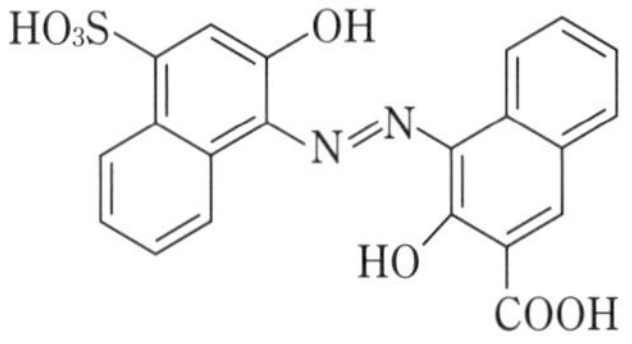

図Ⅱ-6-6　NN指示薬の構造

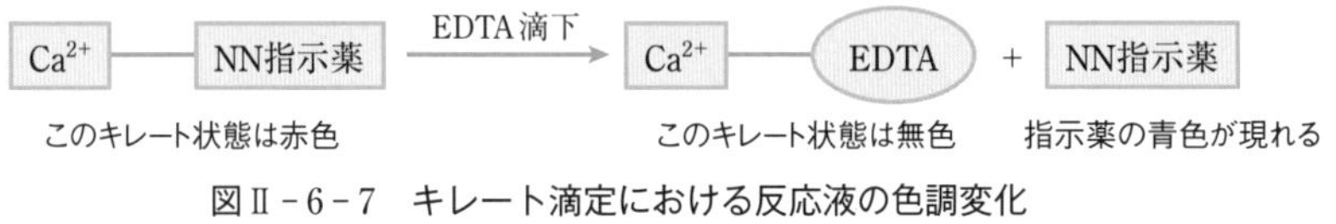

Ca²⁺ ─ NN指示薬 　→(EDTA滴下)→ 　Ca²⁺ ─ EDTA ＋ NN指示薬

このキレート状態は赤色　　　　　　　　このキレート状態は無色　　指示薬の青色が現れる

図Ⅱ-6-7　キレート滴定における反応液の色調変化

A 試料調製

前述の乾式灰化法，湿式分解法，あるいは希酸抽出法に従って調製する。

B 試薬調製

- 0.01 M エチレンジアミン四酢酸(EDTA)溶液

エチレンジアミン四酢酸2ナトリウム3.80 gを精秤し，純水に溶解して1000 mL 容メスフラスコに洗いこみ，定容する。

- 0.01 M 炭酸カルシウム溶液

炭酸カルシウム1.00 gを精秤し，純水100 mLと2 M 塩酸10 mLを加えて溶解させ，1000 mL 容メスフラスコに洗いこみ，定容する。

- 8 M 水酸化カリウム溶液

45 gの水酸化カリウムを60〜70 mLの純水に溶解させ，室温まで冷却した後100 mL 容メスフラスコに純水で洗い込み，定容する。

- 5% トリエタノールアミン

トリエタノールアミン5 gを95 mLの純水と混合する。

- NN 指示薬

2-ヒドロキシ-1-(2-ヒドロキシ-4-スルホ-1-ナフチルアゾ)-3-ナフトエ酸1.00 gと硫酸カリウム100 gを混合し乳鉢でよく粉砕混合する。硫酸カリウムと混合済みのNN 希釈粉末も市販されている。

C 主な器具，装置

- ビュレット
- メスフラスコ

D 実験操作

< 0.01 M EDTA 溶液のファクター(f)の求め方>

① 0.01 M 炭酸カルシウム溶液20 mLをホールピペットで採取し，200 mL 容の三角フラスコに入れる。

② ここに純水20 mL，8 M KOH 溶液2 mLを加えて混合し，3〜4分間放置する。この間に試料中のマグネシウムなど目的外の金属イオンを水酸化物として沈殿させることができる。KOHと混合後，すぐに NN 指示薬を加えると目的外の金属イオンと NN 指示薬がキレートを形成するので注意する。

③ NN 指示薬0.05 gを加えて混合する。

④ 共存イオンのマスキング剤として5% トリエタノールアミンを5〜6滴加えて混合した後，EDTA 溶液で滴定し，溶液が赤紫色から青色に変わった点を終点とする。

0.01 M 炭酸カルシウム溶液の力価 ＝ 炭酸カルシウム怦取量(g)/0.1001

0.01 M EDTA 溶液の力価 ＝ (0.01 M 炭酸カルシウム溶液の力価 × 20)/ EDTA 溶液の滴定値(mL)

<試料中のカルシウム定量>

① 試料溶液20 mLをホールピペットで採取し，200 mL 容の三角フラスコに入れる。

② ここに純水20 mL，8 M KOH 溶液2 mLを加えて混合する。

③　NN 指示薬 0.05 g を加えて混合する。（注意：過剰に添加すると終点の判定がしにくくなる）

④　トリエタノールアミン 5〜6 滴加えて混合した後，力価の分かっている EDTA 溶液で滴定し，溶液が赤紫色から青色に変わった点を終点とする。

実験フローチャート

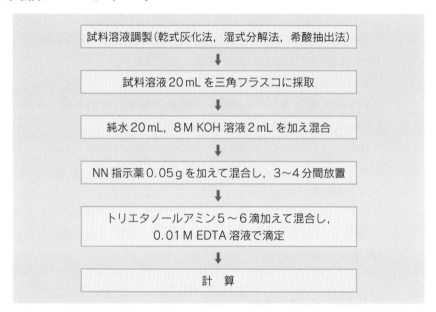

実験結果の計算

カルシウム含量$(\text{mg}/100\,\text{g}) = (0.40 \times T \times F) \times D \times 100 / S$

T：0.01 M EDTA の滴定値(mL)

F：0.01 M EDTA の力価

D：希釈倍率

S：試料採取量(g)

0.40：0.01 M EDTA 1 mL に相当するカルシウム量(mg)

実験例

試料：市販脱脂粉乳

試料採取量：1.603 g

試料をポリエチレンボトルにとり，1% 塩酸 100 mL を加えて 50℃のウォーターバスで時々振り混ぜながら 20 分間抽出し，ろ紙（No.2）でろ過したものを試料溶液とした。

0.01 M EDTA の力価：1.0199

0.01 M EDTA の滴定値：10.67 mL

$$試料中カルシウム含量(\text{mg}/100\,\text{g}) = \frac{(0.40 \times 10.67 \times 1.0199) \times 100}{1.603} = 1358$$

Column　水の硬度とキレート滴定

　　EDTA は優れたキレート試薬として知られており，2価以上の金属イオンとイオンの電荷に関係なく1対1で反応し，キレートを形成する。広範囲の金属イオンとキレートを形成するため，2種以上の金属イオンが共存する中で特定の成分を滴定する場合には，pH の調節やマスキング剤を用いるなどの工夫が必要となる。

　　水は硬度により「軟水」と「硬水」に分類される。天然水中には通常カルシウムイオン Ca^{2+} とマグネシウムイオン Mg^{2+} の両方が存在するが，硬度とは，水に含まれるこれら2つのイオンの量を炭酸カルシウム $CaCO_3$ の量(mg/L)に換算した数値で表したもので，硬度の低い水を「軟水」，高い水を「硬水」という。水の硬度は EDTA を用いたキレート滴定法で測定でき，試料を緩衝溶液で pH 10 とし，エリオクロムブラック T (EBT 指示薬)を使って滴定すると Ca^{2+} と Mg^{2+} の含量が求められる。今回の実験方法と同様に，試料を水酸化カリウムで pH 12〜13 にし，NN 指示薬を用いれば Ca^{2+} のみの含有量を求めることができる(カルシウム硬度)。この2つの滴定値の差から Mg^{2+} の量を算出したものがマグネシウム硬度である。

　　水中の Ca^{2+} と Mg^{2+} は，主に地質によるもので，ヨーロッパは平坦な大地が広がるため地中滞在時間が長く，ミネラル分の多い石灰岩の地層が多いため硬度が高い傾向がある。これに対し日本では，河川も短く比較的短時間で地下水が地層を流れていくため，硬度が低くなる傾向がある。水の硬度はその地域の食習慣にも影響している。和食の基本となる昆布やかつお節の「だし」をとるには，ミネラル成分の少ない軟水の方が適しているのに対し，西洋料理で肉を煮込む料理には硬水が向いているといわれる。日本国内でも水の硬度は異なり，それに呼応するかのように，日本各地で使用されている「だし」の種類も異なる傾向がある。

実験7　食塩の定量

　食品の調理・加工において食塩の利用は欠かせない。加工食品においては呈味性だけでなく加工性・保存性に関わってくるため，重要な管理項目である。食塩を定量的に測定するためにはナトリウムもしくは塩化物イオンのどちらかを測定する。特に加工食品を対象とした分析においては，添加される食塩が相対的に多いこともあって，塩化物イオンを測定するのが一般的で，得られる結果にそれほどの不都合は生じない。

　ところが，よくいわれる健康に対する食塩の害というのは，ナトリウムイオンの過剰摂取によるものと考えられているため，実験の目的によっては，塩化物イオンを対象とした方法だけでは不十分であり，原子吸光法を用いてナトリウムそのものを測定する。

　本項では，食塩の代表的な定量方法として塩化物イオンを測定する硝酸銀滴定法とナトリウムを測定する原子吸光度法を中心に述べる。なお，これらの方法はどれも間接的な方法であり，出てくる数値を食塩換算しなければならず，真の食塩定量法ではないことは念頭において実験を始めてほしい。

7-1　硝酸銀滴定法による塩化物イオンの定量

　この方法はモール(Mohr)法とよばれるもので，溶解度の差を利用した沈殿反応を応用したものである。試料溶液中の塩化物イオンとクロム酸イオンが共存する系に硝酸銀溶液を滴下していくと，まず溶解度の小さい塩化銀(白色)が沈殿し始める。続いて，塩化銀の沈殿が終わり，過剰の硝酸銀が滴下されると，赤褐色のクロム酸銀が沈殿し始めるため，滴定終点を見極めることができる。

$$NaCl + AgNO_3 \longrightarrow AgCl \downarrow + NaNO_3$$
(白色沈殿)

$$K_2CrO_4 + 2AgNO_3 \longrightarrow Ag_2CrO_4 \downarrow + 2KNO_3$$
(赤褐色沈殿)

　留意点として試料溶液の pH は 6.5 〜 10.5 の範囲であることが望ましい。これより酸性の場合はクロム酸イオンが重クロム酸イオンになりクロム酸銀を生成しにくい。アルカリ性の場合は滴定終点の前に酸化銀が生成しやすくなるため，誤差が生じやすくなる。

　その他に，この原理を応用した電量滴定法を利用すると，指示薬ではなく，塩化銀の沈殿に伴う電位差検出により終点を判定するため，簡便に測定することができる。また，電解液にごく少量の試料を加えるため，試料の pH を気にすることなく，抽出試料液量や試薬の量を節約することができる。

試 料

　試料を細切後，5～10 g を秤取し，純水 20～30 mL を加えてホモジナイズする。100 mL に定容し，十分に振とうしたら，5分程度放置後，乾燥ろ紙でろ過した液を供試液とする。

試 薬

①　塩化ナトリウム(NaCl)標準溶液

　硝酸銀溶液のファクターを求めるために必要である。乾燥させた NaCl（標準試薬）を約 120 mg を三角フラスコに精秤し，20 mL の純水に溶解する。なお，塩化ナトリウムの乾燥は 500～650℃ 下で1時間程度行う。

②　0.1 M 硝酸銀(AgNO₃)溶液

　AgNO₃ 約 17.0 g に純水を加えて溶解し 1 L とする。褐色びんに入れ，暗所に保存する。試料を測定する前にファクター(f)を求めておく。

③　7.5%クロム酸カリウム(K₂CrO₄)指示薬

　特級の K₂CrO₄ 7.5 g に純水を加えて溶解し 100 mL とする。沈殿指示薬となる。沈殿滴定の指示薬は反応後の色を強くするため多量に使うことが多い。

主な器具

①　ビュレット(褐色)
②　コニカルビーカー

実験操作

A　硝酸銀溶液のファクター(f)の測定(必要に応じて実施)

　試薬①で調製した NaCl 溶液に K₂CrO₄ 指示薬 1 mL を加え，AgNO₃ 溶液をビュレットから滴下する。初めは黄色の溶液中に白色沈殿が現れ，しばらくすると滴下した部分が赤褐色となるが，振り混ぜると消失する。赤褐色の消失を確認しながら一滴ずつ加える。よく振り混ぜてもわずかに着色して消えなくなった点を滴定の終点とする。少なくとも3回測定を行い，平均をとる。

$$0.1\,M\ AgNO_3\,溶液のファクター(f) = \frac{NaCl\,の秤取量}{NaCl\,の1モル相当量 \times 滴定値} \div 0.1$$

〔例〕　NaCl を 120.8 mg 秤取，純水 20 mL に溶かし，0.1 M 硝酸銀溶液で滴定したところ，20.36 mL で終点になったとすると

$$f = \frac{120.8}{58.44 \times 20.36} \div 0.1 = 1.015$$

　調製した 0.1 M AgNO₃ 溶液の f = 1.000 であるとき，本溶液滴定量 1 mL 当たりの NaCl は 5.844 mg に相当する。したがって，f = 1.015 のときの NaCl は 5.932 mg に相当する。

なお，慣れないうちは沈殿滴定の終点は判定しにくいので，食塩，水，クロム酸カリウムを同様に三角フラスコに溶かした黄色溶液を横において比較しながら行うとわかりやすい。

B　試料の滴定操作

①　ろ過した供試液10mLを100mLコニカルビーカーに採取する。

②　K_2CrO_4指示薬1mLを加える。

③　0.1M $AgNO_3$溶液で滴定する。

⑤ 実験フローチャート

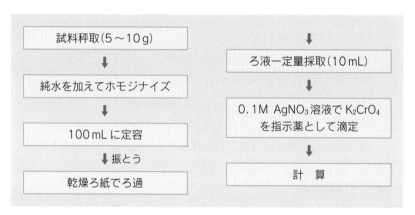

⑤ 実験結果の計算

滴定後，次式によって食塩濃度を求める。

$$食塩(\%) = 0.005844 \times T \times D \times \frac{100}{W} \times f$$

T：滴定値(mL)
D：希釈倍数(100mLに定容し，10mLを滴定に使用した場合，$\frac{100}{10} = 10$)
W：試料秤取量(g)
f：0.1M $AgNO_3$溶液のファクター

⑤ 実験例

試料：たくあん漬

試料秤取量：9.875g

希釈率：100mLに定容後，その10mLを滴定に使用

　0.1M $AgNO_3$溶液の滴定値　5.49mL

　0.1M $AgNO_3$溶液のファクター　1.015

$$食塩(\%) = 0.005844 \times 5.49 \times \frac{100}{10} \times \frac{100}{9.875} \times 1.015 = 3.30$$

7-2　原子吸光法を用いたナトリウムの定量

　　モール法と異なり，食品中のナトリウム量を測定する方法で，きわめて感度が高い。食品成分表をみるとわかることだが，生鮮食品のような原材料となる食品では，カリウムなど多くの金属元素はナトリウム含量より高いことが多い。そのため，食塩添加されている加工食品を除き，より厳密な数値を知る場合には，原子吸光法による測定を行う必要がある。

　　しかし，他の方法と比較すると高感度であるため，安定した測定結果を得るには，試料調製が最も重要である。特に試料由来以外のナトリウムの汚染防止に注意をはらわなければならない。案外見落としがちなのは，器具としてあたりまえのように使われているガラス容器などである。試料調製の際にガラス器具からナトリウムの溶出が起きるので，プラスチック製の容器を使用する。また，食品中の遊離型のナトリウムイオンは純水でも抽出可能であるが，低ナトリウム食品の測定や厳密な測定においては，それ以外に結合型のナトリウムも重要になってくるので，1％塩酸もしくは1％硝酸による希酸抽出が行われる。

◎ 試　料

①　食品試料10gを1％硝酸溶液でホモジナイズした後，室温1時間抽出し，100mLに定容する。

②　プラスチック製の試験管に移し入れ，遠心分離（3,000rpm，20分間）を行う。

③　上清を試料液とする。

注〕　原子吸光光度計の詳しい操作は取り扱い説明書等を熟読した後，分析を開始する。また，「実験6.無機成分の定量」で希酸抽出法について解説している。

◎ 試　薬

① 希釈用1％硝酸溶液の調製

　　原子吸光分析用の60％硝酸を純水で希釈する。専用の60％硝酸中にも微量のナトリウムが含まれるため，大量調製し，試料調製の際には同じ溶液を用いる。コック付きのポリタンクを使うと便利であるが，ゴム製のパッキンが使われていないものを用いる。

② 0.1％ナトリウム標準原液の調製

　　原子吸光分析用の市販の標準原液を用いる。あるいは塩化ナトリウム標準試薬を硝酸銀滴定法に準じて乾燥させ，2.542gを正確に秤取し，1％硝酸で溶解し1Lとする。

③ 検量線用ナトリウム標準溶液の調製

　　0.1％ナトリウム標準原液を希釈用硝酸で100倍希釈し，検量線作成用標準溶液（0.5〜2.5μg/mL）を下記の表Ⅱ-7-1を参考に10mL×3本ずつプラスチック製試験管に調製する。

表Ⅱ-7-1　検量線用試料の混合量

	検量線試料濃度				
	0.5 μg/mL	1.0 μg/mL	1.5 μg/mL	2.0 μg/mL	2.5 μg/mL
10 μg/mL (100倍希釈液)	0.5 mL	1.0 mL	1.5 mL	2.0 mL	2.5 mL
希釈液(1%硝酸)	9.5 mL	9.0 mL	8.5 mL	8.0 mL	7.5 mL

主な器具，装置

① プラスチック製の実験器具(ビーカー，メスフラスコなど)

② 原子吸光光度計(ナトリウム用ランプ，無機成分の定量を参照)

③ 遠心分離機(3,000 rpm が可能なもの)

実験操作

① 試料液を適宜希釈し，原子吸光光度計に導入する。

② 検量線より希釈試料液のナトリウム濃度(μg/mL)を求め，食塩換算係数2.54 を用いて換算する。

実験結果の計算

$$食塩(\%) = ナトリウム濃度(\mu g/mL) \times 2.54 \times 希釈率 \times \frac{定容液量}{試料秤取量} \times 0.0001^{注)}$$

注〕 $0.001 : \frac{1}{1000}(\mu g \to mg) \times \frac{1}{1000}(mg \to g) \times 100 (\%表示にする)$

7-3　その他の食塩定量法

A　電気伝導度を利用した簡易食塩分析

　一般的に食塩の簡易測定法として比重(ボーメ計)や屈折率を利用した測定方法がある。これらは単純溶液の場合はきわめて便利であるが，食品のように複雑な組成を有する試料の場合，困難さを伴うことが多い。そこで，塩化ナトリウムが電解質であることを利用した水溶液中の電気伝導度から食塩濃度を簡易的に求める方法を紹介する。

　溶液の電気伝導度(導電率)とは，不純物が0に近い純水が電気を通しにくいのに対して，水に電解質イオン(ナトリウムイオンや塩化物イオンなど)を溶解させると逆に電気を通しやすくなる性質を有するようになることを原理とし，そのときの電気抵抗から食塩濃度を測定するものである。利点として非電解質である糖やアルコール(厳密にはアルコールはわずかに電離する)などは導電率に対し影響を与えないことがあげられる。また，有機酸やアミノ酸などは弱電解質であるため電離度が小さく，食塩と比べると濃度が相対的に低いことが多いため，導電率に与える影響は小さい。

　ただし，しょうゆのような濃厚試料の場合，他成分との物理化学的な相互作用や濃度上昇に伴い電離度が小さくなるため，測定が困難になる。また，導電率は温度依存の影響を受けやすいため，電極と測定対象試料の間に温度差があると，表Ⅱ-7-2のようにデータのばらつきが生じやすくなるため，温度がなじむのを待つ必要がある。

表Ⅱ-7-2　室温(電極温度，27℃)下での各種温度3% NaCl
溶液の測定値

	試料温度	
	13℃	45℃
0秒	2.34	4.3
20秒	2.63	3.6
40秒	2.87	3.3
60秒	2.96	3.2
70秒	–	3.1

測定にはアタゴ ES - 421 を使用

　モール法の試料調製法に順じて食品試料の水抽出を行う。このときの希釈率は5〜
10倍程度にすると行いやすい。ろ過したサンプルを電極部に接触させると導電率よ
り換算された食塩濃度が表示される。表Ⅱ-7-3にそのデータを示した。これは漬物
について測定した一例であるが，10倍希釈によって得られる数値に補正係数を乗じ
ることでモール法とほぼ同じ結果が得られる。ただし，あくまで簡易的な定量方法で
あるため，すべての食品に一律の補正係数を求めることは困難である。そこで利用す
るにあたっては，補正係数の算出や補正値と許容誤差範囲などの基礎データを蓄積し
ていくことが重要である。また，モール法が容量%で表されているのに対し，電導度
法は重量%で表されることが多いため，試料分析の際には注意する必要がある(表Ⅱ-
7-3)。

表Ⅱ-7-3　電気伝導度法とモール法の比較

種　類	モール法	電気伝導度[注]	補正係数	補正係数の平均	補正値	モール法との差
たくあん漬	3.5	4.3	0.81	0.8	3.4	− 0.10
きゅうり糠漬	2.1	2.8	0.75		2.2	0.1
だいこん一夜漬	3.3	4.3	0.77		3.4	0.1
きゅうり一夜漬	2.9	3.7	0.78		3.0	0.10

注〕　測定にはアタゴ ES - 421 を用い，10倍希釈液の測定値をもとに算出

B　ボーメ比重計による食塩の定量

　しょうゆや食塩水では比重をボーメ度で表すことが慣用され
ている。また，漬物工業では塩蔵原料の食塩量を揚り水のボー
メ度で推定し，品質管理の基礎にしている。

　ボーメ度の求め方自体は簡単で検液をシリンダーにとり，
ボーメ比重計を浮かべ図Ⅱ-7-1のようにメニスカスの上端を
読めばよい。この際問題になるのはボーメ比重計の選択と試料
溶液の温度である。ボーメ比重計は水より重い液に用いるボー
メ重液計と軽い液に用いるボーメ軽液計とがある。重液計は

図Ⅱ-7-1　ボーメ
比重計の使用法

15℃における水の浮点を0°，10%食塩水の示す浮点を10°として，この間を10等分し目盛りをつけ，さらに10度以上の重い液のため目盛りを延長したものである。軽液計はそれとは逆に10%食塩水の示す浮点を0°，水の示す浮点を10°としたものである。食品関係では主として重液計が用いられるのでその0～35°ぐらいのものを1本購入しておくと便利である。次に液温であるがボーメ計は，液温15℃における示度を付してあるので検液を加温あるいは冷却して15℃としてから測る必要がある。もし，やむなく15℃より低温，あるいは高温で測定する場合は，温度1℃ごとに0.05を低温では差し引き，高温では加える。

　例えば，5℃におけるボーメ計の示度の溶液10°の正しいボーメ度は

$$10 - |0.05 \times (15° - 5°)| = 10 - 0.5 = 9.5°$$

になる（表Ⅱ-7-4）。

表Ⅱ-7-4　食塩水のボーメ度，比重，濃度の関係（15℃）

ボーメ度	比　重	食塩(%)	ボーメ度	比　重	食塩(%)
1	1.0060	0.95	12	1.0907	12.28
2	1.0140	1.93	13	1.0990	13.36
3	1.0212	2.93	14	1.1074	14.47
4	1.0285	3.93	15	1.1160	15.59
5	1.0358	4.95	16	1.1247	16.67
6	1.0434	5.96	17	1.1335	17.78
7	1.0509	6.98	18	1.1425	18.92
8	1.0587	8.02	19	1.1516	20.07
9	1.0665	9.08	20	1.1608	21.18
10	1.0745	10.15	21	1.1702	22.32
11	1.0825	11.20	22	1.1793	23.99

　ボーメ度(Be')と比重(D)，食塩含量の関係は表Ⅱ-7-5に示す通りであるが，計算で求める場合は次式による。

$$D = \frac{144.30}{144.30 - Be'} \text{（重液計）}$$

$$D = \frac{144.30}{144.30 - Be'} \text{（軽液計）}$$

表Ⅱ-7-5　調味漬のボーメ示度と食塩量

	ボーメ示度	硝酸銀滴定法
はりはり漬A	17.6	11.2
はりはり漬B	17.5	10.8
福神漬A	18.2	9.5
福神漬B	19.8	10.7

食品工業で簡易食塩分析にボーメ計を使うことは往々にしてみられるが，比重計であることを考慮して，比重に影響を与える食塩以外の共存物質のない状態で実施しなければならない。したがって，実用性のあるのは漬物の塩蔵時の揚り水の食塩量の推定くらいである。福神漬けなど調味漬の調味液の食塩をボーメ計で測ることがあるが，これは表Ⅱ-7-5に示したように硝酸銀滴定法との間に大きな差があって実用性は皆無である。

Column　食塩の定量

　食品を扱う現場に行くと，思った以上に食塩濃度について気を遣わなければならないことが多いが，いまだにベロメーターに頼っているところも少なくない。また，仮にきちんと行われていたとしても，硝酸銀滴定法に多くを頼っているのが現状である。研究室にいる人間からすると，硝酸銀滴定法を現場に導入するなんて，なんと面倒くさいと思いがちであるが，驚くことなかれ，実際にそれを導入しているところでは，ほんの数分の間に希釈から滴定まで実に見事にこなしている。現場の方々の努力には頭が下がる思いである。

　本文中で取り上げた硝酸銀滴定法は初期投資が小さく原理的にしっかりした測定法ではあるが，より簡便かつ正確な数値が得られる分析法があればと，紹介したのが電気伝導度法による分析である。食品の直接測定を行うには，原理上なかなか難しいところではあるが，電極部に浸すだけといった簡便さは何物にも変えがたい大きな強みである。一方，電気伝導度法で得られる数値をそのまま信じたいところだが，この方法は塩化ナトリウム溶液の電気の流れを基準にしているため，表示される数値をそのまま用いるのはあまりおすすめできない。そこで，この2つの方法によって得られるデータを蓄積し，比較検討してみてはいかがだろうか。そうすることで，補正係数等を利用することにより，有効活用できるところがみえてくるのではないかと思われる。

実験8 **pH の測定と滴定酸度による有機酸の定量**

食品の pH あるいは滴定酸度は，いくつか重要な意味をもっている。その第一は味覚に関するもので，果物はその酸と甘味で絶妙な風味をつくっているし，加工食品では乳酸飲料，発酵漬け物，酢漬類，あるいは，すし，なますなど多くのものが酸によって風味を出している。第二に保存に関するもので，pH は食品中の微生物の発育増殖を左右する大きな要因となる。食品の pH が低いほど保存性は高まるし，酸型保存料(ソルビン酸など)を添加した場合も効果はきわめて増強される。そして第三に水産物，畜肉類，油脂の酸敗などの検査に pH 測定が大きな意義をもつ場合が多い。特に牛乳では，滴定酸度が乳酸酸度として新鮮乳規格の一つになっている。一方，pH あるいは滴定酸度を無視すると味のバランスが崩れたり，変敗が促進されたり，酸型保存料(ソルビン酸など)では効果がおちたり，沈殿したりして問題を起こす。食品の pH 測定，あるいは滴定酸度のチェックは簡単な実験ではあるが，食品分析にとって重要な項目になっている。

8-1 pH の測定

水溶液の酸性・アルカリ性の程度は，水素イオン濃度，すなわち pH で示すことができる。pH の理論は成書に譲るが，pH 7 を中性，7 より小さければ酸性，7 より大きければアルカリ性としている。pH の測定には pH 試験紙による方法と pH メーターによる電気的測定法がある。

pH 試験紙は pH 指示薬をしみ込ませた pH 試験紙を使用するもので，簡便に pH を知ることができるが正確度は劣る。正確な値を測定する場合や緩衝液の調製では pH メーターを使った測定が一般的である。

A pH 試験紙による方法

pH 試験紙は pH 指示薬をしみ込ませ乾燥してつくられている。含まれる試薬によって測定できる pH 範囲が異なる。この試験紙の小片を検液に浸し，その呈色を 0.2 ずつの変化で示した標準変色表と比較して近似的に pH を知るわけであるが，0.2 から 0.4 の誤差は避けられない。複数の指示薬を組み合わせた万能 pH 試験紙もある。

使用時は以下のことに注意する。

① pH 試験紙は容器に入れ，遮光保存する。

② 使用する場合は，3〜5 mm の長さに切り，検液に浸して直ちに引き上げ，標準変色表と比較する。着色液の pH を見る場合は，試験紙が検液に触れた部分から，毛管現象で吸い上げられる部分について起こる変色を比色する。

③ 使用する試験紙は，検液の pH が試験紙変色範囲の中間くらいに属するものを用いる。

④ 標準変色表はプラスチックケースに入れるか，ラミネート加工して汚れないようにするとよい。変色させた紙片を直接表の上に置かない。現在使用されている

pH試験紙を表Ⅱ-8-1に示す。

表Ⅱ-8-1　pH試験紙として用いられる色素

色　素	略　語	変色範囲	酸性色～アルカリ性色
クレゾールレッド	CR	0.4～2.0	赤～黄
		7.2～8.8	橙～赤
チモールブルー	TB	1.4～3.0	赤～橙
		8.0～9.6	黄～青紫
ブロムフェノールブルー	BPB	2.8～4.4	黄～紫
ブロムクレゾールグリーン	BCG	4.0～5.6	黄緑～青
メチルレッド	MR	5.4～7.0	赤～黄
ブロムクレゾールパープル	BCP	5.6～7.2	黄～青紫
ブロムチモールブルー	BTB	6.2～7.8	黄～青
アリザリンイエロー	AZY	10.0～12.0	黄緑～赤橙
アルカリブルー	ALB	11.0～13.6	青～赤紫

B　pHメーターによる方法

　ガラス電極と比較電極の2本の電極を用い，この2本の電極の間に生じた電位差を測定することで測定液のpHを知る方法をガラス電極法という。pHメーターは，検出部（ガラス電極，比較電極，温度補償電極）と指示部（検出されたpHを指示する）に分けられる。最近はガラス電極，比較電極，温度補償電極の3つが一体化された複合電極がよく使用される（図Ⅱ-8-1）。

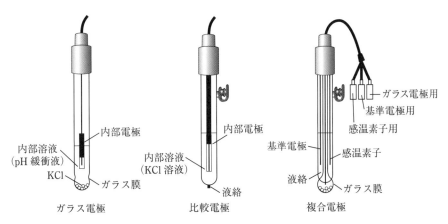

図Ⅱ-8-1　pHメーターの電極

（1）　電極と取り扱い

①　ガラス電極

　ガラス管の先端にpHに応答する特殊なガラス膜がついた電極で，ガラス膜の両側にpHの異なった溶液があると，pHの違いに応じた起電力が生じる。ガラス電極の先端部は薄いガラス膜でできており破損しやすいため，保護キャップを取り付けて使

用する。また，ガラス膜部分は乾燥させると正確な測定ができなくなる場合がある。使用しないときは電極の先端部分を内部液や専用の保存液で浸した状態で保存する。

② 比較電極

　ガラス電極に発生した電位差を測定するためにガラス電極と組み合わせて用いられる電極で，水溶液のpHと無関係に一定の電位を示す。被測定液と電気的接続を保つために先端に液絡部が設けられている。比較電極の内部液は電位を支配するので純度が高いことが重要である。ほとんどの場合，塩化カリウム溶液が用いられているが，補充あるいは交換する際は，専用のものを選ぶ。

③ 温度補償電極

　検液の温度に応じて変わるガラス電極の起電力を自動的に補償する電極

(2) 校　正

　pHメーターは，測定の前にpH標準液(表Ⅱ-8-2)を用いて補正する。通常はまずpH7の標準液でゼロ点補正を行い，次に測定しようとする溶液が酸性ならpH4，アルカリ性ならpH9の標準液で校正する。校正後は，電極を純水で洗浄して先端の電極膜部分を純水に浸けた状態にしておく。複合電極を用いたpHメーターは，標準液に浸すと自動的に補正するものが多いが，機種により取り扱いが異なるので詳細は説明書を参照する。pH標準液は，長期間の保存によってpH値が変化することがあるため，保存方法と保存期間に注意する。特にアルカリ性の標準液は，pH値が低下しやすく長期保存できない。また，一度校正に使用した標準液は処分する。

表Ⅱ-8-2　pH標準液の種類と組成

名　称	組　成	pH(25℃)
フタル酸塩標準溶液	0.05 M フタル酸水素カリウム水溶液	4.01
中性リン酸塩標準溶液	0.025 M リン酸二水素カリウム／0.025 M リン酸水素二ナトリウム水溶液	6.86
ホウ酸塩標準溶液	0.01 M 四ホウ酸二ナトリウム水溶液	9.18

(3) 測定法

　一般的な測定手順を示す。

① 電極を純水で洗浄し，キムワイプで軽く拭いて水気を除く。

② 測定したい溶液に電極を入れ，マグネチックスターラーなどでゆっくりと撹拌しながら測定する。液絡部が溶液に浸っていること，スターラーの回転速度が速すぎないよう注意する。pHメーターの指示値が安定したところを読みとる。

③ 使用後は速やかに電極を水洗し，純水中に浸しておく。

8-2 滴定酸度による有機酸の定量

　試料100gまたは100mLに対する0.1M水酸化ナトリウム溶液の滴定値を滴定酸度とする。天然，あるいは加工食品中の有機酸は1種類のみとは限らず，多くの有機酸が混在しているが，この滴定酸度を食品中の主要な有機酸に換算した値を試料100gまたは100mLに含まれる有機酸量として表すこともできる。

　表II-8-3に食品の主な有機酸を示す。

表II-8-3　食品の主な有機酸

食品名	主体的有機酸
りんご，もも，なし，かきなど	リンゴ酸
ぶどう	酒石酸
柑橘類	クエン酸
乳製品および発酵漬物	乳　酸
酢　漬	酢　酸
油脂類	オレイン酸
バター	酪　酸

Ⓢ 試　薬

① 0.1M水酸化ナトリウム溶液

　NaOH 4gを水に溶解した後，1Lのメスフラスコで定容する。1MのNaOHを希釈してもよい。0.05Mコハク酸あるいは0.05M無水フタル酸の標準試薬を使ってファクター(f)を求める。

〈0.1M水酸化ナトリウム溶液のファクター(f)の求め方〉

　コハク酸(分子量118.09)の場合は，約6gを正確に秤り取り，1Lメスフラスコに純水で定容し正確に濃度のわかっている0.05M近似のコハク酸溶液をつくる。この液20mLをピペットで三角フラスコにとり，1%フェノールフタレイン1滴を加えて標定すべき0.1M水酸化ナトリウム溶液で滴定を行う。

　例えば，コハク酸(2価)5.9110gをとって1Lとし，その20mLを中和するのに21.20mLの0.1M水酸化ナトリウム溶液を要したとすると，ファクター(f)は以下のように求められる。

$$モル濃度 = \frac{\dfrac{5.9110}{118.09} \times 2 \times 20}{21.20 \times 1} = 0.09444$$

$$0.1M 水酸化ナトリウム溶液のファクター(f) = \frac{0.09444}{0.1} = 0.9444$$

② 1%フェノールフタレイン溶液

　フェノールフタレイン1gを95%エタノール100mLに溶解する。

Ⓢ 主な器具

① 乳　鉢
② 乳　棒
③ ビュレット
④ メスフラスコ

実験操作

A 液体試料の場合

　一定量をピペットで三角フラスコにとり，1%フェノールフタレイン溶液を数滴加えて0.1M水酸化ナトリウム溶液で滴定する。牛乳では，10mLに煮沸冷却純水10mLを加えたものを試料とする。

B 固体試料の場合

　① 約10gの試料を精秤し，乳鉢と乳棒で磨砕し，純水を加えて250mLのメスフラスコに洗い込む。磨砕がうまくいかない場合は，少量の海砂を加えてもよい。

　② 8分目ほど純水を加えてから栓をして10分間強くフラスコを振って有機酸が純水によく抽出されるようにする。その後，純水で定容する。

　③ 定容後，再びよく混合した希釈液を乾燥ろ紙でろ過し，そのろ液20～50mLを三角フラスコに取り，1%フェノールフタレイン溶液を数滴加えて0.1M水酸化ナトリウム溶液で滴定する。

C 着色試料の場合

　液体試料，固体試料を調製したあと採取量に見合った大きさのビーカーに適量をとり，指示薬は入れずにpHメーターの電極を入れて0.1M NaOH溶液で滴定する。スターラーで撹拌しながら，pHが中性を示す滴定量を求める。酸性を示していて，中性になると急にアルカリ側に変わるので注意を要する。

実験フローチャート

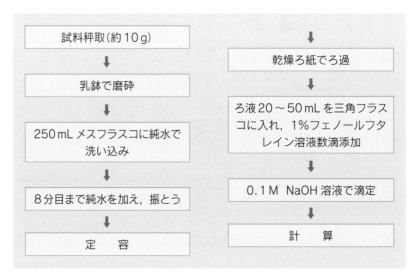

実験結果の計算

　試料100gあるいは100mLに対する0.1M水酸化ナトリウム溶液のmL数をその試料の滴定酸度とする。これを，有機酸量で表す場合は，表II-8-4を参考にして計算する。

表Ⅱ-8-4　NaOH溶液1mLに相当する有機酸量(mg)

酸	分子式	分子量	0.1 M NaOH	0.01 M NaOH
酢　酸	$C_2H_4O_2$	60.0	6.0	0.60
酪　酸	$C_4H_8O_2$	88.1	8.8	0.88
乳　酸	$C_3H_6O_3$	90.1	9.0	0.90
リンゴ酸	$C_4H_6O_5$	134.1	6.7	0.67
酒石酸	$C_4H_6O_6$	150.1	7.5	0.75
クエン酸	$C_6H_8O_7 - H_2O$	210.1	7.0	0.70
オレイン酸	$C_{18}H_{34}O_2$	282.3	28.2	2.82

〔例1〕：梅干し　　　　　　　　　　〔例2〕：牛乳

$$クエン酸(\%) = \frac{T \times f \times 0.007}{S} \times 100 \qquad 乳酸^{注]}(\%) = \frac{T \times f \times 0.009}{V \times SG} \times 100$$

T：0.1 M 水酸化ナトリウム溶液の滴定値(mL)　　V：試料採取量(mL)

f：0.1 M　水酸化ナトリウム溶液のファクター　　SG：試料の比重

S：試料秤取量(g)

注〕　新鮮牛乳の乳酸度は，乳等省令により0.18%以下に規定されている。

🅢 実験例

（1）　梅干しの有機酸

試料秤取量：10.2162 g

　　磨砕し250 mLに定容

　　ろ液20.0 mLをとり0.1 M 水酸化ナトリウム溶液で滴定

滴定値：4.81 mL

　　0.1 M 水酸化ナトリウム溶液のファクター　1.003

$$滴定酸度 = 4.81 \times \frac{100}{10.2162} \times \frac{250}{20.0} \times 1.003 = 590$$

有機酸量（クエン酸換算）

　　有機酸(mg) = 滴定酸度 × 7.0 mg

　　　　有機酸 = 590 × 7.0 mg = 4130

　　　　梅干しの有機酸(%) = 4.13

（2）　牛乳の乳酸

試料採取量：10 mL

滴定値：1.92 mL

　　牛乳の比重　1.029

　　0.1 M 水酸化ナトリウム溶液のファクター　1.003

$$乳酸(\%) = \frac{1.92 \times 1.003 \times 0.009}{10 \times 1.029} \times 100 = 0.17$$

実験9　ビタミンの定量

　　日本食品標準成分表に収載されているビタミンは4種の脂溶性ビタミンと9種の水溶性ビタミンであり，これらの分析法は多岐に渡る。ここでは水溶性ビタミンのうち，ビタミンCとB群ビタミンであるナイアシンの定量を取り上げる。

　　食品中のビタミンCには還元型のアスコルビン酸と酸化型のデヒドロアスコルビン酸が含まれる。ビタミンCの定量には滴定法，分光法，電気化学的分析法，酵素法，高速液体クロマトグラフィー(HPLC)法など，さまざまな手法が用いられている。ここでは一般に広く用いられている　①還元型ビタミンCを定量するインドフェノール法，②総ビタミンCを定量するヒドラジン法について述べる。また③8訂日本食品標準成分表の栄養素表示で用いられているHPLC法について簡略に紹介する。

　　ナイアシンは植物性食品ではニコチン酸，動物性食品ではニコチン酸アミドとして含まれ，前者は肝臓で後者に変換され，体内代謝では多数の酸化還元反応を担う補酵素，ニコチンアミドアデニンジヌクレチド(NAD)とニコチンアミドアデニンジヌクレオチドリン酸(NADP)として機能する。ナイアシンの定量法としては，HPLC法と微生物学的バイオアッセイが知られる。バイオアッセイは感度がよく，夾雑物の影響も少ないなどの利点からよく利用される。8訂日本食品標準成分表でも採用されている。ここでは微生物を用いるバイオアッセイを取り上げる。

9-1　インドフェノール法による還元型ビタミンCの定量

　　還元型ビタミンC(以下アスコルビン酸)は酸化されやすく，強い還元作用を有するため，天然の食品中以外にも，抗酸化性の食品添加物として広く用いられている。

　　酸性溶液中のアスコルビン酸は2,6-ジクロロインドフェノール(以下インドフェノール)を還元する性質をもつ。酸化型インドフェノールは，弱酸性からアルカリ性で青色，酸性で紅色を示し，さらに還元型へと変換されると無色となる。これらの化学的特性を利用し，アスコルビン酸を定量することが可能である。

◎ 試　料

　① 試料5gを乳鉢に秤取し，2%メタリン酸溶液50mLと少量の海砂を加え，よく磨砕する。

　② ろ過後のろ液を試料溶液とする。

注〕　半固形・液体試料の場合は，必要に応じて2%メタリン酸溶液での希釈や遠心分離やろ過等の操作を行う。

◎ 試　薬

① 2%メタリン酸溶液

　メタリン酸10gを純水で溶解し，500mLに定容する。

② 0.00167 M（0.001 N）ヨウ素酸カリウム溶液

ヨウ素酸カリウム0.357 gを純水で溶解し，100 mLに定容する（遮光保存）。使用時は純水で100倍に希釈する。

③ 6％ヨウ化カリウム溶液

ヨウ化カリウム0.6 gを純水で10 mLに定容する。

④ 1％でんぷん溶液

可溶性でんぷん1 gを100 mLの純水に加温溶解し，防腐のために塩化ナトリウム30 gを加える。

⑤ アスコルビン酸標準液（0.04 mg / mL）

L-アスコルビン酸4 mgを2％メタリン酸溶液に溶解し，同溶液で100 mLに定容する。

⑥ インドフェノール溶液

2,6-ジクロロインドフェノールナトリウム二水和物1 mgを純水100 mLに溶解し，使用直前にろ過する。随時調製する。

⑦ 海　砂

必要に応じて

主な器具，装置

① 乳鉢・乳棒　　② ビュレット　　③ 三角フラスコ　　④ ホールピペット

実験操作

A　アスコルビン酸標準液の濃度検定

① 50 mL容三角フラスコにアスコルビン酸標準液5.00 mLをホールピペットで採取する。

② 6％ヨウ化カリウム溶液0.5 mLと1％でんぷん溶液数滴を駒込ピペットで加える。

③ 0.00167 Mヨウ素酸カリウム溶液をビュレットに入れ，フラスコ内の溶液を混和しながら滴下する。

④ 青色に変色する手前の終点を求める。

注〕　アスコルビン酸標準液の代わりに2％メタリン酸溶液5 mLを用いたものを空試験とし，その際の滴下量(mL)を差し引いたものをアスコルビン酸標準液への滴下量とする。

B　試料溶液中アスコルビン酸の定量

① 50 mL容三角フラスコにインドフェノール溶液25.0 mLをホールピペットで採取する。

② 濃度検定を行ったアスコルビン酸標準液と試料溶液をそれぞれビュレットに入れ，フラスコ内の溶液を混和しながら滴下する。

③ 三角フラスコ中のインドフェノール溶液が無色となる点を終点とする（溶液の色は青色→紅色→無色となる）。

⑤ 実験フローチャート

〈試験溶液の調製〉

試料5gを精秤
↓
2%メタリン酸溶液50mLを添加
↓
ホモジナイズ
↓
ろ　過

A　アスコルビン酸標準液の濃度検定

〈本試験〉　　　　　　　　　　　　　　　〈空試験〉

〈本試験〉	〈空試験〉
アスコルビン酸標準液5mLを採取	2%メタリン酸溶液5mLを採取
↓	↓
6%ヨウ化カリウム溶液0.5mLを添加	6%ヨウ化カリウム溶液0.5mLを添加
↓	↓
1%でんぷん溶液数滴を添加	1%でんぷん溶液数滴を添加
↓	↓
0.00167M ヨウ素酸カリウム溶液を滴下	0.00167M ヨウ素酸カリウム溶液を滴下
↓	↓
終　点(青色に変色する一適手前)	終　点(青色に変色する一適手前)

B　試料溶液中アスコルビン酸の定量

〈標準液〉　　　　　　　　　　　　　　〈試料溶液〉

〈標準液〉	〈試料溶液〉
インドフェノール溶液25mLを採取	インドフェノール溶液25mLを採取
↓	↓
アスコルビン酸標準液を滴下	試料溶液を滴下
↓	↓
終　点：V_1(無色)	終　点：V_2(無色)

⑤ 実験結果の計算

アスコルビン酸標準液の濃度検定

化学反応式

$$KIO_3 + 5KI + 6HPO_3 \longrightarrow 6KPO_3 + 3H_2O + 3I_2$$
ヨウ素酸カリウム

$$C_6H_8O_6 + I_2 \longrightarrow C_6H_6O_6 + 2HI$$
アスコルビン酸

上の反応式から1 molのヨウ素酸カリウム(KIO_3)は6 molのIを還元すること(KIO_3 1 molは6グラム当量であること)，1 molのKIO_3で3 molのアスコルビン酸（$C_6H_8O_6$）を酸化できることがわかる。このことから，1グラム当量のKIO_3は0.5 molのアスコルビン酸を酸化できることが示され，0.001 N KIO_3 1 mLでは0.088 mgのアスコルビン酸（分子量＝176.09）を酸化できると算出される。

したがって，アスコルビン酸標準液の濃度（mg/mL）は，以下の計算式より求めることができる。

アスコルビン酸標準液濃度（mg / mL）

＝アスコルビン酸標準液へのヨウ素酸カリウムの滴定値（mL）$\times \dfrac{0.088}{5}$

試料中アスコルビン酸の定量

試料中アスコルビン酸量は，次式によって算出する。

$$\text{試料中アスコルビン酸量（mg}/100\,\text{g）} = C \times \frac{V_1}{V_2} \times \frac{D}{W} \times 100$$

C： 検定したアスコルビン酸標準液の濃度（mg/mL）
V_1：インドフェノール溶液に対するアスコルビン酸標準液の滴定値（mL）
V_2：インドフェノール溶液に対する試料溶液の滴定値（mL）
D：希釈倍率
W：試料採取量（g）

⑤ 実験例

●試料：オレンジ中のアスコルビン酸量の定量

アスコルビン酸標準液濃度（mg/mL）

$$\text{アスコルビン酸標準液滴定値：}1.86\,\text{mL} = 1.86 \times \frac{0.088}{5}$$

$$= 0.0327$$

試料中アスコルビン酸量（mg/100 g）

アスコルビン酸標準液の滴定値：1.56 mL

試料溶液の滴定値：1.25 mL

$$= 0.0327 \times \frac{1.56}{1.25} \times \frac{50}{5.0132} \times 100$$

$$= 40.7\,\text{（mg}/100\,\text{g）}$$

9-2 　ヒドラジン法による総ビタミン C の定量

　　ヒドラジン法は2,4-ジニトロフェニルヒドラジンと酸化型ビタミンC(以下デヒド
ロアスコルビン酸)が反応し，赤褐色のオサゾン(2,4-ジニトロフェニルヒドラゾン)
が生成されることを利用した定量法である。本法ではアスコルビン酸を酸化させた後,
デヒドロアスコルビン酸量を測定することで，総ビタミン C を定量することが可能
となる。また，酸化剤(本稿ではインドフェノールを使用)処理を省くことで，試料溶
液中のデヒドロアスコルビン酸を定量し，これを総ビタミン C 量から差し引いてア
スコルビン酸量を算出することも可能である。

◎ 試　料

①　試料5〜10 g をすみやかに精秤し，5%メタリン酸溶液50 mL 中でホモジナイズ
する。

②　100 mL に定容後，ろ過し，そのろ液を適宜希釈して試料溶液とする。

◎ 試　薬

①　5 ％メタリン酸溶液

　　メタリン酸25 g を純水で溶解し，500 mL とする。

②　2 ％チオ尿素溶液

　　チオ尿素2 g を5%メタリン酸溶液98 mL に溶解する。

③　0.2 ％インドフェノール溶液

　　2,6-ジクロロインドフェノールナトリウム二水和物0.1 g を純水50 mL に溶解し，
使用直前にろ過する。

④　2 ％ヒドラジン溶液

　　2,4-ジニトロフェニルヒドラジン2 g を4.5 M 硫酸溶液(濃硫酸を4倍(v/v)に希釈
して調製)98 mL に溶解する。

⑤　85 ％硫酸

　　純水100 mL に濃硫酸900 mL を撹拌しながら加える。発熱するため調製時は注意が
必要である。

⑥　アスコルビン酸標準液

　　L-アスコルビン酸10 mg を5%メタリン酸溶液で100 mL に定容する。

　　さらに5%メタリン酸で5倍希釈したもの($20 \mu g/mL$)を使用する。

◎ 主な器具，装置

①　乳鉢・乳棒　　②　ガラス試験管　　③　ホールピペット

④　分注器　　　　⑤　恒温槽　　　　　⑥　分光光度計

◎ 実験操作

A　サンプルの処理

本法では全ての検体を同時に（うまく時間をずらしながら）操作する必要がある。

① 溶液2mLを各試験管（本試験用：1本，空試験用：1本）に採取する。

② 0.2%インドフェノール溶液を1～2滴添加し，1分間程度赤色が残ることを確認する。

注〕 溶液が直ちに透明になるようであれば，再度1～2滴加える。さらに透明になるようであれば，試料溶液中のアスコルビン酸が多量であるため，試料溶液を5%メタリン酸溶液で希釈する。

③ 2%チオ尿素溶液2mLを添加する（動物性食品の場合は代わりに2.5%（w/v）塩化第一スズ溶液を用いる）。

④ 本試験用の試験管に2%ヒドラジン溶液1mLを添加する。

⑤ 50℃の恒温槽中で1.5時間反応させる。

⑥ 氷冷する。

⑦ すべての試験管を氷冷しながら，分注器を用いて85%硫酸溶液5mLをゆっくり添加し，混和する。

⑧ 空試験用試験管に2%ヒドラジン溶液1mLを添加する。

注〕 硫酸添加により試験管内溶液の温度上昇が起こるため，特に注意する。
また，硫酸の比重は重いため均一となるように冷却後，十分混和する。

⑨ 室温で30分放置後，540nmで吸光度を測定する。

注〕 デヒドロアスコルビン酸を定量する際は，②の実験操作（0.2%インドフェノール溶液の添加）は行わない。また，定量の際には総アスコルビン酸の標準液検量線を用いる。

B　検量線の作成（試料溶液の試験と同時に行う）

◎ 実験フローチャート

A　試験溶液の調製

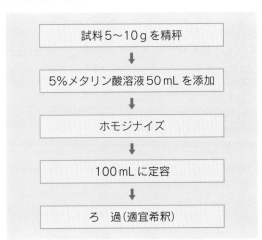

① アスコルビン酸標準液を5%メタリン酸溶液で段階希釈し，試料溶液と同様の操作を行う。

② アスコルビン酸標準液の吸光度から空試験の吸光度を減じた値を用いて検量線を作成する。

B　総ビタミン C, およびデヒドロアスコルビン酸の定量

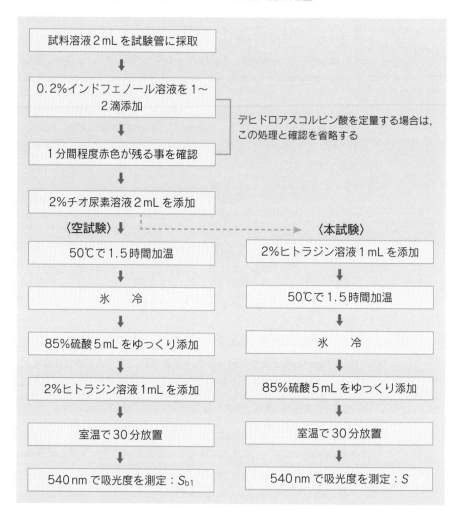

⑤ 実験結果の計算

作成した検量線の傾き(a)を用いて, 試料中総ビタミン C 量とデヒドロアスコルビ
ン酸量, アスコルビン酸量を算出する。

試料中総ビタミン C, またはデヒドロアスコルビン酸量 (mg/100 g)

$$= \frac{(S - S_{b1})}{a} \times D \times \frac{100}{W} \times \frac{100}{1000}$$

S：試料溶液本試験の吸光度
S_{b1}：試料溶液空試験の吸光度
a：アスコルビン酸標準液から作成した検量線の傾き
D：希釈倍率
W：試料採取量(g)

アスコルビン酸量 (mg/100 g)

= 試料中総ビタミン C 量 (mg/100 g) − 試料中デヒドロアスコルビン酸量 (mg/100 g)

実験例

● 試料：キウイフルーツ中のビタミン C 定量

検量線作成用アスコルビン酸標準液濃度と吸光度

アスコルビン酸標準液濃度(μg/mL)	O.D. 540 nm
5	0.042
10	0.089
20	0.187

● 総ビタミン C の検量線

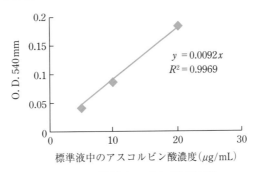

図Ⅱ-9-1　総ビタミン C 定量用検量線

総ビタミン C 量(mg/100 g)

試料採取量：5.81 g

試料溶液希釈倍率：4 倍希釈

空試験の吸光度：0.082

試料溶液中総ビタミン C の吸光度：0.177

$$= \frac{(0.177 - 0.082)}{0.0092} \times 4 \times \frac{100}{5.81} \times \frac{100}{1000}$$

$$= 71.09$$

デヒドロアスコルビン酸量(mg/100 g)

試料採取量：5.81 g

試料溶液希釈倍率：4 倍希釈

空試験の吸光度：0.082

試料溶液中デヒドロアスコルビンの吸光度：0.094

$$= \frac{(0.094 - 0.082)}{0.0092} \times 4 \times \frac{100}{5.81} \times \frac{100}{1000}$$

$$= 8.98$$

以上から

アスコルビン酸量(mg/100 g) = 71.09 - 8.98 = 62.11

9-3　順相 HPLC 法による総ビタミン C の定量

　ヒドラジン法ではビタミン C 以外にヒドラジンと反応し，オサゾンを形成する物質(ある種の酸化防止剤等)が含まれると測定結果に影響を及ぼす。そのため，現行の日本食品標準成分表2010における栄養素表示では，HPLC による分離操作を加え，より精度の高いビタミン C 定量を行っている。実験操作はメタリン酸で抽出した試料中のアスコルビン酸をインドフェノールで酸化させ，チオ尿素で過剰な酸化反応を停止後，ヒドラジン添加によりオサゾンを生成させる。ここまでの過程はヒドラジン法と同様であり，その後生成したオサゾンを酢酸エチルに転溶させ，脱水後 HPLC 法で分離したピークを検出する。分離条件はさまざまあるが，一例として移動相に酢酸-ヘキサン-酢酸エチル混液を用い，順相系カラムで 495 nm における分離ピークの検出を行う方法がある。

9-4　バイオアッセイによるナイアシンの定量

　ナイアシンとは，ニコチン酸およびニコチンアミドの総称であり，皮膚炎などをひき起こすペラグラの治癒に必要な因子である。栄養機能食品においても，ナイアシンの機能として皮膚や粘膜の健康維持を助ける栄養素として表示することが認められている。

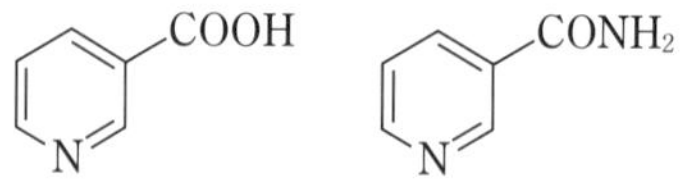

図Ⅱ-9-2　ニコチン酸およびニコチンアミドの構造

　逆相系の HPLC でも分析可能であるが，感度の点で厳しい。そこで，高感度と特異性の高さから微生物学的定量法(バイオアッセイ)を用いる。菌株には乳酸菌の一種である *Lactiplantibacillus plantarum* を用い，そのナイアシンに対する栄養要求性を利用した定量法を学ぶ。なお，本実験では微生物の基本的な取扱いについても学ぶ。

実験方法

A　使用微生物

Lactiplantibacillus plantarum ATCC 8014

B　培地の調製

(1)　保存用培地の調製

　一般乳酸菌接種用培地(ニッスイ)3.96 g と寒天 2 g を純水 100 mL に加熱溶解する。炭酸カルシウムを 0.5 g 加え，121℃，10 分間高圧蒸気滅菌を行い，試験管(18×180 mm)に 10 mL ずつ分注する。

(2) 接種菌用培地の調製

　一般乳酸菌接種用培地3.96 gを純水100 mLに溶解する。1 M塩酸でpH 6.8に調整し，試験管に4 mLずつ分注後，121℃，10分間高圧蒸気滅菌を行う。

(3) ニコチン酸定量用培地の調製

　ニコチン酸定量用培地「ニッスイ」7.7 gを純水80 mLで加熱溶解する。冷却後，1 M塩酸でpH 6.8に調整し，純水で100 mLに定容する。ちなみに，この培地は2倍濃度になる。

C　接種菌液の調製

(1) 凍結保存菌液の調製

　入手した菌株を保存用培地(B-(1))で37℃，20時間穿刺培養後，単一コロニーを接種菌用培地(B-(2))に接種し，37℃で20時間培養する。遠沈集菌し，滅菌生理食塩水で洗浄後，再度滅菌生理食塩水5 mlに懸濁する。121℃で10分間高圧蒸気滅菌した15 %(v/v)グリセリン-66.7 mMリン酸バッファー(pH 6.8)を200 μLと菌液200 μLをマイクロチューブに分注して混和し，分析時まで-80℃で保存しておく。

(2) 接種菌液の調製

　凍結保存菌液を乳酸菌保存用培地(B-(1))に35℃で20時間穿刺培養後，単一コロニーを接種菌用培地(B-(2))に接種し，37℃で20時間培養する。

培養後，遠沈集菌し，滅菌生理食塩水で洗浄後，660 nmにおける透過率が90〜95%前後になるように滅菌生理食塩水で希釈する。

D　標準液ならびに試料液混合培地の調製

(1) 検量線用ニコチン酸標準液混合培地の調製

　ニコチン酸標準品100 mgを25 %(v/v)エタノール溶液に溶かし100 mLに定容し，標準原液を調製する(1 mg/mL)。標準原液を純水で希釈し，100 ng/mLの希釈標準液を調製する。表にしたがって，ニコチン酸定量用培地5 mLに，希釈標準液を混合し，純水で全量を10 mLとし，121℃，5分間高圧蒸気滅菌を行う。

ニコチン酸最終濃度(ng/mL)	0	1.0	2.0	3.0	4.0	5.0	6.0	7.0	10	15
希釈標準液(mL)	0	0.1	0.2	0.3	0.4	0.5	0.6	0.7	1.0	1.5
純水(mL)	5.0	4.9	4.8	4.7	4.6	4.5	4.4	4.3	4.0	3.5
ニコチン酸定量用培地(mL)	5.0	5.0	5.0	5.0	5.0	5.0	5.0	5.0	5.0	5.0

(2) 測定用試料液混合培地の調製

　試料2 gを15 mL遠沈管に精枰し，0.5 M硫酸を50 mL加え，121℃で30分間加圧抽出を行う。冷却後，5 M水酸化ナトリウムでpH 6.8前後に調整する。純水で250 mLに定容し，ろ過を行ったものを試料抽出液とする。後の操作はD-(1)の調製に準ずる。

E　培養と測定

　前項で調製した各混合培地(D-(1)，D-(2))にC-(2)で調製した接種菌液を100 μL

ずつ接種し，37℃で20時間以上培養する。培養後は分光光度計を用いて，540〜680 nm の波長(例：660 nm)で濁度を測定する。セルではなく，マイクロプレートに移してから測定するのも可である。

　試験管を用いた培養であれば，通常のインキュベーターで十分である。マイクロプレートを用いた培養では，試料抽出液の添加法に工夫が必要となる。また，培養も CO_2 インキュベーターで行うと，培養が安定する。

実験結果

実験例

試料：だいこん
試料秤取量：2.00 g

　培養後，ナイアシンの検量線を660 nm で測定した濁度とニコチン酸量でプロットすると，図Ⅱ-9-3のようになった。

　一次回帰式は $y = 0.01502x + 0.1131$，

　相関係数は $R^2 = 0.992$ となり，良好な直線性が得られた。

　測定用試料液については，下記の表のように試料抽出液の添加量に応じた濁度が得られた。これを用いて検量線に代入すると，各試験管当たりのニコチン酸量を求めることができる。

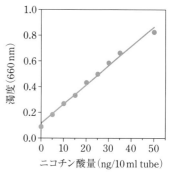

図Ⅱ-9-3　ナイアシンの検量線(ニコチン酸として)

表Ⅱ-9-1　だいこん中のナイアシン測定例

試料抽出液添加量	濁度	ニコチン酸量(ng/tube)
0.25 mL	0.225	7.65
0.5 mL	0.348	15.3
1.0 mL	0.567	29.0

　それぞれ，7.65 ng/0.25 mL，15.34 ng/0.5 mL，29.03ng/1.0 mL となるため，試料抽出液のナイアシン濃度は平均30.1 ng/mL と求められた。

　試料抽出液250 mL には2.00 g のだいこん試料が含まれている。ナイアシンも同様に試料抽出液250 mL に 30.1 × 250 = 7525 ng が含まれる。つまり，だいこん試料2.00 g に 7525 ng のナイアシンが含まれていることになる。結果として，だいこん試料100 g 当たりには，ナイアシンが376 μg 含まれることになる。

　ナイアシン当量は別に求めたトリプトファン量ともに下記の式を用いて，計算する。

$$\text{ナイアシン当量} = \frac{\text{ナイアシン量(ニコチン酸＋ニコチンアミド)} + \text{トリプトファン量} \times 1}{60}$$

なお，ナイアシン当量とは，ナイアシン活性をもつものとして上の計算式を用いてニコチン酸，ニコチン酸アミド，トリプトファンの量を合算した値をいう。2020年版「日本人の食事摂取基準」では，摂取基準量をナイアシン当量で示している。

また，トリプトファン量に1/60を乗じるのは，トリプトファンのニコチンアミド転換比率が重量比率で1/60であるためとされる。

Column　調理過程でのビタミンCの損失

食品素材は加熱等の調理過程を経て，食卓へと並ぶことが多い。このため，食事からビタミンCを摂取する場合には，食品素材中のビタミンC含有量だけではなく，調理工程や作業時間による損失，成分変化等も考慮する必要がある。例えば，ほうれんそうを茹でた場合では，数分の調理中にビタミンCが水に溶け出し，摂取できる量が50%程度まで減少してしまうことが知られている。このため，できるだけ水を使わず，短時間での調理がビタミンC保持には有効とされている。またビタミンCは容易に酸化されるため，すりおろし等を行った場合には，空気中の酸素と食品がもつ酵素により反応が進み還元型から酸化型への変換率が高くなる。酸化型と還元型のビタミンCの効力は同等とみなされており，現在では総ビタミンCでの摂取量が重要と考えられている。その一方で，酸化型ビタミンCは中性条件下で反応が進行すると，2,3-ジケトグロン酸に不可逆的に変換され，ビタミンCとしての効力を失うといわれている。

ビタミンCの生理機能

ビタミンは発見当初に生命を意味する「vital」と含窒素化合物の「amine」に由来して名付けられた。その名の通り，現在でもビタミン類は生命の成長・維持に必要な栄養素である。一方で，その後の研究によりアミンをもたないビタミンも存在することがわかっている。ビタミンCも構造中にアミンを含まないビタミンであるが，生体内での酸化還元反応に重要であり，生命活動を行ううえでは欠かすことはできない。また，他のビタミン類と同様に，ビタミンCも補酵素（酵素反応を触媒する物質）としての役割を担っている。具体的には，ビタミンCは細胞外基質の主成分であるコラーゲンの合成・保持に関与することが知られている。加えて，チロシン代謝の酵素反応にも利用されるため，それに関連するカテコラミン類の生成や脂質代謝にも重要である。

体内のビタミンCが欠乏した場合は，全身の倦怠感や皮下・歯肉などの出血，貧血，発育障害などを認める壊血病がひき起こされる。ビタミンCは水溶性であるため，体内の組織に蓄積できるものは少量と考えられている。ビタミンCを過剰に摂取した場合においては，水溶性であるためにすみやかに尿中に排泄され，重篤な障害につながりにくいとされている。

ビタミンCの化学構造

実験10　油脂の化学的試験

　油脂はグリセロールに脂肪酸がエステル結合したものであり，構成脂肪酸の組成により油脂の物理化学的性質は異なる。不飽和脂肪酸を含む油脂は酸化されやすく，その結果，着色，異臭，毒性が生じることが知られている。これらの酸敗現象は食用油，バターなどの動植物性食品素材から加工食品に至るまで広く発生し，食品の栄養価ならびに品質を低下させる。

　油脂本来の性質を知るためのケン化価およびヨウ素価，また酸敗の程度を示す酸価，カルボニル価，ならびに過酸化物価は食品の栄養，安全性および品質管理の点からきわめて重要である。参考のため，油脂を利用した食品に定められている規格基準と指導要領を表Ⅱ-10-1に，食用油脂の日本農林規格(JAS 規格)を表Ⅱ-10-2に示す。

表Ⅱ-10-1　油脂利用食品の酸価および過酸化物価の規格基準

食用精製加工油脂(食用植物油脂に該当するものを除く)	JAS 規格	酸価が0.3以下，過酸化物価が3.0以下であること
即席めん(油処理しためん)	JAS 規格	めんに含まれる油脂の酸価が1.5以下であること
	食品衛生法規格基準	めんに含まれる油脂の酸価が3，または過酸化物価が30を超えないこと
菓子類(油分10%以上)	菓子指導要領	酸価が3を超え，かつ，過酸化物価が30を超えないこと または，酸価が5を超え，または過酸化物価が50を超えるものであってはならない
洋生菓子	洋生菓子の衛生規範	原材料の油脂類は酸価3以下，過酸化物価30以下であること 製品に含まれる油脂の酸価が3，過酸化物価が30を超えないこと
弁当および総菜	弁当およびそうざいの衛生規範	原材料は酸価が1以下(ごま油は除く)，過酸化物価が10以下のもの 揚げ物用油脂は酸価が2.5を超えたもの，カルボニル価が50を超えたものは新しい油と交換すること

10-1　ケン化価(SV)

　ケン化価(saponification value)とは，油脂1gを完全にケン化するのに要する水酸化カリウムのミリグラム数をいう。ケン化価は，その油脂の構成脂肪酸の分子量の大小を表し，油脂固有の値を示す(表Ⅱ-10-2)。1g中に含まれる油脂分子の数が多いほど，すなわち構成脂肪酸の炭素鎖が短く，分子量が小さい油脂ほど，ケン化するのに要する水酸化カリウム量は多くなる。したがって，ケン化価が高い油脂ほど長鎖脂肪酸の含量は少ない。ただし，酸価の高い油脂では水酸化カリウムの一部が遊離脂肪酸の中和に使われるので，油脂のケン化に利用されるよりも多くの水酸化カリウムが消費される。そこでケン化価から酸価を差し引いたものを，特にエステル価とよんで区別することがある。

表Ⅱ-10-2　食用植物油脂の日本農林規格（JAS規格）

原　料	油脂の種類	酸　価	ケン化価	ヨウ素価
大　豆	精製油 サラダ油	0.20以下 0.15以下	189～195	124～139
綿　実	精製油 サラダ油	0.20以下 0.15以下	190～197	102～120 105～123
ご　ま	ごま油 精製油	4.0以下 0.20以下	184～193	104～118
なたね	精製油 サラダ油	0.20以下 0.15以下	169～193	94～126
こ　め	精製油 サラダ油	0.20以下 0.15以下	180～195	92～115
落花生	落花生油 精製油	0.50以下 0.20以下	188～196	86～103
オリーブ	オリーブ油 精製油	2.0以下 0.60以下	184～196	75～94
ぶどう	精製油 サラダ油	0.20以下 0.15以下	188～194	128～150
パーム	精製油	0.20以下	190～209	50～55
や　し	精製油	0.20以下	248～264	7～11
調合油[注]1	精製油 サラダ油	0.20以下 0.15以下[注]2	－	－

注]1　食用植物油脂に属する油脂(香味食用油を除く)のうち，いずれか2以上の油を調合したもの。
注]2　オリーブ油を調合したものは0.40以下であること。以上のほか，一般状態(香味)，水分やきょう雑物量，不ケン化物量，サラダ油にあっては，冷却試験に関わる規格等が提示されている。

Ⓢ 試　料

　室温で液状の油脂は駒込ピペットを用いて三角フラスコに秤量し，バターやマーガリンのような固形の試料は薬さじで直接三角フラスコに秤り取るか，試験管の割片上に秤り取り，三角フラスコに割片ごと投入する。

　魚介類および肉類などは，適量をホモジナイザーで均一にし，適量の無水硫酸ナトリウムを加えてさらさらにする。ここにジエチルエーテルを加えて3回抽出する。抽出液を約10 mLまで減圧濃縮し，濃縮液をパスツールピペットで乾燥した三角フラスコに入れ，窒素気流下でエーテルを除去し，秤取する。

　インスタントラーメンなど水分の少ない試料は乳鉢で磨砕し，上記同様にエーテルで抽出，次いで秤取する。

試　薬

① 0.5 M 水酸化カリウム / エタノール溶液

KOH 32 g を秤取し，ビーカー中でなるべく少量の純水を用いて溶解させ，1 L 容メスフラスコに95%エタノールを用いて洗い込み定容する。

〈0.5 M 塩酸溶液のファクター(f)の求め方〉

濃塩酸 42 mL を1 L メスフラスコにとり，純水で定容しファクター(f)を求める。

この溶液のファクターを求めるには，Na_2CO_3 や $KHCO_3$ などを標準物質として用いる。特級炭酸水素カリウム（分子量100.1）約 500 mg を精秤し，200 mL 容三角フラスコに入れ，純水 50 mL を加えて溶解する。ここにメチルレッド指示薬2〜3滴を加え，0.5 M 塩酸溶液で滴定する。黄色から赤色に変色するところを終点とし，次式によりファクターを求める。

$$モル濃度 = \frac{炭酸水素カリウム秤取量(g) \times 1000}{100.1 \times 滴定値(mL)}$$

$$ファクター(f) = \frac{モル濃度}{0.5}$$

② 1%フェノールフタレイン溶液

フェノールフタレイン 1 g を95%エタノール 100 mL に溶解する。

③ 0.2%メチルレッド溶液（ファクター測定用）

メチルレッド 0.2 g を95%エタノール 100 mL に溶解する。

主な器具

① 300 mL の三角フラスコ

1 m の長さのガラス管冷却器を取り付ける。

② ビュレット

③ ウオーターバス

実験操作

① 300 mL 容三角フラスコに試料 2 g を精秤し，0.5 M 水酸化カリウム/エタノール溶液 25 mL を加える。

② これにガラス管冷却器を取りつけ，80℃のウォーターバス中で30分間，ときどき三角フラスコを振りながら加熱する。

③ 放冷後冷却器を取り外し，1%フェノールフタレイン溶液を2〜3滴加え，0.5 M 塩酸溶液で滴定する。溶液の赤色が完全に消失したときを終点とする。

④ 本試験と並行して試料のみを除いた空試験を同時に行う。

実験フローチャート

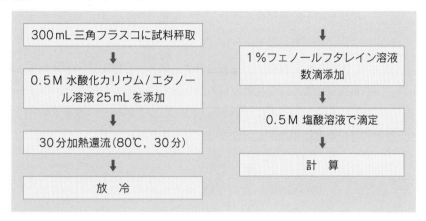

実験結果の計算

$$\text{ケン化価} = \frac{(T_0 - T_1) \times 28.05 \times f}{S}$$

T_1：本試験滴定値(mL)

T_0：空試験滴定値(mL)

S：試料秤取量(g)

f：0.5M塩酸溶液のファクター

28.05は0.5M水酸化カリウム/エタノール溶液1mL中のKOH量(mg)

実験例

試料：大豆油

試料秤取量：1.9754g

滴定値

　本試験　7.60mL

　空試験　20.65mL

0.5M塩酸溶液のファクター　1.038

$$\text{ケン化価} = \frac{(20.65 - 7.60) \times 28.05 \times 1.038}{1.9754} = 192.3$$

10-2　ヨウ素価(IV)

　ヨウ素価(iodine value)は，油脂に吸収されたハロゲンの量をヨウ素に換算し，油脂100gに対するヨウ素のグラム数で表したものである。ヨウ素は油脂中の不飽和結合の部分に付加されるので，ヨウ素価の高い油脂ほど，油脂中に不飽和脂肪酸が多く含まれていることを示す。一般にヨウ素価100以下のものを不乾性油といい，ヨウ素価100〜130のものを半乾性油，ヨウ素価130以上のものを乾性油とよんでいる。

　また，ヨウ素価は酸化，加熱劣化度が高くなるほど減少するので，同一油について経時的にこれを測定すれば，酸価同様，酸敗度の目安になる。

◎ 測定原理

油脂中の不飽和結合の部分に，一塩化ヨウ素(ICl)は反応①のように付加する。

$$\cdots - CH = CH - \cdots + ICl \longrightarrow \cdots - CHI - CHCl^- - \cdots\cdots\cdots①$$

したがって，過剰の一塩化ヨウ素を加えておいて反応させた後，残存する未反応の一塩化ヨウ素をヨウ化カリウムで反応②のように分解させ，生じた遊離ヨウ素をチオ硫酸ナトリウム溶液にて滴定し(反応③)，空試験との差を求めれば，吸収された一塩化ヨウ素量に相当するヨウ素の量として求められる。

$$ICl + KI \longrightarrow I_2 + KCl \cdots\cdots\cdots\cdots\cdots\cdots②$$

$$I_2 + 2Na_2S_2O_3 \longrightarrow Na_2S_4O_6 + 2NaI \cdots\cdots③$$

◎ 試 料

ヨウ素価測定の場合には，油脂の種類により秤取量が異なるので最適量を採取する。大豆油，ブドウ油などの乾性油，魚油の場合は0.1～0.2g，ごま油，なたね油，こめ油などの半乾性油では0.2～0.3g採取するのが適当である。オリーブ油，落花生油などの不乾性油では0.3～0.4g，牛脂，豚脂などの固体脂肪は0.8～1.0gが適量である。

◎ 試 薬

① ウィイス試薬(ICl の酢酸溶液)

三塩化ヨウ素(ICl_3)7.9gとヨウ素8.7gを別々のビーカーに採取し，それぞれ適量の酢酸で加温溶解後，混合して1L容メスフラスコに移して氷酢酸を用いて完全に洗い込み，さらに氷酢酸を加えて定容する。これを褐色試薬びんに入れて保存する。市販品を用いてもよい。

② シクロヘキサン

③ 10%ヨウ化カリウム溶液

KI 10gを水90mLに溶解する。

④ 1%でんぷん溶液

可溶性でんぷん1gを水100mLに加温溶解する。

⑤ 0.02Mヨウ素酸カリウム溶液(ファクター測定用)

標準試薬のヨウ素酸カリウム(KIO_3)の結晶粉末を120～140℃で2時間乾燥した後，その4.2800gを秤取し，水で溶解した後，1L容のメスフラスコで定容する。

4.2800gを採取せず任意の値を取った場合は，後の計算でそのファクターを乗ずる必要がある。

〔例〕 4.0215gを秤取したとすると

$$ファクター(f) = \frac{4.0215}{4.2800} = 0.9396$$

⑥ 0.12Mチオ硫酸ナトリウム溶液

チオ硫酸ナトリウム($Na_2S_2O_3 \cdot 5H_2O$)30gを秤取し，水で溶解した後，1L容のメ

スフラスコで定容し，ファクターを求める。ファクターはわずかながら減少していくので，そのつど再標定することを原則とする。

〈チオ硫酸ナトリウム溶液のファクター(f)の求め方〉

0.02 M KIO$_3$溶液 10 mL を 300 mL 容共栓付き三角フラスコにとり，1 M 硫酸溶液 10 mL，10%ヨウ化カリウム溶液 5 mL を加える。よく振り混ぜて 5 分間放置し，ヨウ素を遊離させる。ここに純水 150 mL を加えて 0.12 M チオ硫酸ナトリウム溶液で滴定する。溶液が淡黄色になったら 1%でんぷん溶液 1 mL を加え，溶液の青色が完全に無色になるまで滴定を続ける。0.02 M KIO$_3$の代わりに水を加えた空試験を同時に行う。

この滴定では，以下の化学反応式に従って酸化還元反応が進む。

$$KIO_3 + 5KI + 3H_2SO_4 \longrightarrow 3K_2SO_4 + 3H_2O + 3I_2$$

$$2Na_2S_2O_3 + I_2 \longrightarrow 2NaI + Na_2S_4O_6$$

したがって，1 mol の KIO$_3$により生成するヨウ素（3 mol）との反応が完結するためには 6 mol のチオ硫酸ナトリウムが必要である。すなわち，この一連の酸化還元反応の完結に必要なチオ硫酸ナトリウムのモル数は，KIO$_3$のモル数のちょうど 6 倍になるので，次の等式が成立する。

$$Na_2S_2O_3\text{溶液のモル濃度} \times \frac{Na_2S_2O_3\text{溶液滴定値}(mL)}{1000}$$

$$= \frac{KIO_3\text{溶液採取量}(mL)}{1000} \times KIO_3\text{溶液モル濃度} \times f \times 6$$

したがって

$$Na_2S_2O_3\text{溶液のモル濃度} = \frac{KIO_3\text{溶液採取量}(mL) \times KIO_3\text{溶液モル濃度} \times \text{ファクター} \times 6}{Na_2S_2O_3\text{溶液滴定値}(mL)}$$

〔例〕 $f = 0.9396$の 0.02 M KIO$_3$溶液 10 mL を採取し，Na$_2$S$_2$O$_3$溶液 9.51 mL で滴定終了したとすると（空試験 0.16 mL）

$$\text{モル濃度} = \frac{10 \times 0.02 \times 0.9396 \times 6}{9.51 - 0.16} = 0.1206\,M$$

$$f = \frac{0.1206}{0.12} = 1.005$$

Ⓢ 主な器具

① 500 mL の共栓付き三角フラスコ

② ビュレット

Ⓢ 実験操作

① 500 mL 容共栓付き三角フラスコに試料の適量を精秤し，シクロヘキサンを 10 mL 加えて完全に溶解する。

② これにウィイス試薬を正確に 25 mL 加え，栓をした後，軽く振り混ぜて，常温，暗所に放置する。ときどき振り混ぜながら，ヨウ素価 150 以下の油脂は 1 時間，ヨウ素価 150 以上の油脂は 2〜3 時間放置する。

③ 10%ヨウ化カリウム溶液 20 mL と純水 200 mL を加えて 0.12 M チオ硫酸ナトリウム溶液で滴定する。溶液が淡黄色になったら 1%でんぷん溶液 5 mL を加え，激しく振とうしながら，溶液の青色が完全に無色になるまで滴定を続ける。

④ 本試験と並行して試料のみを除いた空試験を同時に行う。

◎ 実験フローチャート

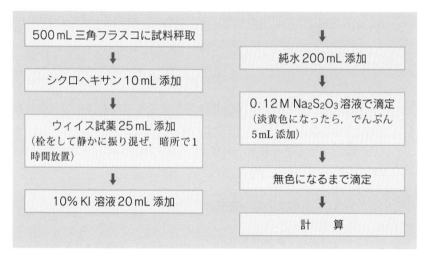

◎ 実験結果の計算

$$ヨウ素価 = \frac{(T_0 - T_1) \times 0.0152 \times f \times 100}{S}$$

T_1：本試験滴定値(mL)

T_0：空試験滴定値(mL)

S：試料秤取量(g)

f：0.12 M チオ硫酸ナトリウム溶液のファクター

0.0152 は 0.12 M チオ硫酸ナトリウム溶液 1 mL に相当する I_2 量(g)

($\because$ 1M ICl $\equiv$ 1M I_2 $\equiv$ 2M $Na_2S_2O_3$，124 ページの反応①〜③を参照)

◎ 実験例

試　料：大豆油

試料秤取量：0.1476 g

滴定値

　本試験　21.31 mL

　空試験　34.50 mL

0.12 M チオ硫酸ナトリウム溶液のファクター：0.9673

$$ヨウ素価 = \frac{(34.50 - 21.31) \times 0.0152 \times 0.9673 \times 100}{0.1476} = 131.4$$

10-3 酸価（AV）

　酸価（acid value）とは，油脂1g中に含まれる遊離脂肪酸を中和するのに要する水酸化カリウムのミリグラム数のことで，油脂の酸敗の程度を示す値である。油脂は，保存中，あるいは加熱によって加水分解が進行し，遊離脂肪酸（RCOOH）を生ずる。遊離脂肪酸は蓄積されるので，それを中和するのに必要な水酸化カリウムの量，すなわち酸価の値は加水分解の進行とともに増大する。

$$RCOOH + KOH \longrightarrow RCOOK + H_2O$$

ⓢ 試　料

　ケン化価の場合と同様に調製後，表Ⅱ-10-3を参考にして，試料を秤取する。酸価100以上ということは，油脂の構成脂肪酸により少し異なるが，油脂100g中50g以上が遊離脂肪酸になっている状態である。表Ⅱ-10-2に示したように，市販されている食用油の酸価はきわめて低い。

表Ⅱ-10-3　酸価と試料秤取量

酸　価	0〜5	5〜15	15〜30	30〜100	100<
秤取量(g)	20	10	5	2.5	1

ⓢ 試　薬

① 0.1M 水酸化カリウム / エタノール溶液

　KOH 6.4g を小ビーカー中でなるべく少量の純水を用いて溶解させ，1L 容メスフラスコに95％エタノールを用いて洗い込み定容する。2〜3日放置後にろ過し，ファクターを求める。

〈ファクター（f）の求め方〉

　標準物質の安息香酸（C_6H_5COOH，分子量122.12）0.2〜0.3gを精秤し，ジエチルエーテル-エタノール混液（2：1）を10mL加えて溶解し，1％フェノールフタレインを指示薬として0.1M水酸化カリウム/エタノール溶液で滴定する。次式によりファクター（f）を求める。

$$モル濃度 = \frac{安息香酸秤取量(g) \times 1000}{122.12 \times 滴定値(mL)} \qquad ファクター（f）= モル濃度 \times 10$$

　または，ファクターのわかっている0.1M塩酸溶液25mLをホールピペットで三角フラスコにとり，1％フェノールフタレインを指示薬として滴定し，次式により求めてもよい。

$$ファクター（f）= \frac{25.00 \times 0.1M 塩酸溶液ファクター}{0.1M 水酸化カリウム/エタノール溶液の滴定値(mL)}$$

② ジエチルエーテル-エタノール混液

　ジエチルエーテルと95％エタノールを容量比2：1の割合で混合する。

③ 1％フェノールフタレイン溶液

　ケン化価の測定で使用したものと同じでよい。

主な器具
① 200 mL の三角フラスコ
② ビュレット

実験操作
① 適量の試料を精確に200 mL 容三角フラスコに精秤し，ジエチルエーテル-エタノール混液20 mL を加えて溶解する。試料量が多く溶けないときは，混液の量を50〜100 mL と増やす。

② ここに1%フェノールフタレイン溶液を指示薬として，0.1 M 水酸化カリウム-エタノール溶液で滴定する。

③ 本試験と並行して試料のみを除いた空試験を同時に行う。

実験フローチャート

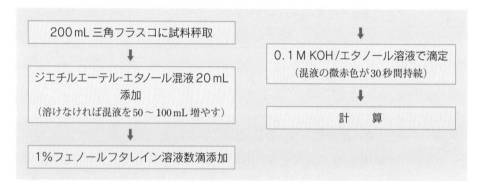

実験結果の計算

$$酸価 = \frac{(T_1 - T_0) \times 5.611 \times f}{S}$$

T_1：本試験滴定値(mL)

T_0：空試験滴定値(mL)

S：試料秤取量(g)

f：0.1 M 水酸化カリウム/エタノール溶液のファクター

5.611は0.1 M 水酸化カリウム/エタノール溶液1 mL 中の KOH 量(mg)

実験例
試料：調合油(サラダ油)

試料秤取量：20.1000 g

滴定値

　本試験　0.20 mL

　空試験　0.05 mL

0.1 M 水酸化カリウム/エタノール溶液のファクター：1.001

$$酸価 = \frac{(0.20 - 0.05) \times 5.611 \times 1.001}{20.1000} = 0.04$$

10-4 過酸化物価(POV)

過酸化物価(peroxide value)は，油脂にヨウ化カリウムを加えたときに遊離するヨウ素を油脂1kg当たりのミリグラム当量で表したものをいう。油脂の酸敗の過程では，ハイドロパーオキサイドが最初に形成される。過酸化物価は，油脂の初期酸化の程度を示す指針の一つとして重要な値である。しかしこの過酸化物は不安定であり，次第にアルデヒドやアルコールなどの二次，三次生成物へ変化していく。したがって，加熱油脂や酸敗のかなり進んだ油脂では過酸化物が低いことがある。

Ⓢ 実験原理

過酸化物はヨウ化カリウムと反応してヨウ素を遊離する(反応①)。この遊離ヨウ素をチオ硫酸ナトリウム溶液で滴定し(反応②)，空試験との差を求めて過酸化物量を定量する。

$$R-OOH + 2KI \longrightarrow R-OH + I_2 + K_2O \cdots\cdots ①$$

$$I_2 + 2Na_2S_2O_3 \longrightarrow Na_2S_4O_6 + 2NaI \cdots\cdots ②$$

Ⓢ 試 料

表Ⅱ-10-4を参考にして，試料の推定過酸化物価に対応する量を採取する。

表Ⅱ-10-4 過酸化物価と試料採取量

過酸化物価(meq/kg)	試料採取量(g)
10以下	5
10～50	5～1
50以上	1～0.5

Ⓢ 試 薬

① 酢酸-イソオクタン混液

酢酸とイソオクタン(2,2,4-トリメチルペンタン)を容量比3：2の割合で混合する。

② ヨウ化カリウム飽和溶液

KI 142gを水100mLに溶解する。

③ 1%でんぷん溶液

ヨウ素価で使用したものと同じものでよい。

④ 0.002Mヨウ素酸カリウム溶液(ファクター測定用)

標準試薬のヨウ素酸カリウム(KIO_3)の結晶粉末を120～140℃で2時間乾燥した後，その428.0mgを秤取し，水で溶解した後，1L容のメスフラスコで定容する。428.0mgを採取せず任意の値をとった場合は，10-2(ヨウ素価)で述べた方法と同様にファクター(f)を求める。

⑤ 0.012Mチオ硫酸ナトリウム溶液

チオ硫酸ナトリウム(Na_2S_2O_3・5H_2O)3.0gを秤取し，水で溶解した後，1L容のメスフラスコで定容する。10-2(ヨウ素価)で述べた方法によりファクター(f)を求める。ファクターは，わずかながら減少していくので，そのつど再標定することを原則とする。

主な器具

① 200〜300 mL の共栓付き三角フラスコ
② ビュレット
③ 調圧器付き窒素ボンベ

実験操作

① 共栓付き三角フラスコに適量の試料を精秤し、酢酸-イソオクタン混液25 mL を加えて完全に溶解する。窒素ガスでフラスコ内の空気を穏やかに置換しながらヨウ化カリウム飽和溶液[注]1 mL を加える。

② 窒素ガスを止めて直ちに栓をし、1分間連続して円を描くように振り混ぜる。

③ 純水30 mL を加え再び激しく振り混ぜたら、0.012 M チオ硫酸ナトリウム溶液で滴定する。溶液が淡黄色になったら1%でんぷん溶液を1 mL 加えてさらに滴下を続け、溶液の青色が消失した点を終点とする。

④ 本試験と並行して試料のみを除いた空試験を行う。なお、吸着によるヨウ素の損失を避けるため、1%でんぷん溶液の使用は滴定の終点近くになって行う。

注）40〜50℃の純水20 mL に32 g の KI を溶解後、室温下で過剰量を析出させた上清を飽和溶液とし、褐色容器で室温保存する。

実験フローチャート

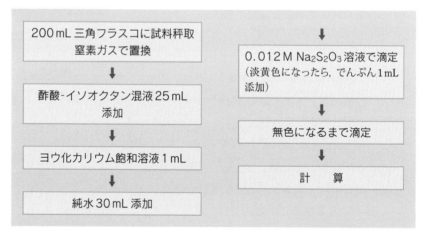

実験結果の計算

$$過酸化物価\,(meq/kg) = \frac{(T_1 - T_0) \times 0.012 \times f \times 1000}{S}$$

T_1：本試験滴定値(mL)
T_0：空試験滴定値(mL)
S：試料秤取量(g)
f：0.012 M チオ硫酸ナトリウム溶液のファクター
0.012：チオ硫酸ナトリウム溶液1 mL に相当する過酸化物のミリグラム当量

実験例

試料：調合油(サラダ油)　　試料秤取量：5.0000 g

滴定値

    本試験　1.28 mL

    空試験　0.25 mL

0.012 M チオ硫酸ナトリウム溶液の f：1.002

$$過酸化物価(meq/kg) = \frac{(1.28 - 0.25) \times 0.012 \times 1.002 \times 1000}{5.0000} = 2.48$$

10-5　カルボニル価(CV)

　　カルボニル価(carbonyl value)は油脂の過酸化物より生成するカルボニル化合物を比色定量するもので(図Ⅱ-10-1)，試料に2,4-ジニトロフェニルヒドラジン(2,4-DNPH)を作用させた場合に反応するカルボニル化合物量を試料1 g 当たりの2-デセナール相当量に換算したものをいう。従来は試料油脂の溶解，試薬の調製にベンゼンを使用していたが(ベンゼン法)，ベンゼンの毒性を考慮して，溶媒を1-ブタノールとする方法(ブタノール法)が開発されている。なお，ブタノール法で得られる数値はベンゼン法よりも高くなる。ベンゼン法のカルボニル価はブタノール法で測定された値に係数0.67を乗じて求めることができるので，従来のベンゼン法による数値とブタノール法での測定値の比較が可能である。

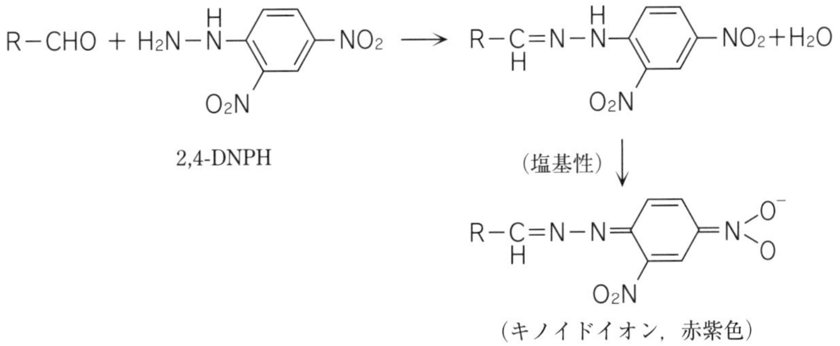

図Ⅱ-10-1　カルボニル化合物の呈色反応

◎ 試　　料

　　試料50〜500 mg を10 mL のメスフラスコに精秤し，1-ブタノールで定容して試料溶液とする。

◎ 試　　薬

① 1-ブタノール(分光分析用)

② 8％水酸化カリウム溶液

　　8 g の KOH に1-ブタノール100 mL を加えて振り混ぜる。5分間超音波処理して完全に溶解させた後，さらにろ紙(5B)でろ過して使用に供する。この溶液は用時調製とする。

③ 2,4-ジニトロフェニルヒドラジン溶液

　　2,4-ジニトロフェニルヒドラジン(50％含水物)50 mg を1-ブタノール100 mL と濃

塩酸3.5 mL に溶解する。

④　2-デセナール標準溶液

　trans-2-デセナール（純度95%以上）308 mg を100 mL のメスフラスコに精秤し，1-ブタノールで定容する。これを標準溶液原液（20 mmol/L）とし，1-ブタノールで50倍，100倍，200倍に希釈して，400 μmol/L, 200 μmol/L, 100 μmol/L の2-デセナール標準溶液を調製する。

Ⓢ 主な器具，装置

① 　15 mL 共栓試験管
② 　恒温水槽
③ 　分光光度計
④ 　遠心分離機

Ⓢ 実験操作

①　15 mL 共栓試験管に試料溶液，または各2-デセナール標準溶液1 mL を正確にはかり取る。

②　2,4-ジニトロフェニルヒドラジン溶液1 mL を加え，栓をして振り混ぜる。

③　40〜45℃の恒温水槽に入れ，振とうしながら20分間加熱する。

④　室温まで冷却した後，8%水酸化カリウム溶液8 mL を加え，栓をしてよく振り混ぜる。

⑤　3000 rpm で10分間遠心分離する。

⑥　1-ブタノールを対照として上清の420 nm における吸光度を測定する。

⑦　本試験と並行して試料の代わりに1 mL の1-ブタノールを用いて空試験を行う。

⑧　標準溶液の濃度とその吸光度，および空試験の吸光度から検量線を作成し，試料溶液の吸光度を当てはめて2-デセナール濃度を算出する。

Ⓢ 実験フローチャート

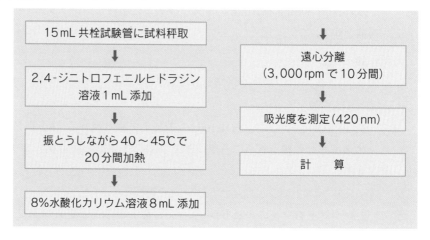

⑤ 実験結果の計算

カルボニル価 $(\mu\text{mol}/\text{g}) = A / S$

A：試料溶液の吸光度から求めた2-デセナール濃度（$\mu\text{mol}/\text{L}$）
S：試料溶液1mL中の油脂量（mg）
測定値にはブタノール法であることを併記する。

⑤ 実験例

試料：調合油（サラダ油）

試料秤取量：190 mg

検量線　$(y) = 0.0015x + 0.8943$ より

$$2\text{-デセナール濃度}(x) = \frac{y - 0.8943}{0.0015}$$

試料溶液の吸光度：0.939 より

$$2\text{-デセナール濃度}(x) = \frac{0.939 - 0.8943}{0.0015} = 29.8\,(\mu\text{M})$$

$$\text{カルボニル価}(\mu\text{mol}/\text{g}) = \frac{29.8}{19} = 1.6$$

表Ⅱ-10-5　2-デセナール標準溶液の吸光度

デセナール濃度（μM）	420 nmの吸光度
0	0.9
50	0.962
100	1.038
200	1.188
400	1.478

10-6　TBA (thiobarbituric acid) 値

油脂を酸化条件下で加熱して遊離する成分とチオバルビツール酸（TBA）を反応させ，生じる赤色色素を定量する方法である（図Ⅱ-10-2）。簡便で感度よく脂質過酸化の程度を知る方法として用いられている。赤色色素は脂質の酸敗生成物であるマロンジアルデヒド（MDA）とTBAの縮合物と考えられてきたが，TBAがMDA以外の物質とも反応することが明らかになっていることから，この方法では，油脂の過酸化過程で生じるさまざまな成分を測定していることになる。

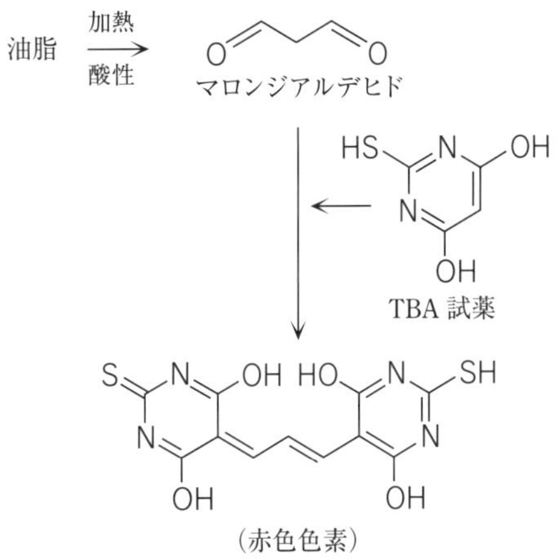

図Ⅱ-10-2　TBA反応による赤色色素の生成

⑤ 試　料

試料約150 mgを100 mL容メスフラスコに正確に精秤し，SDS溶液10 mLを加えて懸濁液とし，酢酸緩衝液75 mL，BHT溶液2.5 mLを加える。水を加えて定容し，激しく振り混ぜて均一な乳濁液としたものを試験溶液とする。

◎ 試　薬

① 　チオバルビツール酸(TBA)溶液

　　TBA 0.60 g を加温しながら純水に溶かして 100 mL とする。本試薬は用時調製とする。

② 　ドデシル硫酸ナトリウム(SDS)溶液

　　SDS 8.10 g を純水に溶かして 100 mL とする。

③ 　酢酸緩衝液(pH 3.5)

　　酢酸 100 mL を純水に溶かして 500 mL とし，10 M 水酸化ナトリウム溶液を用いて pH 3.5 に調整する。

④ 　ジブチルヒドロキシトルエン(BHT)溶液

　　BHT 0.80 g を酢酸に溶かして 100 mL とする。

⑤ 　ブタノール-ピリジン混液

　　1-ブタノール 150 mL とピリジン 10 mL を混合する。

◎ 主な器具，装置

① 　ねじ栓付き試験管　　② 　分光光度計　　③ 　遠心分離機

◎ 実験操作

① 　ねじ栓付き試験管に試験溶液 2.0 mL を採取し，TBA 溶液 2.0 mL を加え，試験管を密栓してよく振り混ぜる。

② 　沸騰水中で 60 分間加熱する。100℃のアルミブロックヒーターを使用してもよい。

③ 　冷却した後，純水 1 mL，ブタノール-ピリジン混液 5 mL を加えて激しく振り混ぜる。

④ 　これを遠沈管に移して，3000 rpm で 20 分間遠心し，上清の 532 nm における吸光度を測定する。

⑤ 　本試験と並行して試料のみを除いた空試験を同時に行う。

◎ 実験フローチャート

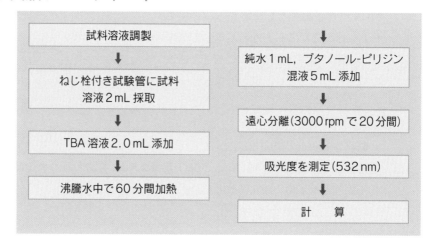

⑤ 実験結果の計算

次式により試料中に含まれる酸化生成物量を，試料1g当たりの吸光度で示す。

$$\text{TBA 値} = \frac{(A - A_0)}{S}$$

A：本試験の吸光度
A_0：空試験の吸光度
S：試料採取量(g)

この測定法で得られた結果を赤色色素量として表示する場合，以下の計算式からTBA 反応性物質量を求めることができる。

$$\text{試料1g から生成する赤色色素量}(\mu\text{mol}) = \frac{(A - A_0) \times 5.8 \times 10^6 \times 50}{S \times 156000}$$

A：本試験の吸光度
A_0：空試験の吸光度
S：試料採取量(mg)
5.8：ブタノール-ピリジン混液による抽出後の上清溶液(mL)
156000：赤色色素のモル吸光係数

⑤ 実験例

試料：開封後1年経過した調合油(サラダ油)

試料採取量：163.95 mg(試料液2 mL 中の試料3.279 mg)

532 nm の吸光度(3回の平均値)

本試験　0.036
空試験　0.005

$$\text{TBA 値} = \frac{(0.036 - 0.005)}{0.003279} = 9.5$$

試料1g から生成する赤色色素量(μmol)

$$= \frac{(0.036 - 0.005) \times 5.8 \times 10^6 \times 50}{3.279 \times 156000} = 17.6$$

実験11　アミノ・カルボニル反応によるメラノイジンの形成

　食品は糖質，たんぱく質，脂質，ミネラル，ビタミンなどから構成されている。それゆえ，食品を加工したり，調理したりすると，これらの成分が互いに反応する。特に，アミノ化合物（たんぱく質，ペプチド，アミノ酸，アミンなど）とカルボニル化合物（還元糖，油脂分解生成物，酸化型アスコルビン酸など）の反応は，アミノ・カルボニル反応といい，非酵素的に反応する食品中の代表的な成分間反応であり，最終的に褐色色素メラノイジンを生成する。この褐変反応は，種々の環境条件（pH，温度，糖の種類など）により影響を受けることが知られている。

　一般に，アミノ化合物と糖との反応は，まず窒素配糖体を経て，アマドリ転移生成物が形成される。この生成物が分解し，反応性の高いさまざまなカルボニル化合物を産生する。さらに，このカルボニル化合物が再び，アミノ化合物と反応して，褐色色素のメラノイジンを生じる。アミノ・カルボニル反応による褐変反応は，食品の品質に影響を及ぼす。例えば，しょうゆやみその主な色素は，メラノイジンであり，食品に好ましい色を付与するが，逆にポテトチップスのように着色を好まない場合もある。また，アミノ・カルボニル反応の途中で，生じるストレッカー分解により，ピラジン類などが形成され，食品の香りの形成に役立っている。メラノイジンは抗酸化性を有することが知られているが，たんぱく質中のリジンやアルギニンなどと糖が反応すると，たんぱく質の栄養価が低下するというデメリットもある。また，炭水化物の多いいもなどを高温で調理（焼く・揚げる）した場合，発がん性が疑われるアクリルアミドが形成されることが報告されたが，このアクリルアミドの形成には，いも中のアスパラギンと糖とのアミノ・カルボニル反応が関与することが提唱されている。食品だけでなく，ヒトにおいても，アミノ・カルボニル反応により，血中に存在するヘモグロビンたんぱく質とグルコースが結合し，糖化したヘモグロビン（HbAlc）を生じる。このHbAlcは，糖尿病の検査項目の一つである。

　以下の実験では，糖が異なる条件あるいはpHが異なる条件が，アミノ・カルボニル反応にどのような影響を及ぼすのかを経時的に吸光度をモニターし，評価する。

⑤ 試　料

①　0.2 M グルコース溶液（pH 3, pH 8）　グルコース3.6 gをpH 3またはpH 8のMacIlvaine緩衝液70 mLに溶解後，100 mL容メスフラスコで定容する。

②　0.2 M フルクトース溶液（pH 3, pH 8）　フルクトース3.6 gをpH 3またはpH 8のMacIlvaine緩衝液70 mLに溶解後，100 mL容メスフラスコで定容する。

③　0.2 M スクロース溶液（pH 3, pH 8）　スクロース6.84 gをpH 3またはpH 8のMacIlvaine緩衝液70 mLに溶解後，100 mL容メスフラスコで定容する。

④　0.2 M グリシン溶液（pH 3, pH 8）　グリシン1.5 gをpH 3，またはpH 8のMacIlvaine緩衝液70 mLに溶解後，100 mL容メスフラスコで定容する。

試　薬

① 0.2 M Na₂HPO₄ 溶液

Na₂HPO₄・12H₂O 71.6 g を水 900 mL に溶解後，1,000 mL 容メスフラスコに定容する。

② 0.1 M クエン酸溶液

クエン酸無水物 19.2 g を水 900 mL に溶解後，1,000 mL 容メスフラスコで定容する。

③ MacIlvine 緩衝液（pH 3，pH 8）

pH メーターを用いて，pH 3 と pH 8 になるように，0.2 M Na₂HPO₄ 溶液と 0.1 M クエン酸溶液を混合して作成する。

主な器具，装置

① 試験管 20 本

② 分光光度計

③ ボルテックスミキサー

実験操作

A　アミノ・カルボニル反応に対する pH の影響

① 試験管を 8 本用意し，はじめの 4 本には pH 3 の 0.2 M グリシン溶液を 5 mL ずつ加え，残りの 4 本には pH 8 の 0.2 M グリシン溶液を 5 mL ずつ加える。

② はじめの 4 本に，pH 3 の 0.2 M グルコース溶液 5 mL ずつ加え，残りの 4 本には pH 8 の 0.2 M グルコース溶液を 5 mL ずつ加える。

③ ボルテックスミキサーでよく混合した後，沸騰水浴中に入れる。

④ それぞれの 4 本の試験管を 0，15，30，45 分後に取り出し，流水中で室温まで冷却する。

⑤ 分光光度計を用いて 500 nm の吸光度を測定し，グラフ上に横軸を時間，縦軸を吸光度としてプロットし，経時的な着色の変化を追跡する。

B　アミノ・カルボニル反応に対する糖質の影響

① 試験管を 12 本用意し，すべての試験管に pH 8 の 0.2 M グリシン溶液を 5 mL ずつ加える。

② はじめの 4 本に，pH 8 の 0.2 M グルコース溶液を 5 mL ずつ加え，次の 4 本に pH 8 の 0.2 M スクロース溶液を 5 mL ずつ加え，最後の 4 本には pH 8 の 0.2 M フルクトース溶液を 5 mL ずつ加える。

③ ミキサーでよく混合した後，沸騰水浴中に入れる。

④ 異なる糖質を加えたそれぞれの 4 本の試験管を 0，15，30，45 分後に取り出し，流水中で室温まで冷却する。

⑤ 分光光度計を用いて 500 nm の吸光度を測定し，グラフ上に横軸を時間，縦軸を吸光度としてプロットし，経時的な着色の変化を追跡する。

🔗 実験フローチャート

A　アミノ・カルボニル反応に対する pH の影響

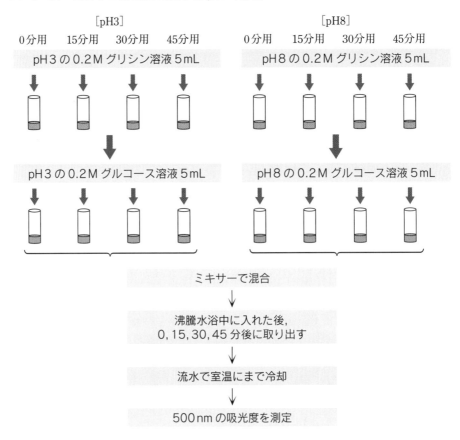

ミキサーで混合

↓

沸騰水浴中に入れた後，
0, 15, 30, 45 分後に取り出す

↓

流水で室温にまで冷却

↓

500 nm の吸光度を測定

🔗 実験例

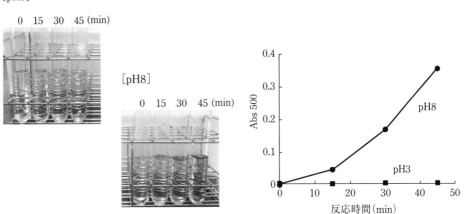

図Ⅱ-11-1　アミノ・カルボニル反応に対する pH の影響

B アミノ・カルボニル反応に対する糖質の影響

それぞれの試験管に，pH8 の 0.2M グリシン溶液を 5mL ずつ入れる

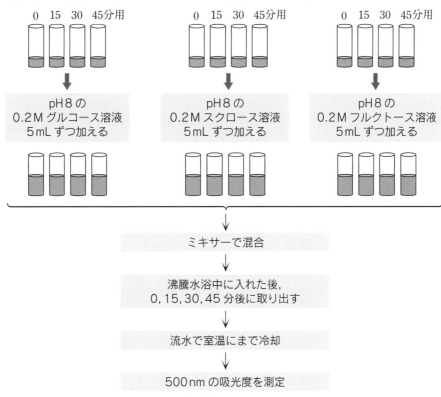

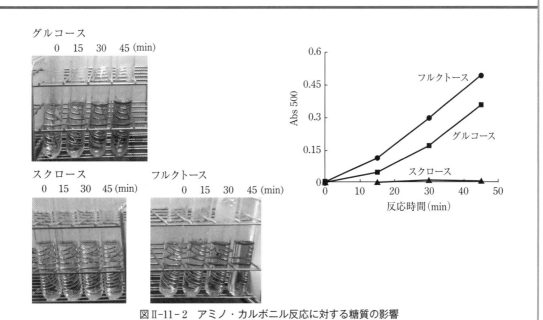

図Ⅱ-11-2 アミノ・カルボニル反応に対する糖質の影響

実験12　ガスクロマトグラフィー(GC)による脂肪酸の分析

　　ガスクロマトグラフィー(GC)はクロマトグラフィーの一種であり，700℃以下の温度で揮発する成分を分析することが可能である。GC では食品のような多数の化合物で構成されている物質においても，短時間で精度の高い成分分離・同定をすることができる。GC の移動相にはヘリウム，窒素，アルゴンなどのキャリアーガスとよばれる不活性ガスを使用する。気化した試料中の成分をキャリアーガスとともにカラム内の固定相と相互作用させながら流すことで，各成分の移動速度に差が生まれる。そのため検出器に到達するまでの保持時間(tR)を用いてピーク成分が同定できることに加えて，検出されるピークの高さや面積値から試料中成分を定量することも可能である。近年ではガスクロマトグラフと質量分析装置を直結させた「ガスクロマトグラフ・質量分析計(GC-MS)」を用いることで，カラム分離した成分の質量分析が同時に行えるようになり，信頼性の高いピーク成分の解析が可能となっている。

12-1　GC 分析の基礎知識

(1)　GC の構成について(図Ⅱ-12-1)

　　GC は①試料を注入・気化させる「試料注入部」，②気化した成分を分離する「分離カラム」，③分離した成分を検出し電気信号へと変換する「検出器」，④部位ごとの温度やガス流量などを調節できる「制御装置」で構成されている。これらの種類や設定を組み合わせることで広範囲・高精度な成分分析を短時間で行うことが可能となる。また以前は検出器の電気信号を受け取り，クロマトグラムを作成する記録装置(クロマトパック)が必須であったが，近年では PC ソフト上で解析することもできる。

(2)　固定相(カラム)について

　　GC に用いられる分離カラムの充填剤には，固体や液体が用いられるが，よい分離能を得るためには粒子が一定で砕けにくく，広い表面積をもつことが求められる。

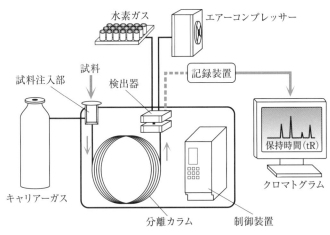

図Ⅱ-12-1　FID を搭載した GC の構成

GC用の分離カラムはその形状から充填カラムとキャピラリーカラムの2つの種類に大別される。

① 充填カラム

　一般的に使用される利便性の高いカラムであり，多くの種類がある。外観は内径2〜4mm，長さ30cm〜6m程度の管状であり，ガラスやステンレス製のものが多くみられる。管内部の充填剤には多孔質シリカやケイソウ土，吸着剤（シリカゲル，活性炭，アルミナ）等が用いられている。分析対象に合わせてカラム径，カラム長，担体の種類を選択することで，効率よく成分を分離することが可能となる。また充填カラムは対象成分間の沸点が適度（10〜30℃程度）に離れており，単純な構造をもつ化合物を分析する際に適している。

② キャピラリーカラム

　溶融シリカ製の細長い管（内径0.25〜0.5mm，長さ15〜30m程度）の内壁にシリコンオイル等の固定相液体や吸着剤を塗布，あるいは化学結合させたカラムである。カラムが折れることを防ぐため，外側は耐熱性プラスチックや樹脂でコーティングされている。充填カラムに比べ，非常に高い分離能をもっているため試料を高感度，高分離能で分析する際に適している。またキャピラリーカラムでの分析では，キャリアーガスに最適流速域の広いヘリウムを用いることが多い。

(3) 検出器について

　ガスクロマトグラフに用いられる検出器には多様な種類があり，分析対象や使用目的に応じて選択することが可能である。本稿では一般に用いられる代表的な検出器として，水素炎イオン化検出器（FID）と熱伝導度型検出器（TCD）について解説する。

① 水素炎イオン化検出器（FID; Flame Ionization Detector）

　FIDは温度変化の影響を受けにくく，GC分析可能な有機化合物の大半を高感度に検出することが可能である。そのため食品成分の分析以外にも環境汚染物質などの測定にも用いられており，ガスクロマトグラフの検出器として最も広く利用されている。一方で，検出された成分の回収が不可能という短所もある。FID内では，水素と空気を混合したガスが燃焼されており，その炎の中をカラム分離された成分（有機化合物）が通過するとイオン化が起こる。放出されたイオンが陽電極部に捕集されると電流が流れ，FIDはこのイオン電流シグナルを増幅し，電気信号へと変換している。またFIDではメイクアップガスとして，窒素やキャリアーガスをカラム出口部分へ添加することで，水素炎が安定し，検出感度が向上する。

② 熱伝導度型検出器（TCD; Thermal Conductivity Detector）

　初期のガスクロマトグラフで頻繁に使用されていた検出器で，キャリアーガス（一般的に熱伝導率の高いヘリウムが用いられる）以外の成分をすべて検出することができるが，その一方で検出感度はあまり高くない。タングステンや白金などの金属フィラメントを並列配置し，一方に純粋なキャリアーガス，もう一方に試料を含むガスを流す。双方を等しい温度とキャリアーガス流量下にすることで，カラム分離された成

分が検出器に到達した際，熱伝導に差が生まれる。TCD ではこのような熱伝導度の変化を電気信号へと変換している。

（4） 試料の処理法について（誘導体化など）

GC で分析できる成分は揮発性物質に限定される。そのため分析対象とする成分に適した蒸留法を用いて，揮発性の成分を捕集することが一般的である。また，GC に必要な試料は通常数 μl で十分であるため，捕集した試料溶液をロータリエバポレーターや窒素ガスを用いて，濃縮することで検出感度を飛躍的に上げることも可能である。一方で，有機化合物の中には難揮発性物質や熱に不安定なものも数多く存在する。このような場合は，揮発性や熱安定性を増加させるため，エステル化やアセチル化，トリメチルシリル化などの操作を行い，GC に適した化合物に変換する。

（5） 解析方法について

① ピーク成分の同定

GC の結果はクロマトグラムとよばれる波形データで示される。クロマトグラム中では，カラム分離された成分がピークとして検出されており，GC への試料注入からピークの頂点に達するまでに要する時間（分）が保持時間（tR）として示されている。カラム分離が適切に行われている場合，tR は成分固有のものとなるため，標準物質の tR と比較することで各ピーク成分を同定することができる。また，ピーク成分を同定する際に相対保持値を用いた方法も広く利用されている。実際のクロマトグラムでは，注入した試料の量や濃度，分析カラムの状態，キャリアーガス流量などの条件の違いによって tR が変動する。これらの誤差を補うため，あらかじめ既知成分（もしくは標準物質）と同定対象ピークとの tR の比率（相対保持値）を確認しておき，未知試料のクロマトグラムでの相対保持値と比較することで，ピーク成分を同定することが可能である。

② 定量分析

A 標準物質検量線による試料中成分の絶対定量

GC では内部標準法によりクロマトグラムの面積値から試料中のピーク成分量や濃度を定量することが可能である。はじめに定量するピークの tR と近似した適当な成分を選択し，一定量を内部標準として試料中に添加する。同時に，定量する目的成分の標準物質を段階的に希釈して，検量線作成用標準液を調製し，それらにも一定量の内部標準を添加する。その後，GC で得られたクロマトグラムから，目的の成分と内部標準のピーク面積比率を算出する。次いで横軸に標準物質の濃度，縦軸に定量する成分と内部標準のピーク面積比をプロットした検量線を作成する。この検量線と試料中における目的成分と内部標準のピーク面積比から絶対量を算出することができる。

B 試料中の成分組成を示す相対定量

相対定量法は，試料中における成分間の比率や含有率など，主に成分構成を知る場合に用いられる。値は溶媒ピークを除く全ピーク面積の合計に対する，各ピーク面積の割合（%）で算出される。

12-2　キャピラリーカラムによる脂肪酸エステルの分析

　食用油脂中には，炭素数の多い長鎖脂肪酸やトリアシルグリセロールなどを構成している脂肪酸が多数存在する。そのため GC で分析を行う際には，脂肪酸のカルボキシ基をメチルエステル化する必要がある。以下では三フッ化ホウ素 - メタノール法を用いた脂肪酸エステルの分析を示す。

◎ 試　薬

① 　0.5 M 水酸化ナトリウム / メタノール溶液

　　水酸化ナトリウム 2 g をメタノール 100 mL に溶解する。

② 　飽和食塩水

　　純水に塩化ナトリウムを飽和するまで加える。調製後は十分に撹拌する。

その他の試薬は市販されている GC 用試薬を使用する。

◎ 主な器具，装置

① 　ねじ栓付きガラス試験管

② 　アルミ加熱ブロック（試験管用）

③ 　ガラス製マイクロシリンジ（10 μL 用）

④ 　FID 付き GC 装置

◎ 実験操作

① 　試験管に食用油脂約 50 mg を採取し，0.5 M 水酸化ナトリウム / メタノール溶液 2 mL を添加する。

② 　75℃で 60 分間反応後，三フッ化ホウ素メタノール錯体メタノール溶液 2.5 mL を添加する。

③ 　75℃で 3 分間反応後，ヘキサン 3 mL を添加する。

④ 　80℃で 1 分反応後，飽和食塩水 15 mL を加え混和する。

⑤ 　室温で 30 分間以上反応させる。

⑥ 　上層（ヘキサン層）を採取し，無水硫酸ナトリウムを適量加え脱水する。

⑦ 　ろ過後のろ液を適宜ヘキサンで希釈，または窒素を吹きつけて濃縮し，その 2〜5 μL 程度を GC で分析する。

注〕 　加熱反応中は，いずれの場合もねじ栓をしっかり閉める。

◎ 実験フローチャート

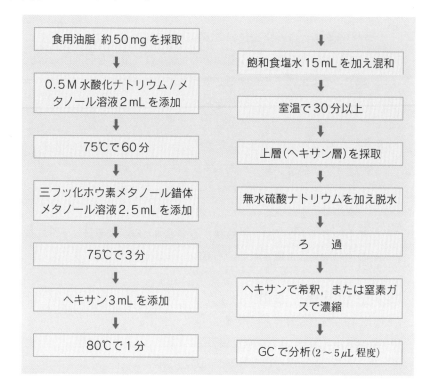

```
食用油脂 約50mgを採取
        ↓
0.5M水酸化ナトリウム/メ
タノール溶液2mLを添加
        ↓
    75℃で60分
        ↓
三フッ化ホウ素メタノール錯体
メタノール溶液2.5mLを添加
        ↓
    75℃で3分
        ↓
  ヘキサン3mLを添加
        ↓
    80℃で1分
```

```
        ↓
飽和食塩水15mLを加え混和
        ↓
   室温で30分以上
        ↓
上層(ヘキサン層)を採取
        ↓
無水硫酸ナトリウムを加え脱水
        ↓
      ろ  過
        ↓
ヘキサンで希釈,または窒素ガ
スで濃縮
        ↓
GCで分析(2〜5μL程度)
```

◎ 実験結果の計算

　　試料中の各ピーク成分の同定は，同条件で分析した標準脂肪酸のtRと比較して行う。相対濃度は試料中クロマトグラムの各ピーク成分の面積値から算出する。

◎ 実験例

試料：大豆油

〈GCの分析条件〉

機種：GC‐18A（SHIMADZU）

検出機：FID

注入方法：スプリットレス

カラム種：Ultra ALLOY‐Sil 5CP（FRONTIER LABORATORIES LTD.）

カラム長：40m

カラム径：0.25mm

液相の膜厚：0.2μm

〈温度条件〉

検出機：250℃

試料気化室：250℃

カラムオーブン：200℃

キャリアーガス：ヘリウム

ヘリウム流速：30 cm/sec

表Ⅱ-12 - 1　大豆油の脂肪酸組成分析結果(例示)

脂肪酸名	tR(分)	相対割合(%)
パルミチン酸	7.08	10.5
ステアリン酸	11.13	3.7
オレイン酸	12.10	22.2
リノール酸	14.00	54.3
リノレン酸	15.87	6.3

Column　脂肪酸の分類

　脂肪酸は直鎖状に並んだ炭素原子の一方の末端にカルボキシ基を有した化学構造をもっている。その種類は分子中の炭素原子数の違い(短鎖・中鎖・長鎖)や二重結合の数(飽和・一価不飽和・多価不飽和)，立体構造の形式(シス・トランス)などで区別される。パルミチン酸(16:0)やステアリン酸(18:0)など，二重結合をもたない飽和脂肪酸は酸化されにくく，常温で固体のものが多い。一価不飽和脂肪酸であり，9番目の炭素原子に二重結合をもつオレイン酸(18:1, n=9)はオリーブ油などに多く含まれている。多価不飽和脂肪酸(PUFA)はメチル末端から3番目の炭素に二重結合をもつ「n-3系」と，同6番目の炭素原子に二重結合をもつ「n-6系」に分けられる。PUFA は不飽和結合部位に酸素が結合することで呈味性が劣化する「酸敗」が起こりやすい。n-3系 PUFA には，魚油中に含まれるドコサヘキサエン酸(22:6, n=3)やエイコサペンタエン酸(20:5, n=3)などがあり，常温で液体である点や酸化されやすい点が特徴とされる。n-6系 PUFA には体内の細胞間情報伝達に重要な役割を担っているとされるアラキドン酸(20:4, n=6)がある。n-3系のリノール酸，n-6系の α-リノレン酸は必須脂肪酸ともよばれ，ヒトの体内では合成することができない。そのため生命活動を維持するには食品から摂取する必要がある。このように脂肪酸は生命活動においても重要な働きを担っている。

実験 13　高速液体クロマトグラフィー（HPLC）による食品成分の分析

　　高速液体クロマトグラフィー（HPLC）は，動物，植物，微生物がつくり出すほとんど
の有機化合物の分析を可能にする万能的な分析ツールとしてますます進歩を続けてい
る。その進歩の核心部は，感度と分析スピードの向上と汎用性の拡張にあると思われ
る。食品分析においてもこの分析ツールの有用性は増すばかりである。もともと HPLC
は優れた分離能をもつ分析手段であったが，近年は質量分析装置と一体化するなど，
それ自体が定量性と化合物の構造や機能の解析能をいちじるしく進化させている。
　　以下では，食品機能成分に焦点を当てた HPLC 分析を取り上げた。

13-1　HPLC 分析の基礎知識

　　高速液体クロマトグラフィー（High-Performance Liquid Chromatography）とは，「液
体の移動相をポンプなどによって加圧してカラムを通過させ，分析種を固定相，およ
び移動相との相互作用（吸着，分配，イオン交換，サイズ排除など）の差を利用して高
性能に分離して検出する方法」（JIS K 0124：2011　高速液体クロマトグラフィー通則）
である。また，高速液体クロマトグラフ（High-Performance Liquid Chromatograph）と
は「高速液体クロマトグラフィーを行うための装置」と定義されており，いずれも
「HPLC」と略されている。HPLC はガスクロマトグラフ（GC）と同じく分離分析装置
であるが，分析目的以外にも天然物成分や化学合成品などを分離精製するための分取
装置としても用いることができる。

🄢 高速液体クロマトグラフの原理

　　移動相を液体として分離分析を行う方法が高速液体クロマトグラフィーであり，移
動相，送液ポンプ，試料導入装置，カラム，検出器，データ処理装置の基本構成に分
けられる（図Ⅱ-13-1）。

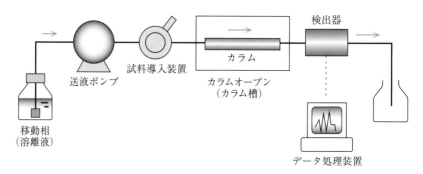

図Ⅱ-13-1　高速液体クロマトグラフの基本構成
出典：JAIMA 分析の原理-21高速液体クロマトグラフの原理と応用（2013）

（1）　移動相

HPLC で用いる移動相は溶離液ともよばれ，成分の分離に重要な役割を果たしてい

る。移動相には，水や水に塩類を溶解させた水溶液，メタノール，アセトニトリル，ヘキサンなどの有機溶媒を単独で，あるいは混合して使用する。単一組成の溶離液を用いて溶出する方法を等濃度(アイソクラティク，Isocratic elution)溶出法とよび，2種類以上の溶離液を段階的に混合しながら溶出する方法を段階的(ステップワイズ，Step-wised elution)溶出法，2種類以上の溶離液を連続的に混合しながら溶出する方法を濃度勾配(グラジエント，Gradient elution)溶出法とよんでいる。食品成分の分離には，濃度勾配溶出法が適している場合がある。

(2) 送液ポンプ

送液ポンプの小型パルスモータによって溶離液が一定の流量でカラムに送られる。送液ポンプの流量範囲は，分析用で～10 mL/min，分取用で～150 mL/min 程度であり，高い流量安定性や耐圧性が必要である。分析用ポンプにおいては，0.5～2 mL/min の流量で使用し，耐圧は40 MPa 程度である。充填剤の微細化やカラムのダウンサイジングの進展により，100 MPa 以上の耐圧性能や低流量(μL/min やそれ以下)での送液安定性をもったポンプも開発されている。

(3) 試料導入装置

分析する試料は適切な溶媒に溶解させて，試料導入装置から数 μL ～数十 μL 程度をカラムに注入する。試料導入装置には手動式のマニュアルインジェクターと自動式のオートサンプラーがある。ここでは，学生実験で身近なマニュアルインジェクターを説明する。オートインジェクターについては成書を参照してほしい。

マニュアルインジェクターを用いた試料の導入は，まずバルブを試料ループが移動相流路から切り離された状態(LOAD)にして，シリンジを用いて試料溶液を注入ポートから試料ループに導入する。バルブを切り換えた状態(INJECT)にして，移動相流路に接続することによって試料ループに導入された試料溶液をカラムへ流入させる。

(4) カラム

シリカゲルや合成樹脂などのカラムの充填剤の粒子径は，分析用カラムの場合で2～5 μm，分取用カラムの場合で5～30 μm 程度である。ステンレス製クロマトグラフィー管の内径は，分析用カラムの場合で2～8 mm，分取用カラムの場合で10～50 mm 程度である。内径が1～2 mm と細くしたミクロ，あるいはセミミクロカラムや内径が0.3 mm 程度のキャピラリーカラムもある。これらカラムのダウンサイジングは，試料の微量化，質量分析計との結合(LC-MS)，溶媒消費量の低減などの点で注目されている。カラムの分離モードは，吸着モード，分配モード，イオン交換モード，サイズ排除モード，HILIC モードに分類される。各分離モードの詳細な解説は成書に譲り，以下，簡潔に説明する。

A 吸着モード

吸着モードでは充填剤としてシリカゲルやアルミナなどが用いられ，充填剤の表面に直接物質が吸着することで成分を分離するモードである。順相クロマトグラフィーともよばれる場合がある。成分と充填剤の間に生じる水素結合のような極性相互作用

の違いによる分離モードであり，極性が大きな（親水性）成分が強く吸着される。吸着とは脱臭などに用いられる現象であり，一度充填剤に吸着した物質は外れがたく，吸着したまま溶出しない成分も多い。したがって連続して多検体処理するような場合，吸着部位が少なくなるために溶出が速まり，HPLC分析には適さない場合がある。

B　分配モード

　分配モードはシリカゲルの表面にODS（Octadesylsilyl，オクタデシルシリル基：18個の炭化水素基を化学結合させた疎水性充填剤）を固定相として用いる分離モードである。逆相クロマトグラフィーともよばれる場合があり，HPLCの分離モードとして最も広く使われている。疎水性の高い炭化水素系官能基を結合させた充填剤を固定相とし，親水性の溶媒を移動相（溶離液）とした場合，疎水性の高い物質（成分）は固定相（カラム）に強く保持され，溶出時間が遅くなる。一方，親水性の高い物質（成分）は固定相（カラム）には保持されずにすぐに溶出される。これらのことを利用して試料中の成分を分離するモードが分配モードである。分配モードの化学結合型充填剤の種類は豊富であり，ODSの他にもC_8（オクチル基，$-C_8H_{17}$），Ph（フェニル基，$-C_6H_5$），$-CN$（シアノ基），$-NH_2$（アミノ基），Diol（ジオール基）などが結合された充填剤が市販されており，それぞれの分離特性は異なる。

C　イオン交換モード

　イオン交換モードはアミノ酸などの水に溶解してイオンになる物質や無機イオンなどを，固定相にイオン交換樹脂を用いて，イオン化している物質（成分）のpHによる解離性を利用する分離モード（イオン交換樹脂に対する親和性が高い物質ほど遅く溶出）である。アミノ酸をイオン交換モードを用いて分離する場合，酸性の溶離液を用いて$-COOH$の解離を抑え，陽イオン交換樹脂を用いて分離する。また，塩化物イオン（Cl^-）や硫化物イオン（SO_4^{2-}）のように陰イオンになる物質は陰イオン交換樹脂を用いて分離し，Na^+やCa^{2+}のような陽イオンは陽イオン交換樹脂で分離する。

D　サイズ排除モード

　サイズ排除モードはたんぱく質などの高分子成分を分離するモードである。「ふるい」のような充填剤を用いて分子量の大きさに従って分離を行う分離モードであり，サイズ排除クロマトグラフィー（SEC; Size Exclusion Chromatography）やゲル浸透クロマトグラフィー（GPC; Gel Permeation Chromatography）とよばれている。サイズ排除モードの充填剤には中を貫通する網目のような穴が開いている。その穴に入ることが可能な小さな分子は，充填剤の中を迷路のように通り抜けるために溶出時間が長い。一方，穴に入ることができない大きな分子は，充填剤と充填剤の隙間を通り抜けるために溶出時間が短い。穴に入ることが可能な分子でも，分子量の大小によりカラムを通過する溶出時間が異なる。これらのことを利用して試料中の成分を分離するモードがサイズ排除モードである。分子量既知の標準試料を測定した場合，縦軸に分子量の対数，横軸に溶出時間をプロットした校正曲線を作成することができる。得られた校正曲線により未知試料の分子量分布や平均分子量を求めることが可能となる。

E　HILIC モード

　HILIC は Hydrophilic Interaction Chromatography の略で，親水性相互作用を利用した分離モードである。ODS は充填剤の極性が低く，疎水性相互作用を利用して分離するのに対し，HILIC モードではシリカゲルや極性基をもった極性の高い充填剤を用いる分離モードである。ODS が逆相分配モードとすれば，HILIC は順相分配モードとなる。ODS では水溶性成分が早く溶出するため，十分な分離が得られない場合がある。一方，HILIC モードでは水溶性成分の溶出が遅れるため，分離が改善される。有機溶媒と水の混合溶液を溶離液として用いた場合，有機溶媒の比率を高めることによって，水溶性成分の溶出が遅れる。有機溶媒比率が高い状態で分離できるため，特に質量分析計を連結した分離分析に有利である。

(5)　検出器

　カラム内で分離された各成分は，順次カラムから溶出した後に検出器に流入して測定される。検出器には，吸光光度検出器，蛍光検出器，示差屈折率検出器，電気化学検出器，電気伝導度検出器，蒸発光散乱検出器，質量分析計などさまざまな原理に基づく検出器があり，目的に応じて選択されている。

A　吸光光度検出器(UV‐VIS; Ultra Violet‐Visible Spectroscopic Detector)

　吸光光度検出器は分析を行う物質に適した波長の紫外可視光(190〜800 nm)を照射し，その光吸収量を測定する検出器である。多くの有機化合物が紫外可視光の波長域で吸収をもつため，吸光光度検出器は HPLC で最も汎用的に使用されている。

B　蛍光検出器(FL; Fluorescence Detector)

　蛍光検出器は光を照射することによって分析を行う物質を励起状態にして，再び基底状態に戻る際に発せられる蛍光を測定する検出器である。蛍光検出器は発光量を測定するため，一般に吸光光度検出器より高感度の検出が可能である。また分析を行う物質の固有の励起波長と蛍光波長で測定するため高い検出選択性が得られるのが特徴である。しかし，発蛍光性物質が限られるため，汎用性は低くなる。

C　示差屈折率検出器(RI ; Refractive Index Detector)

　示差屈折率検出器は溶液中で光が屈折することを利用して成分を測定する検出器である。サンプル側とリファレンス側に分割されているフローセルに溶離液を流して安定させる。安定した後にリファレンス側に溶離液を封入する。サンプル側にカラムからの溶出液を流入させると受光部で受ける光量が変わるため，その変化をピークとして検出することが可能となる。したがって，どのような物質でも必ず検出することが可能であるが，感度が低いことが欠点である。食品中の糖分析や合成高分子のサイズ排除クロマトグラフィー(SEC)に利用される検出器である。

D　電気化学検出器(EC; Electrochemical Detector)

　電気化学検出器は主に酸化還元反応が起こる成分の測定に用いられる検出器である。酸化還元反応の際に流れる電気量を検出することができる。酸化還元反応が生じる電圧は測定成分によって異なるために選択制は高く，高感度に測定することが可能であ

る。カテコールアミンなど生体成分の測定に用いられる検出器である。

E　電気伝導度検出器（Electroconductivity Detector）

　　電気伝導度検出器は水溶液中のイオンの測定に用いられる検出器である。電極に一定の電圧を印加し，目的イオンが溶出した際の電流値の変化量を検出する。イオンクロマトグラフはイオンを測定するための専用の測定装置であり，検出器として電気伝導度検出器を使用している。無機イオンから有機酸やアミン類など小さな有機物の測定に用いられる検出器である。電気伝導度検出器は高感度であるが，温度変化の影響を非常に受けやすいのが難点である（液温が1℃変動すると約2%電気伝導度が変化する）。セルを恒温にするなど，温度変動がないように工夫されている。

F　蒸発光散乱検出器（ELSD; Evaporative Light Scattering Detector）

　　蒸発光散乱検出器はカラムからの溶出液を噴霧し，微粒子化した測定成分に光を当てて散乱光を検出する検出器である。原理的には不揮発性成分であれば如何なる物質でも検出可能であるが，低分子成分は粒子が小さいため感度が下がる。RI検出器より約10倍感度が高く，主にUV吸収のない成分の検出に用いられる。

G　質量分析計（Mass Spectrometry）

　　質量分析計は，各種のイオン化法で物質を原子や分子レベルの微細なイオンにして，その質量数と数を測定することによって，物質の同定や定量を行うことができる装置である。物質を構成する原子や分子をイオン化して測定するため，fg（10^{-15} g）レベルあるいはそれ以下の検出が可能なきわめて高感度な装置である。また，分子量が100万に及ぶたんぱく質なども測定可能であるために，その有用性は高く，現在最も広く用いられている分析手法の一つである。最近はLC/MS/MS法も広く用いられている。LC/MSやLC/MS/MSの詳細は成書を参照されたい。

（6）　データ処理装置

　　検出器により測定された信号は，データ処理装置に送られ，信号処理が行われて分離結果や定量計算値が表示される。

13-2　カテキン類の分析

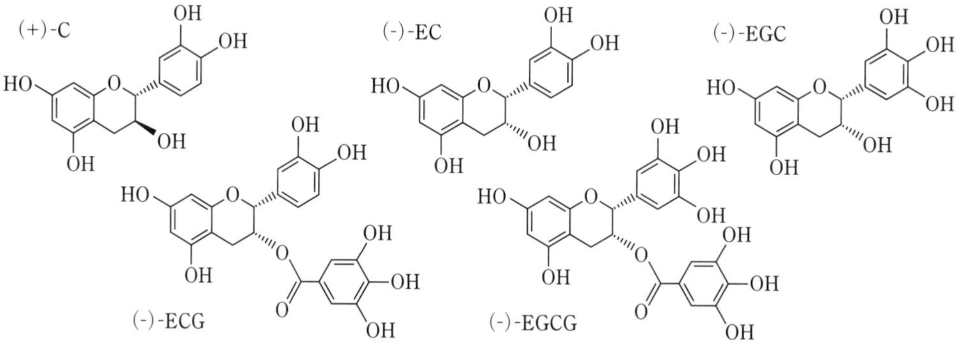

図Ⅱ-13-2　カテキン類の構造式
カテキン（C），エピカテキン（EC），エピガロカテキン（EGC），エピカテキンガレート（ECG），エピガロカテキンガレート（EGCG）

お茶の渋味と苦味を示す物質の本体はお茶に最も多く含まれるカテキン類（図Ⅱ-13-2）である。カテキン類は緑茶浸出液中の可溶性成分の大半を占める成分である。(＋)カテキン(C)，(−)エピカテキン(EC)や(−)エピガロカテキン(EGC)などの遊離型カテキン類は，お茶の苦味と後味に少しの甘味を示し，(−)エピカテキンガレート(ECG)や(−)エピガロカテキンガレート(EGCG)などの没食子酸エステルは，渋味と苦味を示す。カテキン類は，その種類や種類別含有量の違いによって，緑茶の滋味に影響するだけでなく，抗酸化作用，抗腫瘍作用，抗菌・抗ウイルス作用，血圧上昇抑制作用，脂質代謝改善作用などの多岐にわたる生理的機能性も有しており，注目されている。

試　料

分析用試料として抹茶を選定し，C，EC，EGC，ECG，EGCG の含量を測定する。
① 　粉砕茶葉400 mg をアセトン抽出後，ろ紙を用いてろ過する。
② 　ろ液をロータリーエバポレーターを用いて濃縮乾固後，メチルイソブチルケトンを加え溶解する。
③得られた溶解液をロータリーエバポレーターを用いて濃縮乾固後，80％メタノールを用いて溶解する。
④ 　試料前処理用カートリッジを用いて80％メタノール溶解液に存在するクロロフィル類やその分解物などの極性の高い物質を吸着除去する。

HPLC 分析

① 　ポンプ
島津2液混合高圧グラジエントポンプ
② 　カラム
Shim - packFC - ODS（75 mm L. × 4.6 mm I. D.）
カラム温度40℃
③ 　移動相
A 液：10 mM リン酸緩衝液(pH 2.6)
B 液：アセトニトリル
分析開始から6分までB 液7％，20分後に20％，25分後に50％になるように設定する。
④ 　流　量
1.0 mL/分
⑤ 　検出器
UV 検出器(検出波長270 nm)
⑥ 　注入量
マイクロフィルター(0.45 μm)を用いてろ過後，5 μL を HPLC に注入する。

◎ 実験フローチャート

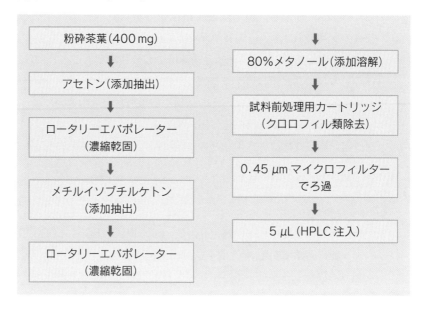

フローチャート

粉砕茶葉（400 mg）
↓
アセトン（添加抽出）
↓
ロータリーエバポレーター
（濃縮乾固）
↓
メチルイソブチルケトン
（添加抽出）
↓
ロータリーエバポレーター
（濃縮乾固）
↓
80%メタノール（添加溶解）
↓
試料前処理用カートリッジ
（クロロフィル類除去）
↓
0.45 μm マイクロフィルター
でろ過
↓
5 μL（HPLC 注入）

◎ 実験結果の整理

　カテキン類5成分（C，EC，EGC，ECG，EGCG）とカフェインのクロマトグラムは図Ⅱ-13-3のようになった。カテキン類の標準溶液のピーク面積値から絶対検量線を作成し，抹茶試料中のカテキン類の含量を算出する。

　一例として，抹茶中のカテキン類含量（乾燥重量%）は，C：0.02%，EC：0.24%，EGC：0.43%，ECG：0.85%，EGCG：3.32%となった。

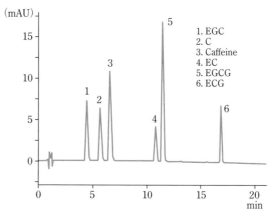

1. EGC
2. C
3. Caffeine
4. EC
5. EGCG
6. ECG

図Ⅱ-13-3　カテキン類標準品のクロマトグラム

13-3　イソフラボンの分析

　　大豆には女性ホルモンと化学構造が類似するイソフラボン(図Ⅱ-13-4)が含まれる。大豆のイソフラボンにはアグリコンのダイゼイン(Daidzein)やゲニステイン(Genistein)とそれらのアグリコンにグルコースが β-グリコシド結合した配糖体のダイジン(Daidzin)とゲニスチン(Genistin)が存在する。イソフラボンはエストロゲン様作用を有していることから，乳がんや前立腺がん，あるいは骨粗しょう症の予防，更年期障害の緩和，さらには抗酸化作用などが期待される機能性成分である。

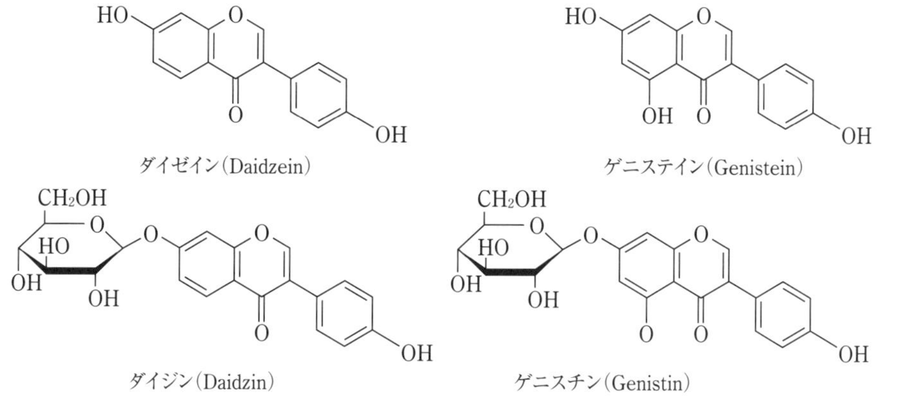

ダイゼイン(Daidzein)　　　　　　　ゲニステイン(Genistein)

ダイジン(Daidzin)　　　　　　　ゲニスチン(Genistin)

図Ⅱ-13-4　イソフラボン類の構造式

Ⓢ 試　料

　　分析用試料として大豆を選定し，ダイゼイン，ゲニステイン，ダイジン，ゲニスチンの含量を測定する。

①　大豆試料は粉砕後，液状試料はそのまま1.0gを秤量し，80%メタノールを加え乳鉢で均一化し，全量が10mLとなるように調製する。

②　その溶液を2時間振とうしながら抽出する。

③　3,000rpm/分，5分間遠心分離を行い，その上清をマイクロフィルター(0.20μm)でろ過したものを試料とする。

Ⓢ HPLC 分析

①　ポンプ

島津2液混合高圧グラジエントポンプ

②　カラム

Shim-packVP-ODS(150mmL.×4.6mmI.D., 4.6μm)

カラム温度40℃

③　移動相

A液：0.1% ギ酸

B液：アセトニトリル

分析開始前 B 液 17%，分析開始から 7 分後までに 20%，18 分後に 70%になるように設定する。

④ 流　量

1.0 mL/分

⑤ 検出器

UV 検出器（検出波長 254 nm）

⑥ 注入量

10 μL を HPLC に注入する。

Ⓢ 実験フローチャート

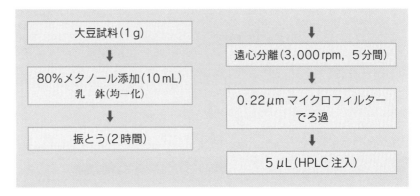

Ⓢ 実験結果の整理

イソフラボン 4 成分（ダイゼイン，ゲニステイン，ダイジン，ゲニスチン）のクロマトグラムは図 II-13-5 のようになった。各イソフラボンの標準溶液のピーク面積値から絶対検量線を作成し，大豆試料中のイソフラボン含量を算出する。検量線より，大豆中のイソフラボン含量は，ダイゼイン 48 μg/g，ゲニステイン 41 μg/g，ダイジン 473 μg/g，ゲニスチン 632 μg/g であり，配糖体の形のイソフラボンのほうがアグリコンの形のものよりも多く含まれていることがわかった。

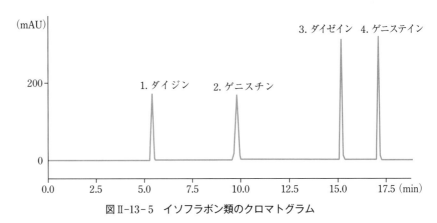

図 II-13-5　イソフラボン類のクロマトグラム

13-4　アントシアニンの分析

　アントシアニンは赤色から紫色を呈するいちご，なすなどの色素である。アントシアニンはポリフェノール構造を有することから抗酸化作用やコレステロール低下作用などの機能性が期待されている。しかし，アントシアニンは不安定な物質であり，溶液の pH の変動によって種々の分子構造に変化することはよく知られている。例えば，強酸性溶液中ではフラビリウム型の赤色を呈し，きわめて安定であるが，弱酸性から中性溶液中ではアンヒドロ型となって紫色を呈する一方，速やかに水和が起こり，無色のプソイド塩基となる。この不安定な色素が弱酸性から中性の植物中で安定な理由は，芳香環の疎水相互作用による面対面の分子会合形成による発色団への水和阻害にある。しかし，純粋な色素を大量に得ることが困難であるため，個々の発色に関しては不明な点が多い。

　以下では，黒大豆種皮のアントシアニンであるシアニジン-3-グルコシド（図Ⅱ-13-6）の HPLC 分析を取り上げる。

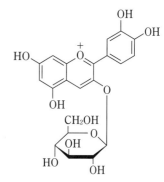

図Ⅱ-13-6　シアニジン-3-グルコシドの構造式

◎ 試　料

　分析用試料として黒大豆種皮を選定し，シアニジン-3-グルコシドの含量を測定する。

① 　黒大豆を浸水後，柔らかくなった黒大豆の種皮を粉砕する。
② 　3％トリフルオロ酢酸（TFA）を含む50％アセトニトリル水溶液を加えて抽出を行う。
③ 　抽出液を3,000 rpm で5分間遠心分離を行う。
④ 　上清をマイクロフィルター（0.20 μm）でろ過し，得られたろ液を試料液とする。

◎ HPLC 分析

① 　ポンプ
島津2液混合高圧グラジエントポンプ
② 　カラム
Shim - packVP - ODS（150 mmL.× 4.6 mmI. D., 4.6 μm）
カラム温度40℃
③ 　移動相
A 液：10 mM リン酸緩衝液（pH 2.6）
B 液：アセトニトリル
分析開始前 B 液5％，分析開始から10分後までに30％，15分後に100％になるように設定する。

④ 流量

1.0 mL/分
⑤ 検出器

UV-VIS検出器（検出波長520 nm）
⑥ 注入量

10 μL を HPLC に注入する。

⑤ 実験フローチャート

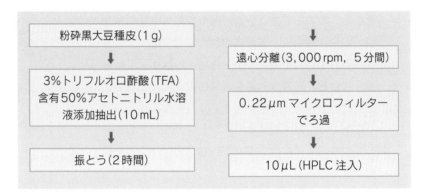

⑤ 実験結果の整理

シアニジン-3-グルコシドのクロマトグラムは図Ⅱ-13-7のようになった。シアニジン-3-グルコシドの標準溶液のピーク面積値から絶対検量線を作成し，黒大豆種皮試料中のシアニジン-3-グルコシド含量を算出する。黒大豆種皮中のシアニジン-3-グルコシド含量は，15 mg/g となった。

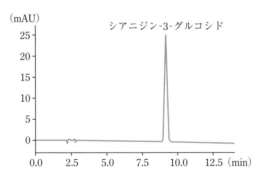

図Ⅱ-13-7　シアニジン-3-グルコシドのクロマトグラム

13-5 核酸関連物質の分析

　　魚肉中の ATP（アデノシン三リン酸）は時間の経過とともに，ADP（アデノシン二リン酸）→ AMP（アデノシン一リン酸）→ IMP（イノシン一リン酸）→ HxR（イノシン）→ Hx（ヒポキサンチン）へと分解が進む。これらの成分を核酸関連物質（図Ⅱ-13-8）とよんでいる。以下では，まあじ背部筋肉中の核酸関連成分の HPLC 分析を取り上げる。

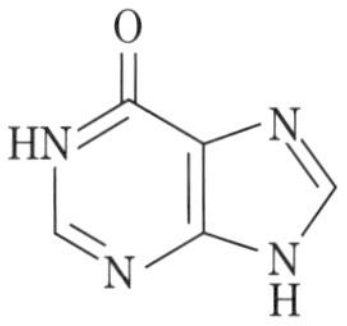

1. Hx（ヒポキサンチン） 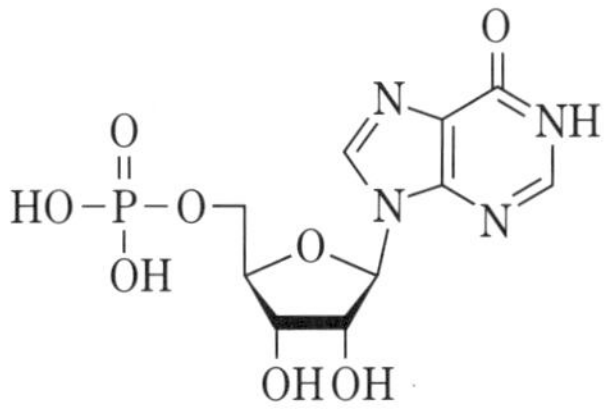　　2. IMP（イノシン一リン酸） 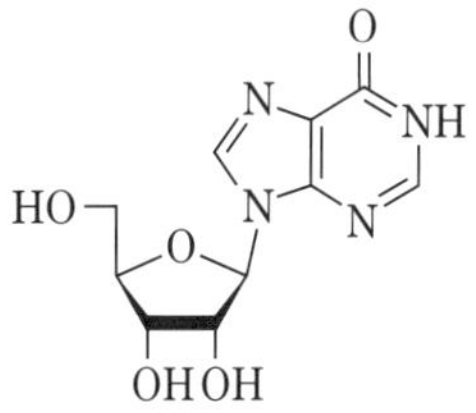　　3. HxR（イノシン）

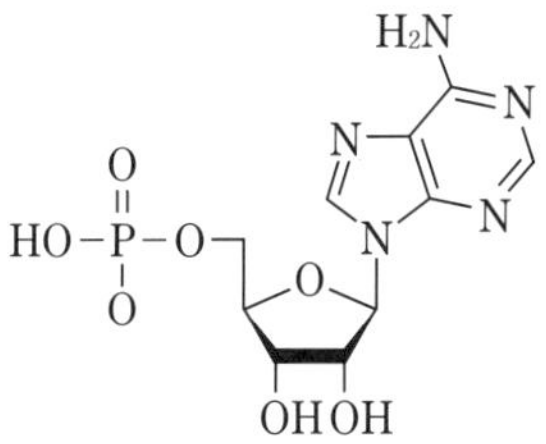

4. AMP（アデノシン一リン酸） 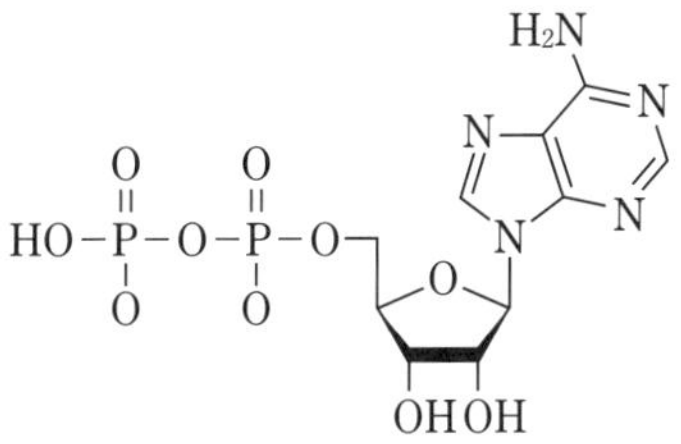　　5. ADP（アデノシン二リン酸） 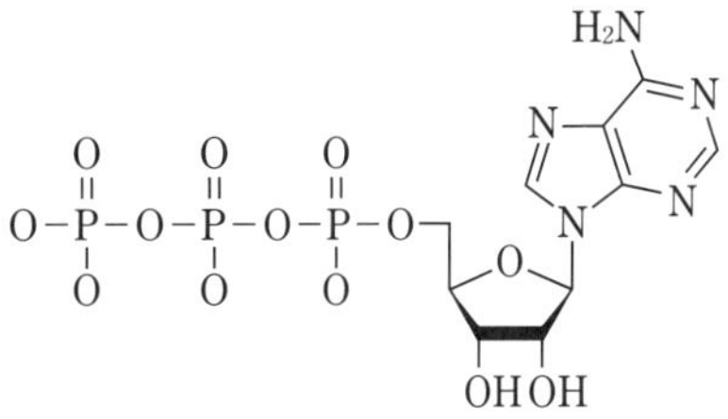　　6. ATP（アデノシン三リン酸）

図Ⅱ-13-8　核酸関連物質の構造式

試　料

　　分析用試料として，まあじの背部筋肉を選定し，核酸関連物質（ATP，ADP，AMP，IMP，HxR，Hx）の含量を測定する。

①　まあじの背部から採取後の筋肉を5 mm 角程度に裁断する。

②　得られた筋肉約2 g に10％過塩素酸5 mL を加え，ポリトロンホモジナイザーでホモジネートとする。

③　これを遠心分離（4℃，3,500〜4,000 rpm，7分）する。

④　得られた上清を冷却しながら10 M KOH で中和する。

⑤　中和後，再度，上記条件で遠心分離を行う。

⑥　上清をろ紙（ADVANTEC No.2）でろ過後，蒸留水で50 mL に定容し，これを試料とする。

HPLC 分析

①　ポンプ

島津高圧ポンプ

② カラム

Shim‑packXR‑ODSⅢ(50 mm L.×2.0 mmI. D., 1.6 μm)

カラム温度40℃

③ 移動相

100 mM リン酸と150 mM トリエチルアミンの混液[注]：アセトニトリル＝100：1

注〕 蒸留水1Lにリン酸6.8 mLとトリエチルアミン20.9 mLを溶解させた水溶液

④ 流　量

0.9 mL/分

⑤ 検出器

UV 検出器(検出波長260 nm)

⑥ 注入量

1 μL を HPLC に注入する。

🕲 実験フローチャート

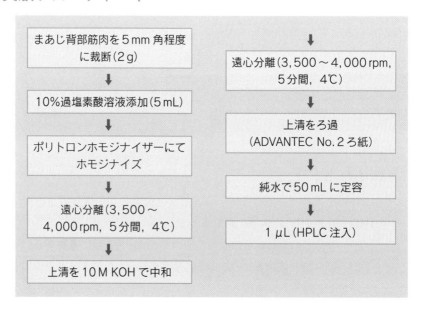

🕲 実験例

　核酸関連物質(Hx, IMP, HxR, AMP, ADP, ATP)のクロマトグラムは図Ⅱ‑13‑9のようになった。核酸関連物質の標準溶液のピーク面積値から絶対検量線を作成し，まあじの背部筋肉試料中の核酸関連物質の含量を算出する。まあじの背部筋肉中の核酸関連物質含量は，5.6，0.8，0.1，0.6，0.03，0.06 μmol/g となった。

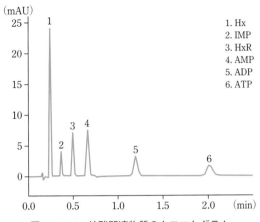

図Ⅱ-13-9　核酸関連物質のクロマトグラム

1. Hx
2. IMP
3. HxR
4. AMP
5. ADP
6. ATP

13-6　クロロゲン酸の分析

　　ポリフェノールとはフェノール基を複数もつ構造を有する化合物を指す言葉である。クロロゲン酸(C)などのポリフェノール化合物は，一般的に抗酸化性をもつとともに抗変異原性や抗腫瘍作用，コレステロール低下作用，酵素活性阻害作用など，多様な生理機能を発揮する保健成分として注目されている。クロロゲン酸はカフェオイルキナ酸ともよばれ，カフェー酸のカルボキシ基とキナ酸の水酸基が脱水縮合構造をもつ化合物(図Ⅱ-13-10)であり，なすやコーヒー豆などに多く含まれている。以下では内部標準法を用いたクロロゲン酸の HPLC 分析を取り上げる。

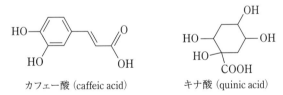

クロロゲン酸 (chlorogenic acid)

カフェー酸 (caffeic acid)　　キナ酸 (quinic acid)

図Ⅱ-13-10　クロロゲン酸と構成化合物の構造式

◎ 試　料

　　分析用試料としてなす，生コーヒー豆，焙煎コーヒー豆を選定し，クロロゲン酸の含量を測定する。

　　①　なすは皮を剥き，身の部分を包丁で細かく刻む。コーヒー豆はあらかじめミルで挽いておく。

　　②　なすは 0.5 g 程度，生コーヒー豆は 0.01 g 程度，焙煎コーヒー豆は 0.05 g 程度

を精密天秤で計量し，記録する。

③　なすあるいはコーヒーの試料を試験管に入れ，サリチル酸溶液(1 mg/mL)1 mL と 80% メタノール 4 mL を添加する。

④　試験管を氷で冷やしながらポリトロンホモジナイザーを用いてホモジネートにする。

⑤　懸濁液 1.5 mL をマイクロチューブに移し，遠心分離(3分間)する。

遠心分離後の上清 100 μL を 1.5 mL マイクロチューブに正確に採り，900 μL の 80% メタノール溶液を添加混合し，分析試料液とする。

◎ 試薬の調製

①　クロロゲン酸抽出溶媒，および検量線作成用希釈溶媒(80% メタノール溶液，80% MeOH)の調製

500 mL メスシリンダーを用いてメタノール 200 mL と精製水 50 mL を量り，500 mL の三角フラスコに入れて，よく撹拌して調製する。

②　1 mg/mL サリチル酸の 80% MeOH(内部標準物質，IS 溶液)の調製

サリチル酸 10 mg を 80% MeOH に溶解する。

③　1 mg/mL クロロゲン酸の 80% MeOH(C 溶液)の調製

クロロゲン酸 10 mg を 80% MeOH に溶解する。

◎ 検量線の調製

サリチル酸(IS)含有の検量線作成用クロロゲン酸標準液の調製

クロロゲン酸溶液(200，400，600，800，1000 μg/tube)を 80% MeOH を溶媒として以下のように調製する。

1.　200 μg/tube：CH 溶液 0.2 mL ＋ IS 溶液 1.0 mL ＋ 80% MeOH 3.8 mL
2.　400 μg/tube：CH 溶液 0.4 mL ＋ IS 溶液 1.0 mL ＋ 80% MeOH 3.6 mL
3.　600 μg/tube：CH 溶液 0.6 mL ＋ IS 溶液 1.0 mL ＋ 80% MeOH 3.4 mL
4.　800 μg/tube：CH 溶液 0.8 mL ＋ IS 溶液 1.0 mL ＋ 80% MeOH 3.2 mL
5. 1000 μg/tube：CH 溶液 1.0 mL ＋ IS 溶液 1.0 mL ＋ 80% MeOH 3.0 mL

◎ 主な器具，装置

①　500 mL メスシリンダー
②　500 mL 三角フラスコ
③　10 mL メスフラスコ
④　10 mL ホールピペット
⑤　1000 μL マイクロピペット
⑥　試験管
⑦　15 mL プラスチックチューブ

⑧　1.5 mL マイクロチューブ
　　冷却微量遠心分離用
⑨　安全ピペッター
⑩　まな板，および包丁
⑪　ポリトロンホモジナイザー
　　高速回転刃と高周波パルスを併用する微量ホモジナイザー

⑫　遠心分離機

　4℃の冷却と 10,000 rpm の高速回転が可能な高速冷却型

⑤ HPLC 分析

① ポンプ

島津高圧ポンプ

② カラム

GeminiC 18 ODS 110A（150 mm L. × 4.6 mmI. D., 4.6 μm）

カラム温度 40℃

③ 移動相

10 mM リン酸緩衝液（pH2.5）：メタノール = 1：1（V：V）

④ 流　量

0.8 mL/分

⑤ 検出器

UV 検出器（検出波長 327 nm）

⑥ 注入量

10 μL を HPLC に注入する。

⑤ 実験フローチャート

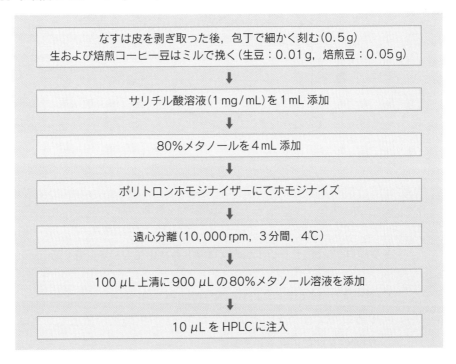

⑤ 実験結果

A クロマトグラム

クロロゲン酸(C)とサリチル酸(IS)のクロマトグラムは図Ⅱ-13-11のようになった。

B 検量線

検量線の調製で得たサリチル酸を内部標準とするクロロゲン酸溶液(200 〜 1,000 μg/tube)を10 μL ずつ HPLC 分析し，内部標準とのピーク面積比を用いてクロロゲン酸の検量線を得る。寄与率(R^2)0.9991の良好な直線性が得られた(図Ⅱ-13-12)。

C 試料中のクロロゲン酸含量

試料(0.525 g)を調製後 HPLC に注入した結果，クロロゲン酸のピーク面積値が584489，サリチル酸(内部標準物質)の面積値が127519であった場合，次に示す計算方法を用いて，クロロゲン酸の含有量を算出する。

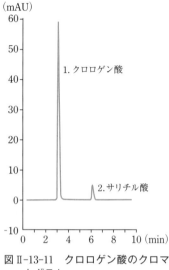

図Ⅱ-13-11　クロロゲン酸のクロマトグラム

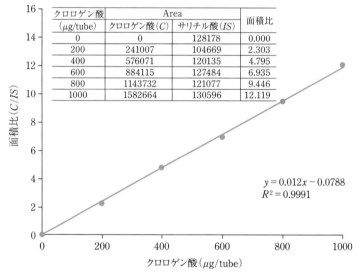

クロロゲン酸	Area		面積比
(μg/tube)	クロロゲン酸(C)	サリチル酸(IS)	
0	0	128178	0.000
200	241007	104669	2.303
400	576071	120135	4.795
600	884115	127484	6.935
800	1143732	121077	9.446
1000	1582664	130596	12.119

$y = 0.012x - 0.0788$
$R^2 = 0.9991$

図Ⅱ-13-12　クロロゲン酸の検量線

● クロロゲン酸/サリチル酸のクロマト面積比(C/IS)を計算する。

$$\frac{C}{IS} = \frac{584489}{127519} = 4.584$$

● 上述のクロロゲン酸検量線の傾き(a)と切片(b)の値より，クロロゲン酸の量(μg/tube)と(μg/g)を算出する。

検量線　$y = ax + b$

$$a = 0.012 \frac{(C/IS)}{(\mu g/tube)} \qquad b = -0.0788(\mu g/tube)$$

検量線の式を変形して，サンプル量 x $(\mu g/tube)$ の式 $x = (y - b)/a$ にする。

この式にサンプルのピーク面積比 (C/IS) の値 $y = 4.584$ を代入する。

$$y = 0.012x - 0.0788 \longrightarrow x = \frac{\{y - (-0.0788)\}}{0.012}$$

$$y = 4.584 を代入する \longrightarrow x = \frac{(4.584 + 0.0788)}{0.012}$$

$$\longrightarrow x = 388.6(\mu g/tube)$$

秤量したサンプル重量が 0.525 (g/tube) であるから

$$388.6(\mu g/tube) \div 0.525(g/tube) = 740.2\,\mu g/g$$

したがって，このサンプル中のクロロゲン酸量は 0.74 mg/g となる。

以上の計算方法に従い，なす，生コーヒー豆，焙煎コーヒー豆中のクロロゲン酸含量を求めると，0.74 mg/g，32.8 mg/g，12.6 mg/g であった。

13-7 アミノ酸の分析

食品のアミノ酸分析は全アミノ酸(遊離アミノ酸，ペプチド，たんぱく質)と遊離アミノ酸の分析に分けることができる。全アミノ酸を対象としたときは，アミノ酸組成によるたんぱく質量を求めたり，アミノ酸価の計算に用いられる。最近では，γ-アミノ酪酸(GABA)，シトルリン，オルニチン，テアニンなどの機能性アミノ酸の評価にも利用される。

一般的な方法として，強酸性陽イオン交換カラムでアミノ酸を分離した後，ニンヒドリンや o-フタルアルデヒド(OPA)試薬で反応・検出する。この方法は成書も多いが，導入できるところも限られているため，ここではシステム構成の簡単なプレカラム HPLC 法を紹介する。

アミノ酸は誘導体化すると，逆相カラムで分離できるようになる。さまざまな誘導体化法があるが，本項では，OPA およびクロロギ酸 9-フルオレニルメチル(FMOC 化剤)を用いた方法を示す。図 II-13-13 に示したように，チオール化合物共存下において OPA は一級アミノ酸と反応し，OPA と反応しない二級アミノ酸は FMOC と反応する。これらの反応試薬はアミノ酸に対し過剰に存在する場合，速やかに反応が進行する。OPA と共存させるチオール化合物を N-t-ブトキシカルボニル(BOC)-L-システインにするとキラル分離も可能になる。特に，BOC 誘導体では，多くのアミノ酸で L 型が D 型よりも先に溶出するため，有用な光学分割剤となる。

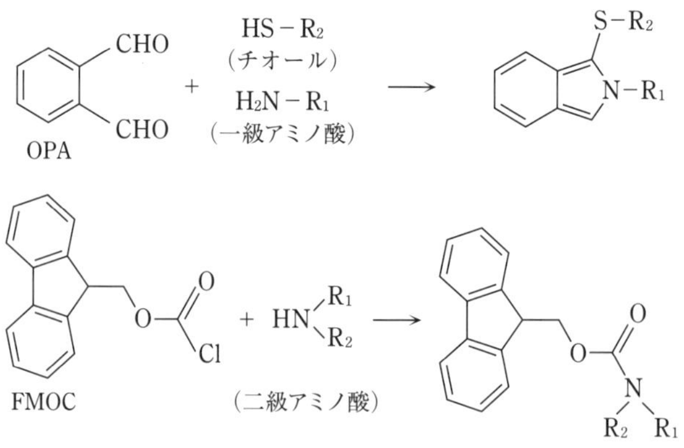

図Ⅱ-13-13　アミノ酸のプレカラム誘導体化反応

🔹 試　薬

① ホウ酸緩衝液

0.1 M ホウ酸ナトリウム溶液を 10 M NaOH で pH 10.2 に調整する。

② OPA 試薬

OPA および 3-メルカプトプロピオン酸各 10 mg を褐色バイアルに秤取し，100 μL の メタノールで溶解した後，0.1 M ホウ酸緩衝液 900 μL を加える。マイクロフィルター でろ過し，使用時まで冷蔵保存する。約 10 日間は安定である。

③ FMOC 試薬

FMOC 2.5 mg をアセトニトリル 1 mL に溶解する。マイクロフィルターでろ過し， 使用時まで冷蔵庫に保存する。約 10 日間は安定である。

④ アミノ酸標準溶液の調製

市販のアミノ酸混合標準液 H 型(各アミノ酸 2.5 μmol/mL)を用いる。3～5 段階の 濃度の標準液を調製する(900，225，90，22.5，9 nmol/mL)。食品分析用であれば， この範囲で十分であり，紫外部検出が可能である。ただし，微量アミノ酸まで追跡す る場合は，さらに低濃度の標準液(2.25 nmol/mL)まで追加調製する。その他のアミ ノ酸として，アスパラギン(Asn)，グルタミン(Gln)，シトルリン(Cit)，γ-アミノ酪 酸(GABA)，トリプトファン(Trp)，オルニチン(Orn)，ヒドロキシプロリン(Hyp)も 適宜追加する。

⑤ HPLC 用溶離液

(A 液)10 mM リン酸-ほう酸緩衝液(無水 NaH_2PO_4 1.40 g，四ホウ酸ナトリウム 10 水和物 3.8 g を 1 L の超純水に溶解し，濃塩酸で pH 8.2 に調整する。

(B 液)アセトニトリル 450 mL，メタノール 450 mL，水 100 mL を混合する。

🔹 主な装置，器具

① 酸加水分解容器

ガラス試験管，もしくはバキュームリアクションチューブ

② 抽出容器

プラスチック製遠沈管（溶媒耐性のあるもの，遠心耐性のあるもの）

③ ウオーターバス，もしくはアルミドライバス

④ カラム

Poroshell HPH C‐18（φ3.0×100 mm，2.7μm，アジレントテクノロジー社）　カラム温度：40℃

⑤ 送液ポンプ

2液グラジエントができるポンプがよい。

(1) 流速：0.62 mL/min

(2) 移動相：試薬の調製の項参照

(3) グラジエントプログラム：0 min（2％B液）‐9 min（57％B液）‐9.2 min（100％B液）‐10.1 min（100％B液）になるように設定する。

⑥ 検出器

A　フォトダイオードアレイ検出器：検出波長338 nm（OPA‐アミノ酸），262 nm（FMOC‐アミノ酸）の2波長同時モニター。UV‐Vis検出器を用いる場合は1チャンネルのデータ採取しかできないため，タイムプログラムで波長の切替えを行う。

B　蛍光検出器：0～7.2分は励起波長340 nm/蛍光波長450 nm（OPA‐アミノ酸），7.2分以降は励起波長266 nm/蛍光波長305 nm（FMOC‐アミノ酸）の波長を切り替える。切り替えるタイミングはほぼ一定であるが，リジンとヒドロキシプロリンの保持時間が近いため，標準溶液の測定時に確認をする。

Ⓢ 試　料

試料はそのままでも可能であるが，乾燥粉砕すると，ばらつきの小さいデータが得られやすく，実験をスケールダウンさせることができる。

① 加水分解用アミノ酸試料の調製

図Ⅱ‐13‐14のように自製した加水分解用ガラス試験管に乾燥試料約10 mgを精秤し，6M塩酸を1 mLを加える。減圧下で封管し，110℃，24時間加水分解を行う。反応後，開封し50 mLのナス型フラスコに移して，ロータリーエバポレーターにて約50℃で減圧乾固する。減圧乾固を繰り返し，塩酸はできるだけ除去する。0.02M塩酸で50 mLに定容後，マイクロフィルターでろ過し，分析用の試料とする。

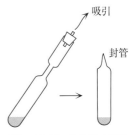

図Ⅱ‐13‐14　たんぱく質の加水分解

② 遊離アミノ酸用試料の調製

(1) 75％エタノール抽出法

細切した試料1～5 gをプラスチック製遠心管（50 mL容）に精秤し，試料の水分に応じて含水エタノール30 mLを加える（終濃度75％）。ホモジナイズ後，数回振りながら，

80℃，20分間抽出を行う。遠心分離(10,000 rpm)を行い，沈渣に75%エタノール30 mLを加えてさらに抽出を行う。抽出は計3回行い，上清をナス型フラスコ(200 mL)に集め，エバポレーターで1/3程度まで濃縮する。最終濃度が0.02 Mになるように塩酸を加えて，50 mLに定容する。分析時にマイクロフィルターでろ過し，適宜希釈し，分析用試料とする。

本方法で得られた抽出液は，糖ならびに有機酸分析にも用いることができる。

(2)　除たんぱく法

除たんぱくは，主に生体液や動物性試料の前処理に用いられる。酸溶媒や水溶性有機溶媒を添加し，たんぱく質を沈殿させた後，その上清を測定用試料として用いる。水溶性有機溶媒の添加ではpHの変化がないことが利点となるが，除たんぱく効率は酸溶媒のほうが高い。

A　スルホサリチル酸法

液体試料はそのまま試料液とし，肉や魚等の固体試料は試料採取量の1.5倍量の水でホモジナイズし，遠心分離後の上清を試料液とする。試料液と等量の2%スルホサリチル酸溶液を加え，15〜30分間よく撹拌した後，遠心分離(3,000 rpm，15分間)する。上清をそのまま分析用試料とする。

B　トリクロロ酢酸法

上記方法でうまく処理できないときは，最終濃度を4〜5%にしたトリクロロ酢酸で抽出する。固体試料1 gに対し5%トリクロロ酢酸溶液9.0 mLを加え，ホモジナイズした後，15〜30分間よく撹拌した後，遠心分離(3,000 rpm，15分間)する。上清を0.02 M塩酸溶液で適宜希釈する。

⑤ HPLC分析

① 誘導体化反応

アミノ酸溶液0.1 mLにホウ酸緩衝液0.5 mLを加えよく混合した後，OPA試薬0.1 mLを加え混合し，さらにFMOC試薬0.1 mLとよく混合する。室温暗所下，1分間放置した後，反応液の5 μLをインジェクターに注入する。誘導体化反応によって生成するイソインドールは分解が速いので，反応から分析までの時間を一定にすると，再現性が向上する。また，前処理機能を備えたオートサンプラーがあれば，再現性がより高くなる。

② データの取り扱い

得られるクロマトグラムは図Ⅱ-13-15のようになる。アミノ酸標準液は9-900 nmol/mLの間で，ほぼ直線関係を示すため，アミノ酸標準溶液のピークの保持時間と面積値の比較から，定量が可能になる。図Ⅱ-13-16のように標準溶液中の各アミノ酸のピーク面積値から検量線をつくり，未知試料のアミノ酸濃度を算出する。なお，これらの作業はデータ解析ソフトの定量解析機能を利用すると便利である。標準溶液中のシスチンについては，蛍光検出では確認できない。紫外部検出により確認

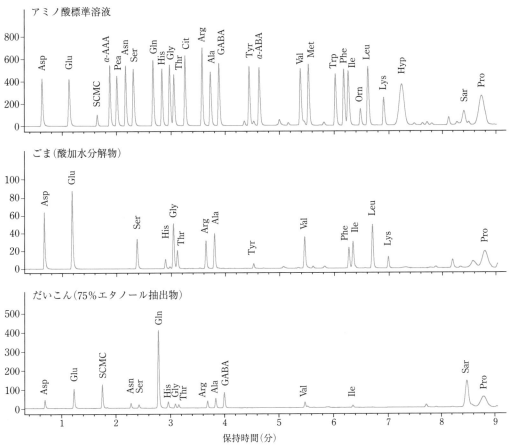

図Ⅱ-13-15　プレカラム法によるアミノ酸誘導体のクロマトグラム

SCMC：S-カルボキシルメチル-L-システイン，Pea：ホスホエタノールアミン
α-AAA：α-アミノアジピン酸，Cit：シトルリン，α-ABA：α-アミノ酪酸，Orn：オルニチン

することができる。

　本法は外部標準法で定量しているが，内部標準法を用いると，取得データの誤差範囲は，より小さくなる。また，加水分解による損失率やプレカラム誘導体化反応の反応効率の差を相殺することができる。酸加水分解アミノ酸の内部標準物質として，α-アミノ酪酸（一級アミノ酸）およびサルコシン（二級アミノ酸）を，遊離アミノ酸ではS-カルボキシメチル-L-システイン（一級アミノ酸）およびサルコシン（二級アミノ酸）を用いる。内部標準物質の添加量は一様ではないため，外部標準法で測定を行い適当な値を求める。

紫外線吸収による測定（338nm）

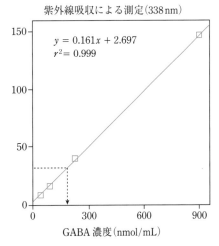

$$y = 0.161x + 2.697$$
$$r^2 = 0.999$$

図Ⅱ-13-16　紫外部検出によるアミノ酸誘導体の検量線

📎 実験フローチャート

試料調製フローシート

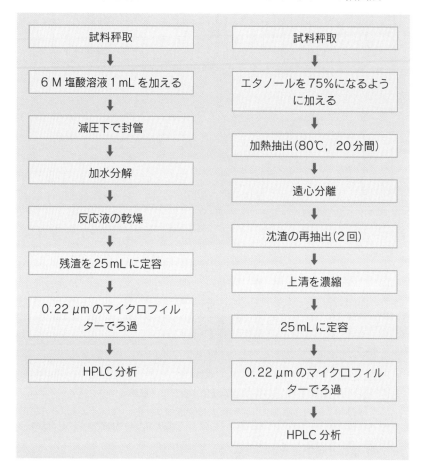

<酸加水分解法>^{注)}

- 試料秤取
- 6 M 塩酸溶液 1 mL を加える
- 減圧下で封管
- 加水分解
- 反応液の乾燥
- 残渣を 25 mL に定容
- 0.22 μm のマイクロフィルターでろ過
- HPLC 分析

<75%エタノール抽出法>

- 試料秤取
- エタノールを 75%になるように加える
- 加熱抽出（80℃，20 分間）
- 遠心分離
- 沈渣の再抽出（2 回）
- 上清を濃縮
- 25 mL に定容
- 0.22 μm のマイクロフィルターでろ過
- HPLC 分析

注〕 次に挙げるアミノ酸については，本法では測定できない。

① アスパラギンとグルタミン：両者ともアミド結合が加水分解されてそれぞれアスパラギン酸とグルタミン酸に変わるので，両アミノ酸の総量として扱う。

② トリプトファン：酸性条件下で完全に破壊されるので，別途アルカリ加水分解を行う。

③ システイン，シスチンおよびメチオニン：酸加水分解で一部破壊されるので，酸加水分解の前に，過ギ酸酸化によってシステイン酸とメチオニンスルホンに変換する必要がある。

⑤ 実験結果の計算

GABA 濃度(x)	ピーク面積(y)
標準溶液　90 nmol/mL	16.11
標準溶液　225 nmol/mL	40.05
標準溶液　900 nmol/mL	147.1
試料(だいこん抽出物)	18.41

検量線　$y = 0.161x + 2.697$

GABA 濃度$(x) = \dfrac{(y - 2.697)}{0.161}$

⑤ 実験例(GABA の場合)

試料：だいこん

試料秤取量：5.000 g，5 g から試料液 25 mL 調製

　図Ⅱ-13-16 のように，GABA の検量線が $y = 0.161x + 2.697$ になったとする。濃度を求めるための計算式は，$x = (y - 2.697)/0.161$ となる。求められたクロマトグラムの面積から，まず HPLC 分析用試料の濃度を求め，食品換算する。

$$\text{GABA 濃度(nmol/mL)：} \frac{(18.41 - 2.697)}{0.161} = 97.60$$

　試料溶液は，試料濃度が 5 g/25 mL＝0.2 g/mL であり，GABA 濃度が 97.60 nmol/mL よって，97.60 nmol/0.2 g に相当するため，488 nmol/g となる。

GABA 濃度(mmol/100 g) = 488 × 0.001 × 0.1 = 0.0488

GABA 濃度(mg/100 g) = 0.0488 × 103 = 5.03

だいこん中の GABA 含量は 5.03 mg/100 g となった。

Column　アミノ酸組成によるたんぱく質とは？

　8訂成分表では，本書の基礎編(p.14)で述べているように，これまでの全窒素を基準とした定量値だけでなく，たんぱく質を構成しているアミノ酸から算出した値を収載している。これは，国際的な推奨法に合わせた動きであり，窒素-たんぱく質換算係数による過剰算定の問題を抱えているためである。次の計算式を用いて，分析により得られた各アミノ酸の量から，アミノ酸の脱水縮合物の総量として，たんぱく質を求める。

$$\frac{\text{可食部100 g 当たりの各アミノ酸の量×(そのアミノ酸の分子量 - 18.02)}}{\text{(そのアミノ酸の分子量)の合計}}$$

HPLC から UHPLC

　ここ何十年の間で，ガラスカラムに詰めたオープンカラムから HPLC，現在では UHPLC へと技術が進化している。また，検出器についても従来の吸光光度検出器や蛍光検出器だけでなく，今や万能検出器である質量検出器が主役となっている。質量検出器については，維持管理に手間がかかる装置でもあり，メーカーのサポートや一定の専門知識が必要である。そのため，自分の置かれた環境に合わせ，身の丈にあったシステムを構築することが重要である。実際に，アミノ酸アナライザーは今でもニンヒドリン発色系をベースにした分析システムであり，必要な試薬も市販されているため，安定したデータを取得しやすい。

実験14　食物繊維の定量

　食物繊維とは，「ヒトの消化酵素で消化されない食品中の難消化性成分の総体」と定義されている。その分類には，定義上の議論を踏まえて大別すると「非でんぷん性多糖類とリグニン」の区分として，動植物の非でんぷん性多糖類，微生物産生多糖，化学修飾多糖を含むもの，「難消化性でんぷん，およびその関連化合物」の区分として難消化性デキストリン，合成多糖，Resistant starch などを含むもの，「その他難消化性物質」の区分として Trowell が Dietary fiber complex とよんだ物質群のように分けられる。定義に基づく定量法は，Southgate 法，Englyst 法，酵素-重量法(Asp 法，Prosky 法)がある。「日本食品標準成分表2020」では，水溶性食物繊維(SDF)と不溶性食物繊維(IDF)が分別される Prosky 変法が適用されている。

　この方法は，試料を耐熱性 α-アミラーゼ，プロテアーゼ，およびアミログルコシダーゼにより酵素処理をしてエタノール，およびアセトンで洗浄後，乾燥し秤量する。乾燥残差から非消化性たんぱく質と灰分を差し引いて SDF と IDF とする。SDF と IDF の合計量を総食物繊維(TDF)とする。

◎ 試　料

　試料は風乾，凍結乾燥，または脱脂後に粉砕して32メッシュのふるいを通して均質化する。また測定値を試料中の含量に換算するために，処理後の重量を正確に求めておく。

① 穀類や脂質の少ない豆類のように低水分の食品は，そのまま粉砕する。

② きのこ類，野菜類，いも類のように高水分の食品は風乾，または凍結乾燥後に粉砕する。

③ 果実類のように糖類が多く，凍結乾燥しにくい食品は，磨砕物をそのまま供する。

④ 脂質が5%以上の大豆とその加工食品や種実類は脱脂[注]してから粉砕する。

注] 脱脂操作：試料の粗砕物5〜6gを200mLの遠心管に入れて，石油エーテル120〜150mLを加え約15分間振り混ぜてから遠心分離(2,000rpm/分，10分)する。上澄液を捨て，石油エーテル100〜120mLを加え同様に処理する。同様な操作を再度繰り返す。得られた沈殿物を風乾してから磨砕する。大豆とその加工食品はクロロホルム-メタノール混液(2:1)で脱脂する。ジエチルエーテルを用いソックスレー抽出法で脱脂してもよい。処理後の重量を正確に求めておく。

◎ 試　薬

① 95%(V/V)エタノール

② 78%(V/V)エタノール

　95%(V/V)エタノール800mLに水200mLを加える。

③ アセトン

④　0.08M リン酸緩衝液(pH6.0)

リン酸水素二ナトリウム1.400 g(二水和物は1.753 g)とリン酸二水素ナトリウム一水和物9.68 g(二水和物は10.94 g)を水に溶かし，pH6.0に調整して1 Lとする。

⑤　耐熱性 α-アミラーゼ溶液

Novo 社製　Termamyl 120 L

⑥　プロテアーゼ溶液

Sigma 社製の P-3910または P-5380を0.08 M リン酸緩衝液(pH6.0)に50 mg/mL の濃度に溶かす。

⑦　アミログルコシダーゼ

Sigma 社製　A-9913

⑧　0.275 M 水酸化ナトリウム溶液

水酸化ナトリウム11.00 gを水に溶かして1 Lとする。

⑨　0.325 M 塩酸溶液

36%(約11.6M)塩酸28 mLに水を加えて1 Lとする。

⑩　セライト

あらかじめ，酸洗浄してある No.545を用いる。

⑤ 主な器具，装置

①　トールビーカー

容量500 mL

②　るつぼ型ガラスろ過器

パイレックス製ガラスろ過器(2G-2)。

525±5℃で1時間加熱し，放冷後十分に水洗して風乾する。使用前にセライト1.1 gを入れ，水，78%エタノールで順次洗浄して，均一なセライト層とする。セライト層形成時に78%エタノール洗浄をろ液の濁りがなくなるまで繰り返し，粒子の漏れがない状態にする。130℃で1時間加熱後，デシケーター中で放冷してから精秤する。

③　ろ過装置

アスピレーター，吸引瓶で構成され，るつぼ型ガラスろ過器を装着する。

④　ウォーターバス

振とう型で，沸騰水浴と60℃の定温水浴とに使用できるもの。

⑤　乾燥器

105±5℃および130±5℃に温度が調節できるもの。

⑥　電気マッフル炉

525±5℃に温度が調節できるもの。

⑦　ミクロケルダール蒸留装置

たんぱく質定量用(実験3を参照)

🔄 実験操作

A　水溶性食物繊維（SDF），および不溶性食物繊維（IDF）の分別

① 試料の採取

　一試料につき2検体を用意し，1検体を食物繊維のたんぱく質測定用，もう1検体を灰分測定用とする。それぞれに空試験区を用意する。一般的な食品は約1g，海藻など粘質物が多く，ろ過に時間がかかる食品は0.1g～0.5gを精秤して500mLのトールビーカーに入れる。両検体の誤差範囲は±20mgとする。空試験区には試料を秤取しない。

② 耐熱性アミラーゼ処理

　試験区と空試験区に0.08Mリン酸緩衝液50mLと耐熱性α-アミラーゼ溶液0.1mLを加えて，アルミはくで覆い沸騰湯浴中に入れる。トールビーカー内の液温が95℃になってから，約5分程度ごとに振り混ぜながら15～30分間放置する。

③ プロテアーゼ処理

　室温まで冷却後，試験区と空試験区に0.275M水酸化ナトリウム溶液約10mLを加えて，pH7.5±0.1に調整する。プロテアーゼ溶液0.1mLを加え，トールビーカーをアルミはくで覆い，60℃の湯浴中で振とうしながら30分間反応させる。

④ アミログルコシダーゼ処理

　室温まで冷却後，試験区と空試験区に0.325M塩酸溶液約10mLを加えて，pH4.3±0.3に調整する。アミログルコシダーゼ溶液0.1mLを加えて，トールビーカーをアルミはくで覆い，60℃の湯浴中で振盪しながら30分間反応させる。

⑤ ろ過による（水溶性食物繊維（SDF）と不溶性食物繊維（IDF）の分別

　試験区と空試験区について，以下の操作を行う。

（1）　酵素処理液をるつぼ型ガラスろ過器に流し込み，吸引しながらろ過する。

（2）　残渣を約10mLずつの水で2回吸引しながら洗浄し，洗液をろ液に合わせる。

　残渣に不溶性食物繊維，ろ液に水溶性食物繊維が含まれる。

B　水溶性食物繊維の定量

試験区2検体と空試験区2検体について以下の操作を行う。

①　ろ液に水を加えて100mLにしてから，あらかじめ約60℃に加温した4倍量の95%エタノールを徐々に混合し室温で1時間放置する。沈殿物が水溶性食物繊維である。この場合，塩類の析出を防ぐためにエタノールは，ろ液を撹拌しながら少しずつ混合する。また低温や長時間の放置も塩類を析出させるので避ける。

②　沈殿物を乱さないように注意しながら上澄み液をるつぼ型ガラスろ過器で吸引ろ過し，最後に沈殿物を流し入れる。

③　残渣を78%エタノール20mLずつ3回，95%エタノール20mLずつ2回，アセトン10mLずつ2回洗浄する。

④　るつぼ型ガラスろ過器をビーカーに入れ，105±5℃で一夜乾燥してデシケーター中で放冷し，精秤する。試験区の重量をSD-S，空試験の重量をSD-Bとする。

⑤ 試験区と空試験区の各一検体をたんぱく質定量用，灰分定量用とする。

⑥ たんぱく質[注]1，灰分[注]2を次の注]のように定量する

⑦ 試験区のたんぱく質を SD - PS，灰分を SD - AS，空試験区のたんぱく質を SD - PB，灰分を SD - AB とする。

注]1　たんぱく質の定量：るつぼ型ガラスろ過器の残渣をセライトともに分解びんにかきとり，ケルダール法で窒素を測定する。たんぱく質-窒素換算係数は6.25とする。

注]2　灰分の定量：残渣をるつぼ型ガラスろ過器ともに525±5℃で5時間灰化し灰分を測定する。

C　不溶性食物繊維の定量

　試験区2検体と空試験区2検体について以下の操作を行う。

⑧ るつぼ型ガラスろ過器の残渣を95％エタノール10 mL ずつで2回，アセトン10 mL ずつで2回，順次洗浄する。

⑨ るつぼ型ガラスろ過器をビーカーに入れ，105±5℃で一夜乾燥してデシケーター中で放冷し，精秤する。試験区の重量を ID - S，空試験の重量を ID - B とする。

⑩ 一検体をたんぱく質定量用，他を灰分定量用とする。

⑪ たんぱく質は，注]1，灰分は，注]2のように定量する。

⑫ 試験区のたんぱく質を ID - PS，灰分を ID - AS，空試験区のたんぱく質を ID - PB，灰分を ID - AB とする。

実験フローチャート

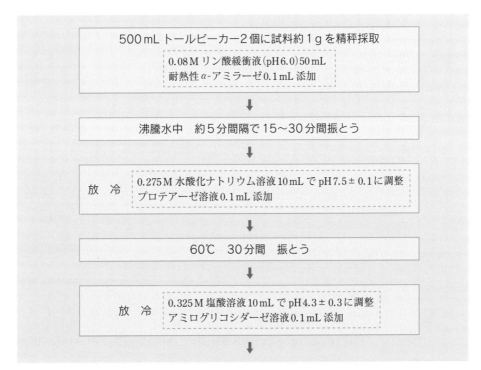

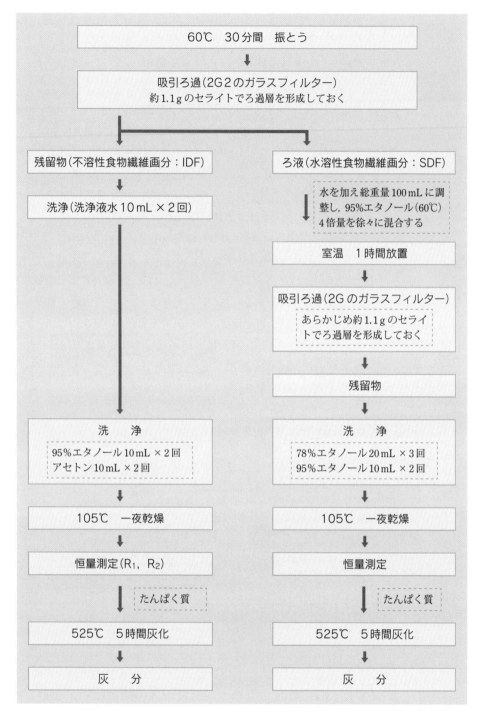

⑤ 実験結果の計算

(1) 水溶性食物繊維（SDF）

$$SDF(g / 100\,g) = [(SD\text{-}S\text{-}SD\text{-}B) - (SD\text{-}PS\text{-}SD\text{-}PB) - (SD\text{-}AS\text{-}SD\text{-}AB)]$$
$$\times 100 / 試料(g)$$

SD‑S（g）：試験区の残渣の平均重量

SD‑B（g）：空試験区の残渣の平均重量

注〕　SD‑S と SD‑B はたんぱく質と灰分測定用試料2検体の平均値

SD‑PS（g）：試験区の残渣のたんぱく質含量

SD‑PB（g）：空試験区の残渣のたんぱく質含量

SD‑AS（g）：試験区の残渣の灰分含量

SD‑AB（g）：空試験区の残渣の灰分含量

（2）　不溶性食物繊維（IDF）

$$\text{IDF}(\text{g}/100\,\text{g}) = [(\text{ID-S-ID-B}) - (\text{ID-PS-ID-PB}) - (\text{ID-AS-ID-AB})]$$
$$\times 100 / 試料(\text{g})$$

ID‑S（g）：試験区の残渣の平均重量

ID‑B（g）：空試験区の残渣の平均重量

注〕　ID‑S と ID‑B はたんぱく質と灰分測定用試料2検体の平均値

ID‑PS（g）：試験区の残渣のたんぱく質含量

ID‑PB（g）：空試験区の残渣のたんぱく質含量

ID‑AS（g）：試験区の残渣の灰分含量

ID‑AB（g）：空試験区の残渣の灰分含量

実験例

試料：切干しだいこん

● 水溶性食物繊維

試料量（g）：1.0001

SD‑S（g）：0.1252

SD‑B（g）：0.0026

SD‑PS（g）：0.0151

SD‑PB（g）：0.0030

SD‑AS（g）：0.0771

SD‑AB（g）：0.0020

● 不溶性食物繊維

試料量（g）：1.0009

ID‑S（g）：0.2506

ID‑B（g）：0.0040

ID‑PS（g）：0.0800

ID‑PB（g）：0.0049

ID‑AS（g）：0.0765

ID‑AB（g）：0.0110

$$\text{SDF}(\text{g}/100\,\text{g}) = [(0.1252 - 0.0026) - (0.0151 - 0.0030) - (0.0771 - 0.0020)] \times \frac{100}{1.0001}$$
$$= 3.5396 \fallingdotseq 3.54$$

$$\text{IDF}(\text{g}/100\,\text{g}) = [(0.2506 - 0.0040) - (0.0800 - 0.0049) - (0.0765 - 0.0110)] \times \frac{100}{1.0009}$$
$$= 10.5905 \fallingdotseq 10.59$$

● 食物繊維総量

$$\text{TDF}(\text{g}/100\,\text{g}) = \text{SDF} + \text{IDF}$$
$$= 3.54 + 10.59$$
$$= 14.13$$

実験15 食品の抗酸化性試験

　脂質を空気中に放置しておくと，不飽和脂質の過酸化反応が進行する。最終生成物としてアルデヒド類，ケトン類などさまざまな刺激性の生成物を生じ，不快な臭いや味が出てくる。使い古した揚げ油の状態や，台所についた古い油汚れを想像してみるとよい。また不快なだけでなく大量に摂取した場合には生体にとっては有害，有毒ですらある。

　こうした変化を古くから油脂の酸化的劣化，酸敗(さんぱい)とよんでいる。また，この脂質過酸化反応は連鎖的に生じ，他の脂質分子を酸化することで拡大するので，自動酸化(autoxidation)ともよばれる(図Ⅱ-15-1)。

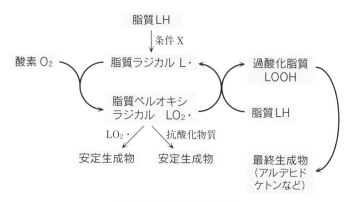

図Ⅱ-15-1　脂質の自動酸化

　さらに，脂質の過酸化反応は生体内でも生じ，生成物が細胞や遺伝子に与える傷害が種々の疾病の発症や進行に関係していることがわかっている。

　脂質や他の生体成分を過酸化反応から守る機能をもつ物質を抗酸化性物質(抗酸化物質)とよぶ。こうした成分の一部は生体内でも機能を保持し，種々の疾病に対して効果をもつ可能性が期待されている。さまざまな *in vitro* の抗酸化性測定系が用いられているが，実際に生体内での影響を反映させることを目指してスクリーニングシステムの開発が続けられている。

　現在食品研究分野で広く用いられている測定法を以下に挙げる(「：」以下は使用される特徴的な基質・検出試薬・装置などの例)。

- 酸素ラジカル吸収能力測定法(oxygen radical absorbance capacity method ORAC)：β-phycoerythrin, fluorescein, Trolox

- TRAP (total radical-trapping antioxidant parameter)法：β-phycoerythrin, fluorescein, Trolox

- TEAC, Trolox 等価量を指標とした抗酸化性測定法：ABTS, Trolox

- DPPH ラジカル捕捉法：DPPH

- TOSC (total oxyradical scavenging capacity method)法：KMBA, SIFT-MS

- PSC (peroxyl radical scavenging capacity method)法：2,2'-azobis(2-amidinopropane)

- FRAP（ferric reducing/antioxidant power）法：TPTZ
- ロダン鉄法（Ferric Rhodanate assay）：リノール酸，AAPH，チオシアン酸アンモニウム
- フォーリン - チオカルト（Folin - Ciocalteau）法または，フォーリン-デニス（Folin - Dennis）法による総ポリフェノールの定量（直接的な抗酸化性の指標ではない）：フォーリン - チオカルト試薬（フェノール試薬）

　個々の抗酸化物質の化学的特性に違いがあるため，手法によって抗酸化能力に違いが出ることは多く，複数の手法が併用されることが一般的である。以下では比較的容易な手法で多数の試料に対応可能な3つの方法，ロダン鉄法と DPPH ラジカル捕捉法，およびβ-カロテン褪色法について説明する。

15-1　ロダン鉄法による脂質過酸化の抑制活性の評価

　ロダン鉄法により，各自抽出した試料が脂質自動酸化を抑制する能力を評価する。
　ロダン鉄法は，脂質の過酸化によって生成する過酸化脂質（脂質ヒドロペルオキシド）を測定する評価法である。生じた過酸化脂質は反応性が高く，直接定量するのは困難であるため，本法では過酸化脂質を間接的に定量する。過酸化脂質により2価鉄が3価鉄に酸化され，この3価鉄がチオシアン酸アンモニウムと反応して赤色のロダン鉄 $Fe(SCN)_3$ を生成する。このロダン鉄を500 nm の波長で比色定量することによって脂質の過酸化度を評価する。
　今回の実験では酸化促進剤として2,2'-アゾビス（2-アミジノプロパン）二塩酸塩（AAPH）を反応液中に加える。

$$\text{L（脂質）} \longrightarrow \text{LOOH（脂質ヒドロペルオキシド）}$$
$$\text{LOOH} + Fe^{2+} \longrightarrow \text{LOH} + \text{HO}\cdot + Fe^{3+}$$
$$Fe^{3+} + 3\,SCN^- \longrightarrow Fe(SCN)_3 \text{（ロダン鉄，赤色）}$$

「・」は不対電子を示す。

図 II-15-2　脂質過酸化反応とロダン鉄法の反応機構

◎ 試　料

　市販の緑茶，ウーロン茶，麦茶の各飲料を適宜使用する（吸光度を測定するので，濁りのないものに限る）。

◎ 試　薬

① 精製リノール酸
② エタノール
③ 46.4 mM AAPH 水溶液
④ 0.2 M リン酸緩衝液

⑤　30％チオシアン酸アンモニウム溶液

⑥　0.02 M 塩化第一鉄 3.5 ％塩酸溶液

主な器具，装置

① 蓋付きサンプルびん

② 分光光度計

③ ガラスピペット，マイクロピペット類

実験操作

A　反応開始

①　蓋付きサンプルびん 5 本を用意し，精製リノール酸 0.13 mL ずつを入れる。リノール酸は粘性の高い液体なので取り扱いに注意する。

②　試料を N mL（$0 \sim 2$ mL，0.5 mL 刻みで）エタノール（$10-N$）mL 添加し，撹拌する。

③　46.4 mM AAPH 溶液 0.25 mL，0.2 M リン酸緩衝液 10 mL を加え撹拌する。

④　40℃で 24 〜 72 時間保温する。

B　測　定

①　分光光度計の調整を済ませ，安定化させておく。

②　蓋付きサンプルびんに，エタノール 10 mL，30％チオシアン酸アンモニウム溶液 0.1 mL，0.02 M 塩化第一鉄 3.5 ％塩酸溶液 0.1 mL を加え，撹拌する。

③　上記 A で作成し保温した反応液　0.1 mL を加え撹拌し，3 分間（可能な限り正確に）常温で置く。

④　反応開始 3 分後の 500 nm の吸光度を測定する。各試料について 5 点の反応液の吸光度を測定するため，下の表に示すような時間配分で行うと手際よく進む。

表 II-15-1　吸光度測定の時間配分

No.	1	2	3	4	5
反応液混合	0'00	0'30	1'00	1'30	2'00
吸光度測定	3'00	3'30	4'00	4'30	5'00

実験フローチャート

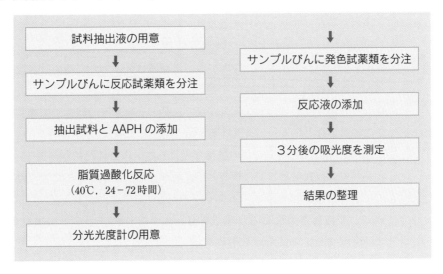

実験結果の整理

上記の結果をグラフ等に整理し，試料ごとの抗酸化性を比較考察する。

実験例

緑茶，ウーロン茶，麦茶の3種の試料を用いて実験を行い，グラフに整理したところ下記のようになった。これをみると，緑茶とウーロン茶には，脂質過酸化の抑制活性が認められた。緑茶は0.5 mL の添加で脂質の過酸化をほぼ抑えているが，ウーロン茶は同レベルの抑制に1.5 mL を要している。

したがって，活性の強さは緑茶＞ウーロン茶となる。麦茶は脂質過酸化抑制活性を有していないと考えられる。グラフが右肩上がりになる場合は，①試料自体に500 nm の吸収がある，②試料が清澄溶液でなく濁りがある，③試料に過酸化脂質，酸化剤，3価の鉄イオンなどが含まれるなどの可能性が考えられるので，こうした場合は試料調製法を変更する必要がある。

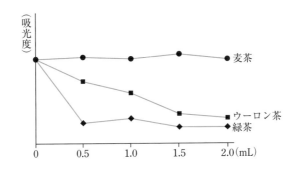

図II-15-3　実検例(サンプル：緑茶，ウーロン茶，麦茶)の結果

15-2 DPPH ラジカル捕捉法

不対電子を有する化学種を遊離基(フリーラジカル free radical)または単にラジカル(radical)という。また2個の不対電子を有するものをビラジカル，マイナス電荷を有するものをラジカルアニオンという。遊離基は分子の熱あるいは光による分解，電子線照射，金属還元などによって生じ，電子スピン共鳴法などによって観測される。生成した遊離基は通常化学反応性が高く，他の遊離基との結合，遊離基の放出，安定分子との反応などによって変化する。

抗酸化剤には，いくつかの機能が考えられ，まとめたのが表Ⅱ-15-2である。最初のラジカル捕捉剤としての機能とは，連鎖反応により生成したラジカルを捕捉することにより自動酸化を阻止するタイプである。これには，反応式①のように水素供与体として作用する場合と，電子供与体として作用することにより電荷移動複合体(charge transfer complex)を形成する場合(反応式②)があるが，いずれの場合も実際のフェノール性抗酸化剤の作用機構として働いていると推測される。

表Ⅱ-15-2 抗酸化剤の機能

1	ラジカル捕捉剤 (radical scavenger)： 水素供与体 (hydrogen donor) 電子供与体 (electron donor)
2	過酸化物分解剤 (peroxide decomposer)
3	一重項酸素クエンチャー (singlet oxigen quencher)
4	酵素阻害剤 (enzyme inhibitor)
5	共力剤 (synergist)：還元剤や金属キレート剤

$$\left.\begin{array}{lcl} ROO\cdot + AH_2 & \longrightarrow & ROOH + AH\cdot \\ AH\cdot + AH\cdot & \longrightarrow & A + AH_2 \end{array}\right\}\cdots\cdots\cdots\cdots ①$$

$$\left.\begin{array}{lcl} ROO\cdot + AH_2 & \longrightarrow & (AH_2-ROO)\cdot \\ (AH_2-ROO)\cdot + ROO\cdot & \longrightarrow & \text{安定生成物} \end{array}\right\}\cdots\cdots\cdots\cdots ②$$

図Ⅱ-15-4 脂質ラジカルに対する抗酸化剤 (AH)の反応

出典：川岸，中村「新しい化学」，三共出版(2000)より作成

通常ラジカル分子はきわめて反応性が強く，そのため不安定であるので，検出が困難である。ラジカル捕捉(消去)活性をもとに抗酸化物質の評価を行う場合，試験用ラジカル物質として DPPH (図Ⅱ-15-5)を用いることが多い。

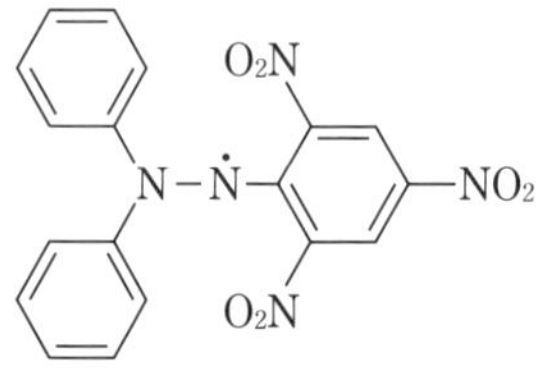

図Ⅱ-15-5 DPPH ラジカルの化学構造

DPPH は比較的安定な合成ラジカル化合物で，実験室で通常の試薬に準じて取り扱うことができる。また，粉末やアルコール溶液中では紫色に呈色するが，不対電子を失うと無色に変化するという特性があるため，吸光度を測定することで不対電子の検出を行うことが可能である。水溶性が低い，酸素ラジカルと挙動が異

なる場合がある，比較的安定な物質ではあるが当日調製が必要，などの問題点はあるが，現在広く使われている。

⑤ 試　料

　　食品試料からエタノールなどで抽出した液体試料を用意する。必要に応じてフィルターろ過するなどして，清澄試料を得る。

⑤ 試　薬

① エタノール
② 0.5 mM DPPH（エタノール溶液）必ず当日調製すること。
③ 試料抽出と同じ溶媒

⑤ 主な器具，装置

① 試験管，または蓋付きサンプル瓶
② 分光光度計
③ 試験管および試験管立て
④ ピペット類

⑤ 実験操作

① 分光光度計の調整を済ませ，安定化させておく。
② 試料数×2（反応用とブランク）＋2本（コントロール）の試験管を準備する。
③ 試料抽出液1 mL（コントロールには抽出溶媒1 mL），エタノール3 mL を試験管中で混和する。
④ 0.5 mM DPPH エタノール溶液 1 mL（試料ブランクにはエタノール1 mL）を混合し，混合直後と30分後に517 nm の吸光度（OD）測定する（表Ⅱ-15-3）。

表Ⅱ-15-3　DPPH ラジカル捕捉試験の反応

	コントロール0	コントロール30	反　応	試料ブランク
試料抽出液　（mL）	0	0	1	1
抽出溶媒　　（mL）	1	1	0	0
DPPH溶液　（mL）	1	1	1	0
エタノール　（mL）	3	3	3	4
計　　　　　（mL）	5	5	5	5
測　定　（分後）	0	30	30	30

実験フローチャート

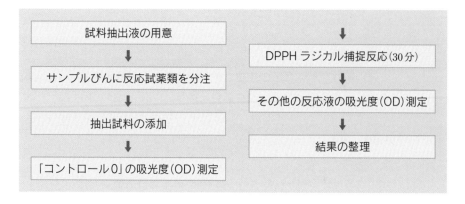

実験結果の計算

以下の式により, 試料のラジカル消去率(%)を算出する。

$$消去率(\%) = \frac{\left(\begin{array}{c}コントロール\\0のOD\end{array}\right) - \left\{\left(\begin{array}{c}反応\\30分後のOD\end{array}\right) - \left(\begin{array}{c}試料ブランクの\\OD\end{array}\right)\right\}}{(コントロール\,30\,のOD)} \times 100$$

実験例

市販のペットボトル入り茶飲料を用いて OD の測定を行った。「コントロール0」「コントロール30」は各試料で共通の値を用いた。得られた OD 値は表Ⅱ-15-4 のようになった。

表Ⅱ-15-4　茶飲料の抗酸化性の比較

試　料	緑　茶	紅　茶	ウーロン茶	麦　茶
コントロール 0	0.786			
コントロール 30	0.746			
反応後	0.143	0.153	0.251	0.632
試料ブランク	0.059	0.023	0.023	0.043
ラジカル消去率(%)	94.1	87.9	74.8	26.4

　緑茶, 紅茶, ウーロン茶はいずれも同じの植物, 茶の木(ツバキ科, 学名 *Camellia sinensis*)を加工して作られるもので, カテキン, およびその類縁化合物(茶葉の加工工程でカテキンから生じる)を含むため, きわめて強い抗酸化性を示した。一方, 麦茶はまったく異なる植物である大麦(イネ科)の種実を加工したものであり, 抗酸化性は大きく劣ることがわかる。

15-3 β-カロテン退色法

カロテノイドは動植物に広く存在しており，黄，橙，赤色を呈する脂溶性の色素である。カロテノイド色素は炭化水素のみからなるカロテン類と，ヒドロキシ基やカルボニル基をもつキサントフィル類に大別され，β-カロテンはカロテン類に分類される。β-カロテンは，一重項酸素（$^1O_2$）を消去する作用をもち，間接的に生体や食品成分の酸化を防御する役割を果たしているが，これは言い換えると β-カロテンが酸化を受けやすいということを示す。この抗酸化試験はリノール酸の酸化物によって β-カロテンが酸化され退色するという性質を利用したものである。リノール酸と β-カロテンに界面活性剤を加えてエマルションを形成し，温度を上げて反応させることでリノール酸は自動酸化が促進される。ここに抗酸化性をもつ物質が共存すれば β-カロテンの退色が抑制されるので，比色法を用いて測定することができる。

A 試料調製

5倍量程度の有機溶媒（80％メタノールや80％エタノールなど）を用いて抽出し，ろ過後，一定量に定容したものを試料溶液とする。必要に応じて抽出溶媒で希釈する。

B 試薬調製

• 0.1％ β-カロテン溶液

β-カロテン10 mg をクロロホルムに溶解して10 mL とする。

• 20％ Tween 40 溶液

Tween 40 2 g をクロロホルムに溶解して10 mL とする。

• 10％リノール酸溶液

リノール酸1 g をクロロホルムに溶解して10 mL とする。

• 0.001％ブチルヒドロキシアニソール（BHA）標準溶液

BHA 1 mg を80％エタノールに溶解し100 mL とする。

• 0.2 M リン酸ナトリウム緩衝液（pH 6.8）

リン酸二水素ナトリウムと，リン酸水素二ナトリウムの各0.2 M 溶液を適宜混合してpH 6.8に調整する。

C 主な器具，装置

• 恒温水槽　　　• 分光光度計

D 実験操作

(1) リノール酸/β-カロテンエマルション液の調製

10％リノール酸溶液0.2 mL，0.1％ β-カロテン溶液0.5 mL，20％ Tween 40 溶液1 mL を200 mL 容三角フラスコにとり，クロロホルムを完全に留去する。ここへ純水90 mL を加えて溶解し，0.2 M リン酸ナトリウム緩衝液10 mL を加え混合する。

(2) 反応液の作成

測定時間ごとに用意した試験管にBHA または試料溶液0.1 mL ずつを入れる。次い

で各試験管にリノール酸/β-カロテンエマルション液4.9mLを加えて混合，素早く50℃の恒温水槽に移し，15分後から45分後までの吸光度（470nm）を測定する。試料溶液の代わりに純水を用いたものをコントロールとする。

⑤ 実験フローチャート

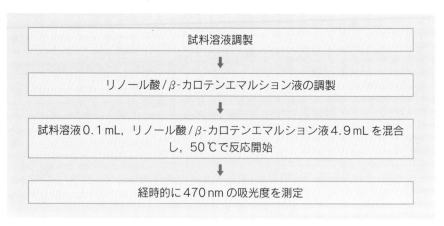

⑤ 実験結果の整理

経時的な吸光度変化をグラフにまとめ，試料溶液及び0.001％BHA溶液の吸光度の減少量（退色程度）を試料の代わり純水を用いたコントロールのそれで除し，抗酸化性の強さを比較する。数値が1.0以下で小さいものほど抗酸化活性が高いことを示す。もし1.0を超える場合は，酸化促進効果をもつことになる。活性は次式で求める。

$$\text{抗酸化活性} = \frac{\text{試料溶液}^{*}（15分 0.D - 45分 0.D）}{\text{コントロール}（15分 0.D - 45分 0.D）}$$

＊BHA溶液についても同じ計算式で抗酸化活性を求め，試料溶液のそれと比較する。

⑤ 実験例

試料：市販ペットボトル緑茶飲料（原液または10倍希釈液）

45分間の経時的な吸光度変化は，図Ⅱ-15-6の通りとなった。

試料原液の抗酸化活性＝（0.728-0.716）／（0.438-0.119）＝0.04

10倍希釈試料液の抗酸化活性＝（0.665-0.627）／（0.438-0.119）＝0.12

BHAの抗酸化活性＝（0.652-0.574）／（0.438-0.119）＝0.24

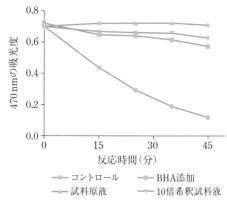

図Ⅱ-15-6　反応液の経時的な吸光度変化

Column バランスのよい食生活のすすめ

　実験15-1では飲料などの液体試料を用いる方法を例示したが，実験15-2と同様に固体試料の溶媒抽出液を用いて行うこともできる。両実験で，試料成分のもつ抗酸化性がきわめて強い場合には試料間の比較ができにくいので，あらかじめ希釈した試料溶液を用いて同様の実験を行う必要がある。

　ここで挙げた2つの実験の結果は，図Ⅱ-15-1「脂質の自動酸化」の図と合わせて考察することができる。実験15-1「ロダン鉄法」の実験では，図Ⅱ-15-1右上の「過酸化脂質」の発生量が実験試料によって抑制されるかどうかの，出口の部分に近いところを観察している。一方で，実験15-2「DPPHラジカル捕捉法」では同図の中央下，抗酸化物質によるラジカルの捕捉・消去の能力をみていることになる。

　2つの実験で得られた試料ごとの抗酸化力の強弱は必ずしも一致しない。食品中の成分が脂質の過酸化を抑制する機構は，ラジカル消去以外にも複数あるためである。両実験の結果に食い違いがある場合，例えば，「ラジカル消去能力は強くないのに過酸化脂質の発生を強力に抑制する」試料の場合，その作用機序を詳しく調べることで発展的な実験が可能である。

　脂質ラジカルなどのラジカル化合物は，われわれのからだのなかでも発生する。本来，生体内にはラジカル化合物や活性酸素（酸素ラジカルなど反応性の高い状態の酸素）を消去する能力が備わっているが，疾病や加齢などのためのこの能力が弱まっている場合に，食品由来の抗酸化性成分の効果が期待される。

　食品に含まれるポリフェノール成分の多くや，ビタミンA，C，Eなどは強い抗酸化性をもつことが知られており，さまざまなメディアでこうした働きがとり上げられるが，ビタミン類では過剰摂取が健康に害を与える場合もある。また，日本人にとって馴染み深いポリフェノールである緑茶のカテキン類は小腸での鉄分の吸収を阻害するとの研究例がある。紅茶ポリフェノールは，緑茶カテキンに比べて小腸での吸収が低い（生体利用性が低い）。

　試験管内での実験結果と実際の健康効果は，必ずしもイコールではない。バランスを大切にした食生活を心がけてほしい。

実験16　ポリフェノールの定量と酵素的褐変阻害

16-1　フォーリン-チオカルト法による総ポリフェノールの定量

　　ポリフェノール量の測定法としては，フォーリン-チオカルト法，フォーリン-デニス法，酒石酸鉄法，プルシアンブルー法などが知られている。フォーリン-チオカルト法はフォーリン試薬（フェノール試薬）を用いる吸光光度法であり，ポリフェノールなどの還元性のある物質と反応し，アルカリ性条件下で青く発色する。このフォーリン-チオカルト法は，試料中の総ポリフェノール量を比色法により一括して定量することができ，茶葉や茶飲料のポリフェノール総量の分析法として採用されている。また，ポリフェノールは抗酸化作用，抗変異原性，血中コレステロール低下作用など多くの生理機能を有しており，健康維持成分として期待されている。以下では，フォーリン-チオカルト法を用いた玉露茶と煎茶中の総ポリフェノール量の測定を取り上げる。

◎ 試　料

分析試料として玉露茶と煎茶を選定し，総ポリフェノール量を測定する。

◎ 試　薬

① 0.1 mg / mL 没食子酸溶液
② 市販フォーリン-チオカルト試薬
③ 10 ％炭酸ナトリウム水溶液

◎ 主な器具，装置

① 100 mL ビーカー
② 100 mL メスシリンダー
③ 1,000 μL マイクロピペット
④ 10 mL 試験管（13 Φ × 100 mm）
⑤ 試験管立て
⑥ ガスバーナー
⑦ 金網
⑧ 三脚
⑨ 温度計
⑩ ストップウオッチ
⑪ 分光光度計

試料液の調製および測定

　100 mL メスシリンダーを用いて 85 mL の蒸留水を量り取る。量り取った蒸留水 85 mL を 100 mL のビーカに入れ，ガスバーナを用いて 80℃ にして火から下ろす。加温した蒸留水に玉露茶 2 g，あるいは煎茶 2 g を入れる。1 分後，抽出溶液を軽く撹拌して，1000 µL のマイクロピペットを用いて抽出液をとり出し，10 倍希釈する。10 mL の試験管に希釈試料溶液を 1 mL 入れる。希釈試料溶液の入った試験管にフォーリン-チオカルト試薬 1 mL 加えて混合した後，3 分間放置する。放置後，10 % 炭酸ナトリウム水溶液を 1 mL 加えて混合する。15 分間放置した後，700 nm における吸光度を分光光度計を用いて測定する。

検量線の作成

検量線作成用の没食子酸溶液 (0，0.02，0.04，0.06，0.08，0.1 mg/mL) を没食子酸 (0.1 mg/mL) と蒸留水を用いて以下のように調製する。

1. 0 mg：没食子酸 (0.1 mg/mL) 0 mL ＋蒸留水 1.0 mL
2. 0.02 mg：没食子酸 (0.1 mg/mL) 0.2 mL ＋蒸留水 0.8 mL
3. 0.04 mg：没食子酸 (0.1 mg/mL) 0.4 mL ＋蒸留水 0.6 mL
4. 0.06 mg：没食子酸 (0.1 mg/mL) 0.6 mL ＋蒸留水 0.4 mL
5. 0.08 mg：没食子酸 (0.1 mg/mL) 0.8 mL ＋蒸留水 0.2 mL
6. 0.1 mg：没食子酸 (0.1 mg/mL) 1.0 mL ＋蒸留水 0.0 mL

　調製した 1～6 溶液にフォーリン-チオカルト試薬 1 mL を加えて混合した後，3 分間放置する。得られた溶液に 10 % 炭酸ナトリウム水溶液 1 mL を加えて混合し，15 分間放置した後，700 nm における吸光度を分光光度計を用いて測定する。その結果を用いて検量線を作成する。

実験フローチャート

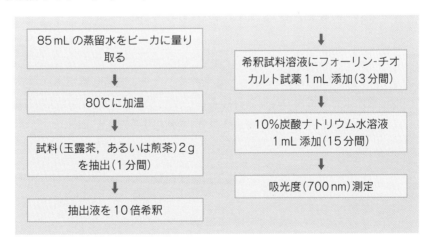

⑤ 実験結果の計算

　没食子酸の検量線(0〜0.1 mg)から，試料溶液1 mL中のポリフェノール量(没食子酸相当量)を計算する(Xmg)。得られた値より，試料100 g中のポリフェノール量(mg)を次式を用いて算出する(mg/100 g)。

　　ポリフェノール量(mg/100g) =
　　Xmg × 50(100 g/試料採取量2 g) × 10(希釈率)

⑤ 実験例

　以上の方法に従い，玉露茶中と煎茶中のポリフェノール量を求めた実検例を示すと，それぞれ1607 mg/100 gと3154 mg/100 gであり，玉露茶よりも煎茶のポリフェノール量のほうが多かった。

16-2　酸化酵素(ポリフェノールオキシダーゼ)阻害実験

　食品の調理，加工，貯蔵などにより，食品が褐色を帯びることを食品の褐変という。食品の褐変には，酵素の関与しない非酵素的褐変と，酵素が関与する酵素的褐変がある。非酵素的褐変は，実験11にあるアミノ・カルボニル反応をさす。一方，酵素的褐変は，食品を切断したり，すりおろしたりすることで，食品中の酵素(ポリフェノールオキシダーゼ)が，酸素の存在下でポリフェノール類を酸化することにより，キノン類を生成し，さらに酸化重合することにより，褐色色素のメラニンを産生する反応である。代表的な例としては，りんごやじゃがいもを切ったり，なすの皮を剥いたりすると，褐色を呈することがあげられる。この反応に関与する因子は，ポリフェノールオキシダーゼ，ポリフェノール類であるため，これらの因子を除去する，あるいは，ポリフェノールオキシダーゼの働きを阻害することにより酵素的褐変を抑制できる。

　本実験では，りんごを試料とし，各種条件(加熱，pH変化，還元剤添加など)により酵素的褐変がどのような影響を受けるのかを評価する。

⑤ 試　料

　1個のりんごの皮を剥き，芯を除去した後，おろし器ですりおろす(りんごは，品種によって褐変の速度が異なることが知られている。「ふじ」は褐変が速いため，褐変が遅い品種(ジョナゴールドなど)を使用するほうがよい。

試　薬

① 1 M NaCl 溶液

2.92 g の NaCl を純水に溶解後，メスフラスコで 50 mL に定容する。

② 1 M ショ糖(スクロース)溶液

17.1 g のスクロースを純水に溶解後，メスフラスコで 50 mL に定容する。

③ 1 M クエン酸溶液

10.5 g のクエン酸一水和物を純水に溶解後，メスフラスコで 50 mL に定容する。

④ 1 M NaHCO$_3$ 溶液

4.2 g の NaHCO$_3$ を純水に溶解後，メスフラスコで 50 mL に定容する。

⑤ 1 M アスコルビン酸溶液

8.8 g のアスコルビン酸を純水に溶解後，メスフラスコで 50 mL に定容する。

主な器具，装置

① 50 mL のプラスチック製遠沈管(10本)

② おろし器

③ 電子レンジ

実験操作

① 50 mL のプラスチック製遠沈管10本に，上記のおろしりんごを適量(薬さじ1～2杯)加える。

② これらに以下の処理を行う。純水や溶液を添加する場合は，おろしたりんごが浸るまでとする(約15～20 mL)。

a 未処理

b 加熱処理(電子レンジで1分間)

c 氷中に置く

d 純水を加える

e 1 M NaCl 溶液を加える

f 1 M ショ糖(スクロース)を加える

g 1 M クエン酸溶液を加える(1 M 酢酸溶液でも可)

h 1 M NaHCO$_3$ 溶液を加える

i 1 M アスコルビン酸溶液を加える

j 褐変させた後に，1 M アスコルビン酸溶液を加える

③ 未処理のりんごを対照とし，室温下，短時間内に各処理区の着色度合いを評価する。

🖎 実験フローチャート

	処理条件
りんごの皮と芯を除去し，すりおろす	a. 未処理 b. 加熱処理(電子レンジで1分間) c. 氷中に置く d. 水を加える e. 1M NaCl 溶液を加える f. 1M ショ糖(スクロース)溶液を加える g. 1M クエン酸溶液を加える(1M 酢酸溶液でも可) h. 1M NaHCO₃ 溶液を加える i. 1M アスコルビン酸溶液を加える j. 褐変させた後に，1M アスコルビン酸溶液を加える

りんごの皮と芯を除去し，すりおろす
↓
50 mL のプラスチック製遠沈管に適量(薬さじ1〜2杯)加える
↓
右表のように処理を行う
(溶液は，すりおろしたりんごが浸る程度加える
(15〜20 mL 程度)
↓
対照である未処理群と色調を比較する

🖎 実験例

おろしりんごの酵素的褐変に及ぼす各種処理の影響を示す。

実験例の結果を要約すると，c, d, f, h の各処理では a の未処理と同等の褐変が進んでおり，これらの処理は酵素的褐変を阻害できないことがわかる。一方，e と i の処理はいずれも強く褐変が抑制されており，アスコルビン酸による還元作用や食塩のポリフェノールオキシダーゼ阻害作用がわかる。b や g や j の処理にも弱い効果がみられる。

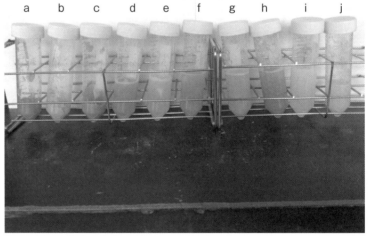

図Ⅱ-16-1　おろしりんごを用いて行った実験例

付表1　市販の酸，アルカリ試薬の濃度，比重

試　薬	モル濃度(M)	濃度(%)	比　重
濃塩酸	12	37	1.190
濃硫酸	18	96	1.831
濃硝酸	13	60	1.360
リン酸	14.6	85	1.685
濃アンモニア水	15	28	0.900

付表2　ギリシャ文字の標記と読み

A	α	alpha	アルファ	N	ν	nu	ニュー
B	β	beta	ベータ	Ξ	ξ	xi	グザイ
Γ	γ	gamma	ガンマ	O	o	omicron	オミクロン
Δ	δ	delta	デルタ	Π	π	pi	パイ
E	ε	epsilon	イプシロン	P	ρ	rho	ロー
Z	ζ	zeta	ゼータ	Σ	σ	sigma	シグマ
H	η	eta	イータ	T	τ	tau	タウ
Θ	θ	theta	シータ	Y	υ	upsilon	ウプシロン
I	ι	iota	イオタ	Φ	ϕ	phi	ファイ
K	κ	kappa	カッパ	X	χ	chi	カイ
Λ	λ	lambda	ラムダ	Ψ	ψ	psi	プサイ
M	μ	mu	ミュー	Ω	ω	omega	オメガ

付表3　重要元素の原子量[注]

原子番号	元素名	英　名	元素記号	原子量
1	水　素	hydrogen	H	1.008
2	ヘリウム	helium	He	4.003
3	リチウム	lithium	Li	6.94
5	ホウ素	boron	B	10.81
6	炭　素	carbon	C	12.011
7	窒　素	nitrogen	N	14.007
8	酸　素	oxygen	O	15.999
9	フッ素	fluorine	F	18.998
11	ナトリウム	sodium	Na	22.989
12	マグネシウム	magnesium	Mg	24.305
13	アルミニウム	aluminium	Al	26.982
14	ケイ素	silicon	Si	28.085
15	リ　ン	phosphorus	P	30.974
16	硫　黄	sulfur	S	32.059
17	塩　素	chlorine	Cl	35.45
19	カリウム	potassium	K	39.098
20	カルシウム	calcium	Ca	40.078
24	クロム	chromium	Cr	51.996
25	マンガン	manganese	Mn	54.938
26	鉄	iron	Fe	55.845
27	コバルト	cobalt	Co	58.933
28	ニッケル	nickel	Ni	58.693
29	銅	copper	Cu	63.546
30	亜　鉛	zinc	Zn	65.38
33	ヒ　素	arsenic	As	74.922
34	セレン	selenium	Se	78.97
35	臭　素	bromine	Br	79.904
42	モリブデン	molybdenum	Mo	95.95
47	銀	silver	Ag	107.868
50	ス　ズ	tin	Sn	118.710
53	ヨウ素	iodine	I	126.904
56	バリウム	barium	Ba	137.327
74	タングステン	tungsten	W	183.84
78	白　金	platinum	Pt	195.084
79	金	gold	Au	196.967
80	水　銀	mercury	Hg	200.59
82	鉛	lead	Pb	207.2
83	ビスマス	bismuth	Bi	208.980

注〕日本化学会原子量専門委員会による「原子量表(2023)」から抜粋

基礎編

参考図書

前田安彦編著:「初学者のための食品分析法:増補版」, 弘学出版(1979)

日本食品科学工学会, 新食品分析法編集委員会編:「新・食品分析法」光琳(1997)

文部科学省科学技術学術審議会資源調査分科会食品成分委員会編:「五訂増補日本食品標準成分表 分析マニュアル」, 国立印刷局(2005)

菅原龍幸, 前川昭男監修, 青柳康夫, 川井英雄, 木元幸一, 高野克美, 田所忠弘, 安井明美編:「新・食品分析ハンドブック」建帛社(2000)

日本食品分析センター JFRL ニュース,「水分について」No 73(2008)

長瀬雄三, 松本 潮, 高村喜代子, 井口正信, 森 逸男, 嶋田健次:「基礎分析化学通論(上, 下)修正版」廣川書店(1993)

日本工業規格:「化学製品の減量および残分試験方法」, JIS 0067(1992)

実験1

参考図書

日本食品科学工学会, 新食品分析法編集委員会編:「新・食品分析法」, 光琳(1997)

文部科学省科学技術学術審議会資源調査分科会食品成分委員会編:「五訂増補日本食品標準成分表 分析マニュアル」, 国立印刷局(2005)

菅原龍幸, 前川昭男監修:青柳康夫, 川井英雄, 木元幸一, 高野克美, 田所忠弘, 安井明美編「新・食品分析ハンドブック」, 建帛社(2000)

日本食品分析センター(JFRL)ニュース,「水分について」No.73(2008)

実験2

参考図書

菅原龍幸, 前川昭男:「新食品分析ハンドブック」, 建帛社(2000)

日本食品科学工学会, 新食品分析法編集員会:「新, 食品分析法」, 光琳(1996)

小原哲二郎, 鈴木隆雄, 岩尾裕之:「改訂食品分析ハンドブック」, 建帛社(1986)

実教出版編集部:「五訂増補食品分析表」, 実教出版(2010)

前田安彦ほか編著:「改訂わかりやすい基礎食品分析法」, アイ・ケイコーポレーション(2011)

中村カホル, 滝田聖親, 渡部俊弘:「基礎食品学実験書」, 三共出版(2002)

菅原龍幸, 青柳康夫:「新版食品学実験書」, 建帛社(2007)

実験3

参考図書

滝田聖親, 渡邊俊弘, 大石祐一, 服部一夫:「新基礎食品学実験書」, 三共出版(2007)

香川芳子監修:「食品成分表2014」女子栄養大学出版部(2014)

東京大学大学院農学生命科学研究科応用生命化学・応用生命工学専攻編:「21世紀のバイオサイエンス 実験農芸化学」, 朝倉書店(2013)

前田安彦ほか編著:「改訂わかりやすい基礎食品分析法」, アイ・ケイコーポレーション(2008)

実験4

参考図書

前田安彦ほか編著：「改訂わかりやすい基礎食品分析法」，アイ・ケイコーポレーション(2007)

日本油化学会，規格試験法委員会編：「日本油化学会制定　基準油脂分析試験法」2003年版

川岸舜朗，中村 良　編著：「新しい食品化学」，三共出版(2000)

実験5

参考文献

日本食品科学工学会，新・食品分析法編集委員会：「新・食品分析法」，光琳(1996)

福井作蔵著：「生物化学実験法1　還元糖の定量法　第2版」，学会出版センター(1990)

前田安彦ほか編著：「改訂わかりやすい基礎食品分析法」，アイ・ケイコーポレーション(2008)

鈴木繁男，中村道徳編：「澱粉科学実験法」，朝倉書店(1979)

三輪一智ら：「酵素法による食品中グルコース，フルクトース，スクロースの同時定量」衛生化学
　　30(4)238-242(1984)

実験6

参考文献

安本教伝，竹内昌昭，安井明美，渡邉智子編：「五訂増補日本食品標準成分表分析マニュアル」，
　　建帛社(2006)

(財)日本食品分析センター編：「分析実務者が書いた五訂日本食品標準成分表分析マニュアルの解
　　説」，中央法規出版(2001)

森光康次郎，新藤一敏編著：「図解　食品学実験」，アイ・ケイコーポレーション(2018)

食品分析開発センター SUNATEC　「カルシウム塩のキレート滴定について」e-Magazine Vol. 176,
　　(2020)

西口靖彦ら：「飼料中マグネシウム，カリウム，カルシウム含量の迅速測定法 1. 希塩酸抽出法によ
　　る分析試料の前処理」，近畿中国四国農業研究センター研究報告 第6号，133-139(2007)

実験7

参考文献

日本食品科学工学会，新・食品分析法編集委員会：「新・食品分析法」，光琳 (1996)

日本分析機器工業会：「分析機器の手引き・第9版」

前田安彦編著：「初学者のための食品分析法・増補6版」，弘学出版(1989)

丸田銓次郎：「改稿・化学基礎実験」，三共出版

実験8

参考文献

厚生労働省監修：「食品衛生検査指針理化学編2005」，日本食品衛生協会(2005)

日本薬学会編：「衛生試験法　注解2010」，金原出版(2010)

前田安彦ほか編著：「改訂わかりやすい基礎食品分析法」，アイ・ケイコーポレーション(2004)

飯田，菅原，鈴鹿，渋川，宮入編：「イラストで見る化学実験の基礎知識第2版」，丸善(2004)

実験9

参考文献

前田安彦ほか編著：「改訂わかりやすい基礎食品分析法」，アイ・ケイコーポレーション（2007）

安本教伝，安井明美，竹内昌昭，渡邉智子編：「五訂増補日本食品標準成分表分析マニュアル」，
建帛社（2006）

実験9

日本食品科学工学会・新食品分析法編集委員会編：「新食品分析法」光琳（1997）

マイクロプレートを用いたビオチン，ニコチンアミド及びパントテン酸の微生物学的定量，
江口秀敏，梨子本幸嗣，佐藤純一，川原隆一，岩佐曜：ビタミン 64（Issue II），653-658.（1990）

日本食品分析センター JFRL ニュース，Vol.5，No.23，（2016）「ナイアシンについて」

日本人の食事摂取基準（2020年版）策定検討会報告書：厚生労働省ホームページ．

実験10

参考図書

日本油化学会編：「基準油脂分析試験法2013年度版」，日本油化学会（2013）

厚生労働省監修：「食品衛生検査指針理化学編2005」，日本食品衛生協会（2005）

日本薬学会編：「衛生試験法　注解2010」，金原出版（2010）

前田安彦ほか編著：「改訂わかりやすい基礎食品分析法」，アイ・ケイコーポレーション（2004）

飯田，菅原，鈴鹿，渋川，宮入編：「イラストで見る化学実験の基礎知識第2版」，丸善（2004）

実験11

参考文献

藤田修三・山田和彦編著：「食品学実験書」，医歯薬出版（2002）

新美康隆・山津和子・中村一郎・岸本満編：「新・図解食品学実験書」，みらい（2005）

実験12

参考文献

前田安彦ほか編著：「改訂わかりやすい基礎食品分析法」，アイ・ケイコーポレーション（2007）

安本教伝，安井明美，竹内昌昭，渡邉智子編：「五訂増補日本食品標準成分表分析マニュアル」，
建帛社（2006）

実験13

参考図書

日本食品科学工学会，新・食品分析法編集委員会，「新・食品分析法」，光琳（1996）

前田安彦編著：「初学者のための食品分析法・増補6版」，弘学出版（1989）

中村 洋監訳：「分離分析のための誘導体化ハンドブック」，丸善（1996）

High-Speed Amino Acid Analysis（AAA）on 1.8 μm Reversed-Phase（RP）Columns, Cliff Wood ward,
John W. Henderson Jr. and Todd Wielgos, Agilent Technologies, Inc., Application 5989-6297 EN（2007）

実験 14

参考図書

菅原龍幸，前川昭男：「新食品分析ハンドブック」，建帛社(2000)

日本食品科学工学会，新食品分析法編集員会：「新・食品分析法」，光琳(1996)

小原哲二郎，鈴木隆雄，岩尾裕之：「改訂食品分析ハンドブック」，建帛社(1996)

実教出版編集部：「五訂増補食品分析表」，実教出版(2010)

前田安彦ほか編著：「改訂わかりやすい基礎食品分析法」，アイ・ケイコーポレーション(2011)

中村カホル，滝田聖親，渡部俊弘：「基礎食品学実験書」，三共出版(2002)

印南敏，桐山修八：「改訂新版　食物繊維」，第一出版(1995)

実験 15

参考図書

渡辺達夫，森光康次郎　編著：「健康を考えた食品学実験」，アイ・ケイコーポレーション(2004)

菅原龍幸，青柳康夫 編著：「新版食品学実験書」，建帛社(2002)

津志田藤二郎ら：各種野菜類の抗酸化性の評価および数種の抗酸化成分の同定，日本食品工業学
　　会誌41巻9号，611-618(1994)

実験 16

参考図書

藤田修三，山田和彦編著：「食品学実験書」，医歯薬出版(2002)

新美康隆，山津和子，中村一郎，岸本満編：「新・図解食品学実験書」，みらい(2005)

索　引

新編 わかりやすい 食品の基礎と機能性 分析法

初版発行　2024年2月20日

編著者Ⓒ　宇田　　靖
　　　　　大石　祐一
　　　　　松岡　寛樹

発行者　森田　富子
発行所　株式会社 アイ・ケイコーポレーション
　　　　〒124-0025　東京都葛飾区西新小岩4-37-16
　　　　Tel 03-5654-3722（営業）
　　　　Fax 03-5654-3720

表紙デザイン　㈱エナグ 渡部晶子
組版　㈲ぷりんてぃあ第二／印刷所　㈱エーヴィスシステムズ

ISBN 978-4-87492-330-6 C3077